LE VIRUS ET LE PRÉSIDENT

Retrouvez toutes nos actualités sur les réseaux sociaux :

Facebook.com/isedition
Twitter.com/is_edition
Instagram.com/is_edition

51 rue du Rouet. 13008 Marseille
www.is-edition.com

ISBN (Livre) : 978-2-36845-289-9
ISBN (Ebooks) : 978-2-36845-290-5

Responsable du Comité de lecture : Pascale Averty
Directrice d'ouvrage et corrections : Marina Di Pauli
Couverture / illustration(s) : Les Solot / © Grégory Roose (Pixabay)

Collection « Faits de société »
Directeur : Harald Bénoliel

Jean-Loup Izambert - Claude Janvier

LE VIRUS ET LE PRÉSIDENT

Préface du Dr Pascal Trotta

IS EDITION

À ceux qui ne sont pas vendus à Big Pharma.

Ils se reconnaîtront…

TABLE DES MATIÈRES

PRÉAMBULE

Au moment où ces lignes sont écrites, le jeudi 15 octobre 2020 en matinée, plusieurs perquisitions sont menées aux domiciles et bureaux de personnalités politiques, des ministres et ex-ministres ou représentants de l'État, qui ont été ou sont impliquées dans la gestion de la crise liée à la Covid-19 : l'ancien Premier ministre, maire du Havre, Édouard Philippe, le ministre de la Santé, Olivier Véran, l'ancienne ministre de la Santé, Agnès Buzyn, et l'ancienne porte-parole du gouvernement, Sibeth Ndiaye. De même, des perquisitions sont menées chez le directeur général de la santé, Jérôme Salomon, et chez la directrice générale de Santé publique France, Geneviève Chêne.

La Cour de justice de la République (CJR), dont la commission d'instruction agit comme un juge d'instruction et mène les investigations, est à l'origine de ces perquisitions. Ces opérations de police sont menées par les gendarmes de l'Office central de lutte contre les atteintes à l'environnement et à la santé publique (OCLAESP) et de l'Office central de lutte contre la corruption et les infractions financières et fiscales (OCLCIFF). Une information judiciaire a été ouverte en juillet 2020 pour « *abstention de combattre un sinistre* ». Elle s'appuie sur l'article 223-7 du Code pénal : « *Quiconque s'abstient volontairement de prendre ou de provoquer les mesures permettant, sans risque pour lui ou pour les tiers, de combattre un sinistre de nature à créer un danger pour la sécurité des personnes est puni de deux ans d'emprisonnement et de 30 000 € d'amende* ». Du matériel informatique, des rapports non publics, des échanges de courriels, etc. sont recherchés par les enquêteurs afin d'établir « *le degré de connaissance dont disposait le gouvernement, par exemple des alertes dont il n'aurait pas tenu compte. Les masques constituent le cas le plus emblématique* ».

Depuis le début de la crise sanitaire, près d'une centaine de plaintes contre des ministres ont été adressées à la CJR.

Parmi celles-ci figurent celles déposées par trois médecins membres du collectif C-19, collectif soutenu par plus de 600 membres des personnels de santé et représenté par maître Fabrice Di Vizio.

Ne préjugeons pas des décisions de la CJR et respectons le principe de la présomption d'innocence trop souvent mis à mal.

Mais, si selon l'article 68-1 de la Constitution de la Vème République, « *les membres du gouvernement sont pénalement responsables des actes accomplis dans l'exercice de leurs fonctions et qualifiés de crimes ou délits au moment où ils ont été commis* » et « *sont jugés par la Cour de justice de la République* », l'histoire enseigne pourtant que celle-ci ne fut pas particulièrement sévère dans ses verdicts contre des ministres mis en cause dans différentes affaires. La clémence de décisions peu convaincantes de plusieurs d'entre elles trouverait-elle son origine dans sa composition : douze parlementaires et seulement trois juges professionnels ?! Tant de bonté dissimulée sous une couche de finasseries juridiques aux fins de contourner parfois des faits probants ne manque pas d'interpeller sur le bien-fondé de cette juridiction spéciale. Justice à deux vitesses ?

« *Je suis sous le choc ce matin* », dira le député LR du Haut-Rhin Jean-Luc Reitzer sans doute déjà choqué par la mise en examen de l'ancien dirigeant de son parti, Nicolas Sarkozy, pour « association de malfaiteurs » après avoir été mis en cause plusieurs fois, depuis mars 2018, pour « corruption », « recel de détournements de fonds publics », « financement illicite de campagne électorale » et placé sous contrôle judiciaire. Le président de l'UDI Jean-Christophe Lagarde n'est « *pas persuadé qu'on doive perdre du temps avec ça* » et ne croit « *pas à la responsabilité pénale des ministres dans cette affaire* ». « Normal » : même le président Macron n'est pas pénalement responsable du crime d'agression – reconnu, défini et précisé par le droit international – qu'il a perpétué en faisant bombarder la République arabe syrienne dans la nuit du

14 au 15 avril 2018. Son ami politique du RN, l'avocat-eurodéputé Gilbert Collard, y voit « *une vraie déclaration de guerre de la justice au pouvoir politique* » tandis que le député de France Insoumise Éric Coquerel approuve, déclarant qu'il « *ne trouve pas que ces perquisitions soient opportunes, il y a une judiciarisation de la vie politique. C'est plus une mise en scène qu'autre chose.* » Le Premier ministre LREM Jean Castex se joint à ce chœur de pleureuses en rendant un hommage appuyé à son « sinistre » de la Santé LREM : « *Il ne ménage ni son temps ni sa grande compétence. Et c'est un atout pour notre pays.* » Un « atout » qui coûte cher au pays, non ?

L'émoi du petit monde de la petite bourgeoisie parlementaire qui se plaint de « *la judiciarisation de la vie politique* » tient visiblement plus aux découvertes que pourraient bien faire les enquêteurs lors de leurs investigations qu'au verdict que rendra la CJR. Nous pourrions presque parier que celui-ci se résumera en une phrase : « responsables, mais pas coupables ». Cela ne vous rappelle rien ? Eux qui passent leur temps à faire de la nuit le jour et du jour la nuit, comment ne seraient-ils pas solidaires dans la débâcle face à leurs dissimulations, leurs mensonges et leurs manipulations ?

Très curieusement, le président Emmanuel Macron, qui siège au Conseil « européen » et fait appliquer à la France les décisions du Conseil de l'Union « européenne » et de la Commission « européenne », n'est pas mis en cause.

Or, en faisant organiser la réduction des services et des dépenses de santé publique au profit de grandes sociétés privées alors que la demande de soins est de plus en plus criante et urgente – qui plus est, en pleine crise sanitaire –, il est l'un des principaux responsables de ces décisions politiques qui mettent en danger la vie de millions de Français.

Le tout petit-petit budget de la Santé de la France voté par une majorité de parlementaires n'est pas un budget de la République fraternelle répondant aux besoins des Français. Ses grandes orientations sont décidées à l'étranger et privilégient les seuls intérêts financiers égoïstes de grandes sociétés privées, principalement anglo-saxonnes, au détriment de l'intérêt général. Ce qui s'appelle favoriser « *un sinistre de nature à créer un danger pour la sécurité des personnes* »...

Par cette enquête sur les « assassins financiers » et leurs protecteurs au pouvoir qui détruisent tous les fondements de notre protection sociale et dissolvent les liens qui nous permettent de faire société en tuant l'emploi salarié, nous apportons de nouveaux éléments nécessaires à la manifestation de la vérité.

Ceux-ci contribuent à éclairer sur les raisons pour lesquelles la crise sanitaire de la Covid-19 s'est développée et a été amplifiée de manière démesurée et mensongère. Aussi, les questions qui dérangent doivent être posées : quels en sont les responsables à Bruxelles et à Paris, comment truquent-ils les faits et, surtout, au profit de qui ?

Jean-Loup Izambert & Claude Janvier

Octobre 2020

PRÉFACE
BAS LES MASQUES !

2020-2021 : l'heure est aux forts caractères et non pas aux timorés et aux soumis.

Avec Jean-Loup Izambert et Claude Janvier, nous tenons là deux personnages courageux, deux résistants à ce « terrorisme viral » qui nous est tombé dessus comme le ciel sur la tête en mars 2020.

Je vous invite vivement à lire ce livre qui vous ouvrira les yeux et vous permettra de mieux comprendre que ce virus est l'arbre qui cache la forêt du krach financier organisé par une oligarchie qui cherche par tous les moyens à s'enrichir sur le dos des peuples.

Ils ont pris le temps, en tant que vrais journalistes libres et indépendants, de rechercher derrière cet écran de fumée ce qui se trame réellement et ils nous livrent ainsi un témoignage saisissant sur cette immense manipulation mondiale.

Depuis la nuit des temps, pour gouverner les peuples, il faut utiliser la division et la peur.

Quoi de mieux qu'un virus grippal manipulé pour instiller la peur dans le cerveau des êtres humains ? Le piège est diabolique et presque parfait : on montre en boucle des morts dans les réanimations en Chine, puis dans le nord de l'Italie, puis dans l'est de la France et enfin à Paris pour justifier des mesures liberticides inadmissibles dans nos démocraties : le confinement, qui est un véritable emprisonnement de toute la population, le rêve de tout dictateur, le rêve qu'a réalisé le grand patronat des sociétés transnationales en promouvant l'ancien employé de la Rothschild and Co. jusqu'à l'Élysée.

Et comment ont-ils réussi ce tour de force dans la plupart des pays qui ont confiné ? En instillant le virus de la peur qui est bien plus contagieux et dangereux que le fameux coronavirus, qui n'est finalement qu'un virus grippal qui n'a absolument pas augmenté la mortalité globale ! Car curieusement, depuis la fin 2019, lors des saisons grippales, plus personne ne semble mourir de la grippe, mais uniquement de la Covid-19 ! Et, de plus, beaucoup de personnes âgées sont mortes *avec* la Covid et non pas *de la* Covid.

Le « dictateur en herbe » de la République, pour justifier le confinement, avait répété dans son premier discours huit fois « nous sommes en guerre », mais une guerre sans masque, sans gel, et sans hydroxychloroquine, le seul médicament efficace avec l'azithromycine.

Peu coûteux, il permet de stopper la réplication virale.

Alors, pourquoi a-t-il été interdit de prescription aux médecins généralistes, les seuls à même de venir à bout de cette épidémie, ce qui est un véritable scandale sanitaire ?!

Oui, il s'agit bien d'une guerre, mais pas d'une guerre contre le virus, une guerre contre les peuples et ce virus sert d'écran de fumée pour masquer la triste réalité : une politique mondialiste qui vise à enrichir des transnationales au détriment des peuples avec un transfert colossal d'argent de la majorité vers une minorité.

Moi, Médecin et libre, je ne peux accepter que les classes moyennes et populaires disparaissent – c'était le combat légitime des Gilets jaunes en 2018, qui avaient vu juste, mais qui ont été honteusement réprimés et infiltrés par des milices mondialistes, les blacks blocks et les anti-Fa – pour discréditer cette véritable révolution française populaire aux yeux des indécis.

Je ne peux accepter que des Médecins utilisent notre noble profession pour inculquer la peur et la panique dans le cœur de nos concitoyens : car la majorité des médecins des plateaux télé et du Conseil scientifique – qu'il faudrait plutôt appeler « Conseil pharmaceutique » tant, ainsi que l'a révélé le journaliste Étienne Girard dans *Marianne*, *« plusieurs (de ses membres) ont des liens d'intérêts importants avec les laboratoires »* – sont là pour vous apeurer, pour vous imposer le masque qui n'est qu'une muselière à streptocoques et staphylocoques.

La raison ?

Vous soumettre par des mesures liberticides et ensuite vous mener comme des moutons à la vaccination de masse qui ne sera qu'un moyen de plus d'enrichissement des mêmes transnationales de l'industrie pharmaceutique.

Qu'importe votre santé !

Pour ces transnationales, les profits engrangés passent bien souvent avant toute autre considération, ainsi que l'ont montré ces dernières décennies plusieurs affaires de corruption, de rapports truqués et autres actes délictueux et/ou criminels impliquant des laboratoires occidentaux : l'anglais GlaxoSmithKline (GSK), les français Sanofi, Pfizer ou Servier, le belge UCB-Pharma, le suisse Novartis, l'étasunien Lilly, les allemands Merck et Bayer, etc.

Le diagnostic est clair : nos élites ont trahi et devront être jugées pour haute trahison. Nous devons, comme Gandhi face à l'Empire britannique, désobéir civilement et pacifiquement et plus nous serons nombreux, plus le combat sera facile, et ce livre est une arme dans ce combat de communication face au lavage de cerveau de cette « dictature virale » en marche.

Des juges courageux ont retoqué des arrêtés préfectoraux disant que *« le masque était une atteinte grave à la liberté d'aller et venir, une atteinte grave à la dignité de la personne »*, d'autant plus qu'aucune étude scientifique ne justifie le port du masque chez les bien portants qui représentent 99 % de la population.

Le mal ne progresse que par l'inaction des gens de bien.

C'est pourquoi je vous invite, lecteurs et lectrices, à diffuser ce livre autour de vous et à refuser de porter la muselière, refuser de vous faire vacciner pour une maladie qui n'est plus mortelle, sachant que le vaccin ne peut être scientifiquement réalisé de façon sérieuse, sûre et non toxique en moins de dix ans pour un virus qui mute tous les ans. Donc, ce vaccin est une arnaque de plus.

Renforcez vos défenses immunitaires de façon naturelle par une alimentation saine, une vie sociale harmonieuse. C'est également pour cela qu'il faut refuser la distanciation sociale, qui est aux antipodes de notre mode de vie.

Nous vivons une époque charnière où nous devons faire un choix : ou bien nous soumettre aux injonctions de la peur, du masque, du confinement et de la vaccination de masse qui est la fin de notre monde libre, ou bien résister en refusant le virus de la peur, en défendant nos libertés, en éteignant notre télé et en allumant notre cerveau.

La balle est bien dans le camp des hommes de bien.

Ne vivez pas couchés, mais comme des hommes debout.

N'ayez pas peur, défendez vos libertés !

Docteur Pascal Trotta

Ancien Interne des Hôpitaux de Paris

Lauréat de la Faculté de Médecine de Paris

Médecin spécialiste Radiologue

Fondateur de l'Institut de Médecine Naturelle de Saint-Sébastien

CHAPITRE 1
MACRONAVIRUS

Des liens très forts relient les 20,7 millions de Français qui ont élu Emmanuel Macron président de la République lors des élections présidentielles de mai 2017 au virus SRAS-CoV-2 et sa maladie, la Covid-19 : la souffrance, la misère et la mort.

En élisant un partisan de l'intégration de l'Union « européenne », et donc un partisan de la réduction des dépenses de santé publique ainsi que le recommande la Commission « européenne », un destructeur qui annonça vouloir supprimer 120 000 postes de fonctionnaires – 70.000 dans la fonction publique territoriale et 50 000 dans la fonction publique d'État – en cinq ans, un « guerrier » qui déclara lors de sa campagne présidentielle vouloir bombarder la Syrie et l'ordonna en avril 2018 suite à la demande du maître de la Maison Blanche, sans mandat de l'ONU et sans vote du Parlement, ces Français ont fait le choix de la mort contre celui de la vie.

Deux chiffres illustrent leur choix dans le budget de l'État français 2020 du gouvernement Philippe : 37,5 milliards d'euros pour la Défense et 1,14 milliard d'euros de crédits pour la mission « Santé » du ministère des

Solidarités et de la Santé ![1] À titre de comparaison, ce dernier était de 1,8 milliard d'euros en 2008 et de 1,4 milliard d'euros en 2019, soit l'un des derniers budgets de l'État français.

Maintenant, faut assumer !

Comblé, le ministère des Armées se félicite qu'*« au cours des trois dernières années, le budget du ministère des Armées aura ainsi bénéficié de 10 milliards d'euros de dépenses supplémentaires en cumul. En 2019, le budget avait déjà augmenté de 1,7 milliard d'euros. Avec un budget en croissance pour la troisième année consécutive, les engagements sont donc tenus. Les ressources de la Défense devraient augmenter au même rythme d'ici à 2022.»*[2]

Beaucoup moins choyée, la « sinistre » de la Santé, Agnès Buzyn, tente de faire croire par des annonces trompeuses dans les médias que le budget de la Santé augmente. Mais nous n'en sommes plus à un mensonge près avec cette nomenklatura gouvernementale de « compteurs de petits pois » qui prétend mettre la République en marche en bidouillant les réalités de demain avec les institutions et les idées d'hier. En fait, une nouvelle fois, le budget de la Santé est *« en diminution de 19,5 % par rapport aux crédits ouverts en loi de finances initiale pour 2019 »*, alerte, en novembre 2019, la sénatrice Corinne Imbert lors de la réunion de la commission des Affaires sociales du Sénat. Cette diminution de crédits est telle en regard des besoins que *« la mission "Santé" se trouve désormais confrontée à une véritable crise existentielle »*, précise-t-elle[3]. Fermetures de structures de soins, fermetures de maternités, fermetures de services d'urgence, suppressions d'emplois, réductions drastiques de lits d'hôpitaux – 69 000 lits en moins en 15 ans ![4] –, privatisations de services, asphyxie du financement des hôpitaux… Alors que la tendance est à une demande plus forte et diversifiée de soins de qualité, le pouvoir politique, suivant les recommandations de la Commission « européenne », réduit encore

---

1. Sénat, Projet de loi de finances pour 2020 : Santé, Avis n° 143 (2019-2020) de Mme Corinne Imbert, fait au nom de la commission des affaires sociales, 21 novembre 2019.

2. Source : ministère français des Armées, www.defense.gouv.fr, 30 septembre 2019.

3. Ibid. 1.

4. *Hospitalisation complète : 69 000 lits en moins en 15 ans !* par Anne Bayle-Iniguez, Le Quotidien du médecin, 3 juillet 2019.

les moyens financiers pour y répondre. Ne pouvant déjà plus faire face à de simples épidémies de grippe, la France va se trouver complètement démunie en décembre 2019 lorsque survient la pandémie du SRAS-CoV-2. Aussi, les Françaises et les Français qui ont confié leur voix à Emmanuel Macron, puis aux députés LREM pour les représenter afin qu'ils mettent en œuvre son programme politique de régression sociale, sont responsables de la dégradation continue du système de santé.

De même, ils sont responsables des conséquences qui en découlent, à savoir, pour la principale d'entre elles, une plus grande difficulté pour accéder aux soins. Ils sont, avec leurs représentants au Parlement et le gouvernement Philippe, les co-auteurs de la pire catastrophe sanitaire que la France ait connue depuis la pandémie grippale dite « grippe espagnole » de 1918. Exception faite des États-Unis, dont le système de santé publique est quasi inexistant et entre les mains de groupes privés, les pays les plus touchés par la pandémie en Europe seront ceux dirigés par des atlantistes qui consacrent des milliards d'euros à leur budget de guerre au détriment de celui du système de santé :

- Royaume-Uni (31 587 morts),
- Italie (30 395 morts),
- Espagne (26 478 morts),
- France (28 190 morts)[5].

Il est un peu facile, comme le président Macron, de déclarer sur un ton solennel et ampoulé « *nous sommes en guerre* » et d'appeler à la « *mobilisation générale* »[6] alors qu'il a lui-même programmé la poursuite de la réduction du système de santé publique et créé les conditions supplémentaires de son désarmement et de sa démobilisation. Du « beau » travail !

5. Organisation Mondiale de la Santé, *Coronavirus disease* (Covid19), Bulletin hebdomadaire 111, 10 mai 2020.
6. Allocution d'Emmanuel Macron, lundi 16 mars 2020.

Vieux et malade ? Crevez !

La France est devenue un pays où, faute de professionnels et de structures de soins suffisantes, les malades sont triés pour être soignés par ordre de priorité, en fonction de leur âge, de la gravité de leur maladie, de leur chance de survie… Ainsi, tous les citoyens atteints d'une maladie, de la grippe ou de la Covid-19, ne peuvent être soignés. « *L'accès à la ventilation mécanique pour les patients en détresse respiratoire n'est en effet que la pointe émergée d'un continuum du rationnement des chances face à l'épidémie, qu'il faut regarder dans son ensemble* », observe, au mois de mars 2020, Frédérique Leichter-Flack, membre du comité d'éthique du Centre national de la recherche scientifique (CNRS). Et de préciser les raisons qui conduisent à cette situation : « *En amont, des hôpitaux chroniquement sous-dotés, ce qui ne laissait pas de marge pour accueillir l'imprévu ; un rationnement de pénurie des moyens de protection face au risque (masques et gels) ; un premier tri téléphonique opéré par la régulation du 15, qui envoie ou n'envoie pas à l'hôpital ; et, en aval, pour la suite, une réflexion à mener sur l'ordre de priorité de la distribution des médicaments et vaccins au fur et à mesure de leur production, quand ils seront trouvés…* »[7] À ce tri s'en ajoute un autre. Le système de santé ne pouvant faire face à l'épidémie de grippe, puis à la pandémie de la Covid-19, des citoyens qui devaient soit faire des analyses en laboratoire, des radiographies ou être hospitalisés en chirurgie pour des opérations voient leurs rendez-vous reportés de semaine en semaine. Pour attendre leur tour et supporter leurs maladies, nombre d'entre eux doivent recourir aux anti-douleurs, porter une sonde, etc. Rappelez-nous le nom de cette République dont les fondateurs se sont battus pour les droits de l'Homme et du citoyen et faire vivre la devise « Liberté, Égalité, Fraternité »…

Voilà le résultat de plus de trente années d'enchaînement à une construction « européenne » conçue et régentée par les représentants politiques des grands propriétaires privés de la finance et de l'économie qui ne cessent de privatiser

---

7. « *Le médecin qui trie les malades n'est pas là pour dire qui aura ou non droit à la vie, mais pour sauver le plus de vies possible* », par Frédérique Leichter-Flack, Le Monde, 16 mars 2020.

la société en s'attaquant au bien public. La « majorité-minorité » de Français qui a élu Emmanuel Macron président de la République en mai 2017 découvre les conséquences de son choix. Après avoir applaudi et voté pour son projet de « *réduction des dépenses publiques* » de 60 milliards d'euros et la suppression de 120 000 emplois publics sur le quinquennat, ils dégustent dans leur vie quotidienne les contrecoups de leur choix. Le problème étant que l'immense majorité ne voulait pas de cette politique également.

Avec un tel programme politique de privatisations et de nouvelles réductions des moyens dédiés aux missions essentielles de l'État, parmi lesquelles ceux du système de santé publique déjà défaillant, n'importe quel virus imprévu, un tant soit peu virulent, a de beaux jours devant lui. Et c'est le cas du coronavirus SRAS-Cov-2[8].

Tout juste quelques 125 milliardièmes de mètre de dimension, 28 190 morts en France – 316 169 dans le monde – à la mi-mai 2020[9] et le voilà médiatiquement mieux traité que la plus célèbre des vedettes. C'est bien moins que les 31 226 personnes décédées dans les seuls mois de décembre 1969 et de janvier 1970 lors de la pandémie grippale dévastatrice qui passera presque complètement inaperçue. Celle-ci, bien qu'elle fasse un million de morts dont 40 000 en France[10], n'a pas fait l'objet de grande campagne médiatique. Elle serait même complètement oubliée si deux statisticiens et épidémiologistes, Antoine Flahault et Alain-Jacques Valleron de l'Unité 707 de l'Inserm de l'Université Pierre et Marie Curie de Paris, n'avaient fait preuve de curiosité. S'intéressant, au début des années 2000, à des fichiers de mortalité conservés par l'unité CEPIDC (Centre épidémiologique sur les causes médicales de décès) de l'Inserm, ils vont pouvoir en déterminer l'ampleur exacte[11].

---

8. Cov2 : le chiffre 2 pour le distinguer du coronavirus SRAS-Cov (syndrome respiratoire aigu sévère – SRAS) de 2002-2003, également apparu en Chine et dont sont décédées 774 personnes dans 30 pays.

9. OMS, *Coronavirus disease* (COVID-19), Situation Report 120, 19 mai 2020.

10. Inserm, Dossiers d'information, *Grippe, Améliorer les moyens de lutte contre une maladie pas si banale*, 1er septembre 2017.

11. *1968. La planète grippée*, par Corinne Bensimon, Libération, 7 décembre 2005.

En comparaison des épidémies de grippe – l'OMS relève chaque année de 3 à 5 millions de cas graves de grippe dans le monde, entraînant de 250 000 à 500 000 décès[12] –, le moins que l'on puisse dire est que le SRAS-CoV-2 (en anglais Severe Acute Respiratory Syndrome coronavirus, dont l'acronyme est SARS-Cov) a été l'objet d'un traitement de faveur dans les médias français, 24 heures sur 24 pendant plus de six mois. Fausses nouvelles et désinformation ont été de la partie dans les médias des milliardaires. À propriété privée des médias, information privée. « *Il faut que nous soyons bien d'accord qu'un directeur de journal a le droit de publier ce qu'il veut dans son journal* », dit un jour à l'un d'entre nous le rédacteur en chef d'un hebdomadaire parisien. Celui-ci avait pour mission impossible de tenter d'expliquer ridiculement le refus injustifié de la publication d'un reportage mettant en cause plusieurs hauts fonctionnaires et politiciens dans la protection de plusieurs membres d'une organisation criminelle. Preuves à l'appui. Et, comme pour le terrorisme, comme pour les véritables pollueurs de la planète, il en va de même avec les virus : les faits graves qui mettent en cause le pouvoir politique et ses soutiens ne doivent pas être rendus publics. Pratique, le virus. C'est scientifique, donc plus compliqué à expliquer. Le grand public n'y connaissant pas grand-chose de plus que les journalistes non spécialisés, le mieux, pour nombre de ces derniers, est de s'en tenir à la collecte de témoignages, à l'émotion et au drame. Audimat garanti. Comme le dira un jour le rédacteur en chef d'une agence de presse parisienne alors qu'il examine les clichés d'un reporter photo ayant couvert un important tremblement de terre aux portes ottomanes de l'Europe : « *Non, il faut des images plus fortes... Là, tu vois, c'est bon : il y a des morts, des corps d'enfants écrasés sous les décombres... Ça, c'est vendeur !* » Les acheteurs ? Les médias de la place de Paris. Reconnaissons qu'il y eut des actions fortement cotées au souk du « journalisme de marché ». Un peu comme pour la désinformation financière sur des entreprises pour préparer des opérations de Bourse. Quand la mort n'existe pas, des professionnels de l'intox l'inventent. Rappelez-vous.

---

12. Inserm, Dossiers d'information, *Grippe, Améliorer les moyens de lutte contre une maladie pas si banale*, 1er septembre 2017.

L'opinion, ça se travaille…

Décembre 1989 : les médias occidentaux vous font pleurer sur « les charniers de Timisoara » qui auraient été découverts en Roumanie. Ceux-ci serviront de prétexte à une campagne de propagande médiatique infâme qui s'avérera dix ans plus tard élaborée depuis le quartier général de l'OTAN, à Bruxelles, sous direction de galonnés US. Franz-Olivier Giesbert, alors directeur des rédactions du *Figaro*, dénoncera le 17 avril 1999 « *un bourrage de crâne otanien* » et *Marianne* « *les excès inouïs d'une propagande répétitive* ».

1999 : L'OTAN et des services occidentaux lancent une grande campagne de désinformation destinée à discréditer le gouvernement de Belgrade et les Serbes. Les déclarations les plus grotesques de politiciens étasuniens et d'Europe occidentale sont reprises et relayées dans tous les médias occidentaux pour accuser Belgrade de se livrer à un « génocide » et à une « épuration ethnique ». Les Serbes commettent un « *génocide* », « *jouent au football avec des têtes coupées, dépècent des cadavres, arrachent les fœtus des femmes enceintes tuées et les font griller* », prétendit le ministre de la Défense allemand, le social-démocrate Rudolf Scharping qui n'est pas plus social que démocrate comme les réformistes de son engeance, dont les propos furent repris par plusieurs médias occidentaux : ils ont tué « *de 100 000 à 500 000 personnes* » (*TF1*, 20 avril 1999), incinéré leurs victimes dans des « *fourneaux, du genre de ceux utilisés à Auschwitz* » (*The Daily Mirror*, 7 juillet), etc. L'objectif est alors de neutraliser l'opinion publique et de justifier le bombardement de la République fédérale de Yougoslavie de mars à juin 1999 pour la dépecer[13].

5 février 2003, ONU : le secrétaire d'État étasunien, Colin Powell, affirme : « *Il ne peut faire aucun doute que Saddam Hussein a des armes biologiques* » et « *qu'il a la capacité d'en produire rapidement d'autres* » en nombre suffisant, tels « *la peste, la gangrène gazeuse, le bacille du charbon ou le virus de la variole* » pour « *tuer des centaines de milliers de personnes* ». Ce discours

---

13. Lire sur le sujet l'enquête menée par les journalistes Serge Halimi et Dominique Vidal publiée sous le titre *L'opinion, ça se travaille…* éd. Agone, et *Trump face à l'Europe*, par Jean-Loup Izambert, IS Édition.

mensonger qui va servir de prétexte pour déclencher la guerre, l'invasion, l'occupation et le pillage de l'Irak, sera massivement repris et diffusé par les médias occidentaux. Aucun ne produira, et pour cause, la moindre image de ces « *armes biologiques de Saddam Hussein* », qui n'ont jamais existé.

2013 : les médias occidentaux, principalement étasuniens et français, déclenchent une campagne afin de discréditer le président et le gouvernement syriens en les accusant d'utiliser des armes chimiques. Celles-ci n'ont jamais existé, mais tout comme les introuvables « armes de destruction massive » de l'Irak, elles devaient également servir de prétexte pour bombarder la République arabe syrienne. Autre objectif : camoufler le soutien diplomatique, politique, logistique et militaire apporté depuis des années par des États occidentaux – principalement les États-Unis, l'Angleterre et la France avec l'OTAN – à des groupes terroristes[14]. Les dirigeants de plusieurs de ces groupes habillés en « représentants de l'opposition modérée » seront reçus à Washington, Londres et Paris qui mènent, médiatiquement, une « croisade contre le terroriste » en... l'armant militairement en sous-main. Les dirigeants étasuniens, anglais et français se serviront du même faux prétexte, embelli par les médias de ces pays, pour bombarder à nouveau la Syrie en avril 2018.

Comment le SRAS-CoV-2 n'aurait-il pas eu droit, lui aussi, à sa campagne médiatique même si, lors de différentes épidémies – le SRAS, le MERS et le ZIKA – il fut également prouvé que les versions officielles, que ces mêmes médias se sont empressés de diffuser, étaient complètement fausses ?

Rebelote avec le virus SRAS-CoV-2. Le petit virus fera l'objet d'un tapage médiatique sans précédent. En France, les lecteurs, téléspectateurs et auditeurs de médias vont être assaillis à longueur de jour, de semaines et de mois par un flot continu de nouvelles sur le virus et la maladie qu'il provoque.

Une étude menée par l'Institut national de l'audiovisuel (INA), qui a passé à la loupe près de 100 millions de mots, plus de 8 000 heures de programmes sur les chaînes d'information en continu et 400 heures sur les chaînes historiques, donne une idée de l'ampleur de cette campagne médiatique. Le but de cette

---

14. *56, tome 1, L'État français complice de groupes criminels* et *56, tome 2, Mensonges et crimes d'État*, par Jean-Loup Izambert, IS Édition.

étude conduite par Nicolas Hervé avec plusieurs intervenants était d'observer l'ampleur de la médiatisation du coronavirus sur différents supports (TV, agence de presse, presse et Twitter) et de la mettre en relation avec les événements-clés de la chronologie de cette épidémie, ainsi qu'avec un certain nombre de données extérieures (nombre de cas, cours de bourse)[15]. Principale conclusion : « *Une saturation de l'espace médiatique : depuis le début du confinement, canaux d'information en continu et AFP frôlent avec les 80 % de contenus publiés liés au coronavirus* ». À se demander, s'interrogent les analystes, s'il « *n'y a plus d'actualité en dehors du coronavirus à cause du confinement et de la mise à l'arrêt de la vie sociale ou bien n'y a-t-il plus d'espace médiatique disponible pour en parler ?* » Jamais un tel phénomène médiatique ne s'était produit, amplifié par le fait que les salles de rédaction parisiennes s'autoalimentent en boucle. Un sujet sort sur une chaîne de TV ? *Paris-Match* en fera sa prochaine une sous un angle d'attaque différent. Ce sujet d'actualité sera repris à son tour d'une autre manière par d'autres hebdomadaires et quotidiens que se partagent les sociétés transnationales de la finance et de l'économie. La pratique est assez courante dans certaines rédactions de voir des « journaleux » écrire un article à partir d'un ou de deux articles d'autres journaux. Ainsi que l'illustre Patrick De Carolis lors de l'une de nos rencontres à La Truffière aux livres de Rocamadour, pittoresque salon du livre du Lot, ces médias « *sont un peu comme un banc de poissons. Celui qui est en tête prend une direction et tous les autres le suivent aussitôt sans trop savoir pourquoi.* »

« *Les chiffres donnent le tournis* », indique Leïla Marchand dans *Les Échos*[16]. Il y a de quoi : « *Sur les chaînes d'info françaises, du lundi 16 mars au dimanche 22 mars, 74,9 % du temps d'antenne a été consacré au coronavirus et à ses conséquences. Cela représente un volume horaire quotidien moyen de 13 heures et 30 minutes par jour et par chaîne d'information (...) Du côté des JT des chaînes historiques, les auteurs constatent qu'ils en sont peu à peu venus à se*

---

15. *Coronavirus, Étude de l'intensité médiatique*, par Nicolas Hervé, INA, Service de la Recherche. Étude mise à jour dont la première version a été publiée le 24 mars 2020.
16. *Coronavirus : une couverture médiatique « sans précédent » dans l'histoire*, par Leïla Marchand, Les Échos, 25 mars 2020.

lans leur "quasi-intégralité" au coronavirus. Et avec des audiences massives : certains jours, 15 à 20 millions de téléspectateurs quotidiens cumulés ont été recensés. » Constat semblable pour la presse papier : du 1er janvier au 24 mars 2020, le coronavirus sera cité 254 765 fois dans les médias français et représentera 75 % des citations enregistrées entre le 1er et le 19 mars ! Il bat tous les records avec près de 19 000 articles par jour dans les seuls journaux, magazines et sites des médias français[17]. Mais ce n'est pas parce que vous avez eu droit à une telle déferlante médiatique continue pendant plusieurs mois sur la pandémie que vous avez été bien informés.

Danse macabre

Chaque semaine, l'OMS fait le point sur la situation de la pandémie au niveau mondial, pays par pays. La plupart de ces données proviennent d'organismes officiels, d'organisations professionnelles ou internationales et sont donc considérées comme des faits crédibles et établis provenant de sources considérées comme *a priori* sérieuses. Pourtant, des informations diverses concernant les mêmes faits sont publiées au même moment.

Jugez plutôt : « *Coronavirus : 499 morts en 24 heures en France, plus de 5 500 cas graves* », titre *Le Figaro* le 31 mars 2020, qui écrit que « *la France compte désormais 3 523 décès depuis le premier mars. 52 128 cas de contamination au Covid-19 ont été confirmés, dont 5 565 cas nécessitent des soins lourds en réanimation* ». Le rapport journalier de l'OMS comptabilise le même jour 3 017 décès pour la France. « *Coronavirus : plus de 6 000 personnes en réanimation en France* », titre *Le Parisien* le lendemain en affirmant que « *la France a franchi le cap des 4 000 morts du coronavirus et a continué ce mercredi d'évacuer des malades pour soulager les régions les plus saturées* » (*Le Parisien*, 1er avril 2020). Le rapport journalier de l'OMS mentionne 3 514 décès. Le lendemain, *Challenges* indique que « *la France a enregistré 5 387 décès dus au*

17. *Évolution de l'occurrence « coronavirus » dans la presse depuis le 1er janvier 2020*, étude de Tagaday (ex-Press'edd). Analyse réalisée à partir d'un échantillon de 3 000 titres et sites des médias français. *Coronavirus : près de 19 000 articles chaque jour dans la presse française, un record*, par Cyril Petit, Le Journal du Dimanche, 21 mars 2020.

coronavirus depuis l'apparition de l'épidémie, dont 4 503 dans les hôpitaux » (Challenges.fr, 2 avril 2020). L'OMS en récapitule 4 019 à la même date, soit quand même 1 368 de moins… Le jour suivant *L'Obs* reproduit le communiqué du directeur général de la Santé, Jérôme Salomon, qui « *annonce ce soir un bilan humain de 6 507 morts en France* » (*Coronavirus : plus de 6 500 morts en France dont 1 sur 5 en EHPAD*, *L'Obs* avec *l'AFP*, 3 avril 2020, 8 h 36). L'OMS en indique 4 490 dans son rapport journalier du 3 avril, soit 2 017 de moins[18]… Puis, deux jours plus tard, pour Le Journal des femmes « *en France, l'épidémie est de plus en plus meurtrière avec 7 560 décès (1 053 de plus que la veille), dont 2 028 dans les EHPAD* » (*Le Journal des femmes*, 5 avril 2020). Le même 5 avril 2020, *LCI* rapporte que « *la Direction générale de la santé (DGS) a comptabilisé 2 189 décès rattachés au COVID-19, dans les EHPAD et établissements médico-sociaux. On dénombre également 5 889 morts en hôpital. Depuis le début de l'épidémie, on recense 8 078 décès dans notre pays* ». Or, pour ce même jour, le nombre total de décès recensés sur la France par l'OMS depuis le début de l'épidémie est de 7 546…

En lisant cette profusion de chiffres contradictoires, ressentez-vous une grande confusion mentale ? Si oui, rassurez-vous, cela signifie que vous êtes en bonne santé.

Les chiffres sont donc très approximatifs et le travail des journalistes difficile, car entre les discours mensongers de membres du gouvernement et de hauts fonctionnaires, les différences d'appréciation de scientifiques et les avis souvent divergents de professionnels de la santé, il n'est pas toujours facile de s'y retrouver. Plusieurs causes ont pour effet de provoquer des différences entre les chiffres annoncés par les médias (nombre de personnes infectées, de personnes en réanimation, soignées ou décédées) et la réalité de la situation.

L'Inserm indique que « *la définition des cas suspects de Covid-19 évolue avec le temps et la propagation de l'épidémie. De plus, les critères varient d'un pays à l'autre* »[19]. Voilà qui complique singulièrement l'obtention de données fiables

---

18. OMS, *Coronavirus disease 2019 (COVID-19)*, Situation report-74, 3 avril 2020.

19. « *Fake news* » *et désinformation autour du coronavirus SARS-Cov2*, Inserm, 23 mars 2020.

auprès des organismes officiels, tout particulièrement si *« les critères varient d'un pays à l'autre »*. Du coup, les chiffres publiés par l'OMS dans ses rapports journaliers sur l'évolution de la pandémie, chiffres collectés auprès des organismes officiels nationaux, ne correspondent déjà plus à l'exacte réalité. Il s'agit d'une évaluation au plus proche de la réalité, et encore... Reste que les bulletins épidémiologiques de l'OMS sur la pandémie sont les plus clairs et permettent de visualiser immédiatement les principales données sur la maladie région par région, pays par pays et de manière globale. À l'opposé, le bulletin épidémiologique de Santé publique France[20], publié hebdomadairement, s'il est assez précis et riche dans la description des maladies et leur évolution, n'est pas forcément pratique pour les journalistes. Il faut souvent aller chercher entre les lignes des différents chapitres comprenant de nombreux éléments des informations essentielles comme le nombre de personnes infectées et décédées, dans quelles situations et les comparaisons avec les périodes précédentes. Et encore, ces données nationales pourtant importantes ne sont la plupart du temps même pas indiquées... Cette conception rédactionnelle sera à l'origine de nombreuses erreurs. Ainsi, par exemple, une dépêche de l'*AFP* qui sera reprise par plusieurs médias annoncera le 4 mars que depuis le début de la saison grippale 2019-2020, *« la grippe saisonnière a fait 72 morts en France »*. En réalité, il ne s'agit pas du total des décès imputables à la maladie, mais des seuls *« décès parmi les cas admis en réanimation »*. Voilà qui change les faits quand on sait que la plus grande partie des décès survient à domicile, dans les hôpitaux hors service réanimation, dans les maisons de retraite et dans les Ehpad.

S'ajoute à cette relative exactitude le délai qui peut s'écouler entre la collecte des informations, la rédaction d'un article, sa transmission à la rédaction et la publication de la dépêche, de l'article ou la programmation d'une émission.

Concernant la Covid-19, en une journée, plus de 500 décès supplémentaires peuvent apparaître dans les statistiques. À titre d'exemple, les rapports quotidiens de l'OMS indiquent 10 313 morts pour la France du début de la

20. www.santepubiquefrance.fr

pandémie au 8 avril et 10 853 le lendemain, soit 540 de plus en moins de 24 heures[21].

Alors qu'en est-il vraiment de la propagation du virus SRAS-CoV-2 ?

« Une hystérisation de l'opinion publique »

Dès la fin 2019, le général Dominique Delawarde[22] s'intéresse à tout ce qui touche de près et de loin le virus SRAS-CoV-2. Concernant les données diffusées par les médias, son analyse l'amène à constater que celles-ci ne sont pas justes et ne donnent pas une image correspondant à la réalité de la situation. Les raisons sont multiples. Par exemple, les données déclarées par chacun des pays « *sont sous-estimées à certains égards et surestimées à d'autres. Elles ne donnent pas une juste image de la réalité* ». L'une des raisons principales tient au fait que « *le nombre de cas confirmés est étroitement lié au nombre de tests effectués. Si ces derniers sont réalisés en nombre insuffisant, de très nombreux porteurs sains ne seront jamais connus, continueront de propager le virus et ne figureront jamais dans les tableaux de données. Le nombre de cas déclarés par les pays affectés est donc très largement sous-estimé partout, mais il l'est davantage dans les pays qui ne testent pas beaucoup...* » Les pays qui ne testent pas beaucoup ? La majorité des pays au mois d'avril 2020, exception faite de l'Islande, de Cuba, de l'Allemagne, de l'Italie, de la Fédération de Russie, de la République populaire de Chine, de la Corée du Nord et du Sud, du Japon et du Vietnam. « *L'insolente réussite du Vietnam face au Covid-19* », titre à la mi-avril 2020 le quotidien économique et financier *Les Échos* sur un article très intéressant du journaliste Yves Bourdillon : « *Difficile de faire mieux. Avec zéro mort officiellement et 268 cas, dont 202 guéris, le Vietnam affiche un des meilleurs bilans au monde face au Covid-19, avec Taïwan (6*

---

21. OMS, *Coronavirus disease (COVID-19)*, Situation report 79 et Situation report 80.
22. Ancien chef du bureau Situation-Renseignement-Guerre Électronique de l'État-major Interarmées de Planification Opérationnelle, le général Delawarde s'intéresse depuis la fin 2019 à divers faits relatifs à la pandémie. Il est l'auteur de plusieurs articles très documentés et pertinents publiés sur le site Internet France-Irak Actualité (www.france-irak-actualite.com).

morts, 420 cas) »[23]. Au moment où est publié cet article, plus d'une vingtaine de pays ont déjà commandé les kits de détection SARS-CoV-2 très performants mis au point par l'Académie médicale militaire en collaboration avec la société technologique Viêt A dans le cadre d'un projet de recherche approuvé par le ministère des Sciences et Technologies[24].

De même, le nombre de décès peut être largement sous-estimé ou surestimé selon les modalités de comptage. Vous allez sans doute penser que nous exagérons, puisque la simple logique veut, en principe, qu'un mort soit… mort. Eh bien non ! Ainsi, « *il est sous-estimé lorsque le pays déclarant ne prend pas en compte certains d'entre eux. C'est, par exemple, le cas de la France qui ne comptait pas les décès en EHPAD au mois de mars et qui ne compte toujours pas les décès à domicile (environ 9 000 selon l'estimation du syndicat des médecins généralistes). La France n'est évidemment pas la seule dans ce cas. Le Royaume-Uni a fait de même, et bien d'autres pays…* »

De plus, en France, les cas de Covid-19 diagnostiqués sur des bases symptomatiques, et donc sans test, sont pris en compte dans le bilan des décès.

S'ajoute à cela le fait que « *le nombre de décès peut être également sous-estimé lorsque le pays déclarant ne dispose pas d'une organisation administrative permettant une remontée correcte de l'information (pays en développement, mais pas que…)* » ; de même, « *le nombre de décès peut être enfin "sous-déclaré" par certains pays pour des raisons de politique intérieure ou étrangère* ».

De quoi revoir sérieusement le nombre de morts diffusé par l'OMS, des organismes de santé, des gouvernements et certains médias. Le nombre de décès provoqués par le SRAS-CoV-2 est-il, d'une manière générale, surestimé ou sous-estimé ?

Pour cet observateur assidu de l'évolution de la situation, « *en observant les choses sous un autre angle, on peut considérer d'une manière générale que les pertes sont surestimées lorsqu'on attribue au seul Covid-19 des décès dont*

---

23. *L'insolente réussite du Vietnam face au Covid-19*, par Yves Bourdillon, Les Échos, 20 avril 2020.
24. *Le kit de diagnostic du COVID-19 du Vietnam présent en Europe*, Le Courrier du Vietnam, Agence Vietnamienne d'Information, 24 avril 2020.

beaucoup sont liés au mauvais état général des patients (grand âge, autres pathologies concomitantes, etc.). On meurt rarement du seul Covid-19 lorsqu'on est en excellente santé ». Et de rappeler quelques-unes des principales causes de décès dans le monde du 1er janvier au 30 avril 2020 : sur un nombre de décès estimés pour cette période à 19,3 millions de personnes, 3,7 millions sont mortes de vieillesse (estimation), 3,7 millions de faim, 2,7 millions de cancers, 2 millions par des AVC, 1,6 million par le tabac, 930 000 d'obésité, 822 000 par l'alcool, 500 000 des conséquences de la maladie d'Alzheimer et autant de la tuberculose, 450 000 lors d'accidents de la route et 233 000 de la Covid-19...

Nous voilà bien loin des chiffres alarmistes diffusés au quotidien par des médias. Ce constat amène Dominique Delawarde à considérer que « *la Covid-19 tue peu, très peu... et elle tue d'autant moins que la plupart des décès qui lui sont attribués sont des décès liés à l'âge et aux autres pathologies préexistantes chez les patients. Il y a donc une large part d'hystérisation de l'opinion publique, liée à la couverture médiatique très excessive de cette épidémie* »[25].

Cette analyse recoupe celle publiée à la fin du mois de février 2020 par *The New England Journal of Medicine*, l'une des principales revues médicales étasuniennes de la Massachusetts Medical Society[26]. Dans celle-ci, plusieurs scientifiques considèrent que « *les conséquences cliniques globales de Covid-19*

---

25. Source : Remarques liminaires (bulletin Covid du 5 mai 2020). *Covid-19 : surestimation ou sous-estimation du nombre de décès, hystérisation de l'opinion publique,* par Dominique Delawarde, publié par Gilles Munier, France-Irak Actualité (www.france-irak-actualite.com), 5 mai 2020.

26. *The New England Journal of Medicine (NEJM)* a été créé en 1812 par John Collins Warren, médecin et universitaire de Boston, avec son collègue James Watson sous le titre de *New England Journal of Medicine and Surgery and Collateral Branches of Medical Science* (Boston). Achetée par la Massachusetts Medical Society en 1921, cette revue trimestrielle devient hebdomadaire et prendra en 1928 le titre de *The New England Journal of Medicine.* Au fil du temps, elle deviendra l'une des principales revues médicales lues à travers le monde. Mais, depuis le début des années 2000 plusieurs rédacteurs en chefs et journalistes ont démissionné pour des raisons d'éthique. À plusieurs reprises, des conflits ont éclaté avec la Société médicale du Massachusetts propriétaire du journal que des sociétés de l'industrie pharmaceutique essaient d'utiliser à des fins mercantiles.

pourraient finalement être plus proches de celles d'une grippe saisonnière sévère (qui a un taux de létalité d'environ 0,1 %) ou d'une grippe pandémique (similaire à celles de 1957 et 1968) plutôt que d'une maladie similaire au SRAS ou au MERS, qui ont eu des taux de létalité de 9 à 10 % et 36 %, respectivement »[27]. De son côté, l'Insee, dans un article clair et précis sur les questions de la collecte des données relatives à la Covid-19[28], indique que « *la "surmortalité toutes causes" observée à ce jour (24 000 décès supplémentaires environ du 1er mars au 27 avril) est indéniablement liée à l'épidémie de Covid-19. Mais* ***chiffrer précisément ce qui relève strictement du Covid est aujourd'hui impossible*** (NdA : souligné par nous), *car les autres causes de décès ont pu évoluer à la hausse comme à la baisse, notamment avec la mise en place du confinement* ». Ce dernier a pu, en effet, « *avoir des conséquences réelles ou supposées sur les différentes causes de décès : en premier lieu, une diminution de la transmission des maladies virales (dont c'est le but), mais aussi une moindre pollution, une vie au ralenti avec moins d'accidents mais sans doute davantage de stress, des effets éventuels de plus long terme avec notamment des reports de diagnostics ou de soins pour des cancers, chaque composante étant difficile voire impossible à chiffrer* ». À l'impossibilité d'obtenir des données fiables de l'OMS s'ajoutent de très curieuses statistiques diffusées par des administrations françaises. C'est le cas de Santé publique France, agence nationale de santé publique sous tutelle du ministère chargé de la Santé.

Santé publique France : un pur produit de l'énarchie

Santé publique France est l'agence nationale de santé publique. Créée en mai 2016 sous François Hollande (ENA), c'est un établissement public

---

27. *Covid-19 – Navigating the Uncharted (Covid-19 - Naviguer dans l'inconnu)*, par Anthony S. Fauci, MD, H. Clifford Lane, MD, et Robert R. Redfield, MD, The New England Journal of Medicine, 28 février 2020, www.nejm.org

28. Insee, *Statistiques sur les décès : le mode d'emploi des données de l'Insee en 7 questions/réponses*, par Alain Bayet, Sylvie Le Minez et Valérie Roux, Le blog de l'Insee, 14 mai 2020.

administratif sous tutelle du ministère chargé de la Santé. Sa mission est d'« *améliorer et protéger la santé des populations* ». Cette mission s'articule autour de trois axes majeurs : « *anticiper, comprendre et agir* ». L'effectif de l'Agence est de 625 agents et son budget pèse près de 200 millions d'euros en 2019. En 2020, le montant de la dotation versée par l'État est de plus de 150 millions d'euros.

Mince alors, ça baisse... Mais heureusement, une dotation exceptionnelle de 860 millions d'euros est accordée la même année à l'agence au titre de la prévention épidémique et la constitution de stocks stratégiques. Stocks de quoi... On ne sait pas. Du champagne peut-être ? Ou pour bien payer les 625 agents ? Car, à quoi sert tout ce pognon ? À part pondre des rapports quotidiens hyper alarmants, les actions concrètes sont quasi absentes. Dur, dur de croiser un représentant de Santé publique France dans des lieux où la Covid-19 est, elle, bien présente, tels les hôpitaux ou les établissements d'hébergement pour personnes âgées (Ehpad). Et devinez qui a signé le premier Contrat d'objectifs et de performances (COP) en 2018 de ladite agence ? Une idée ? Non ? L'inénarrable Agnès Buzyn... Et pas loin derrière, en qualité de personnalité qualifiée choisie en raison de ses compétences dans les domaines relevant des missions de l'Agence, le non moins inénarrable Jérôme Salomon, directeur général de la Santé. Celui-là même qui vous assurait le 3 février 2020 qu'« *il n'y a aucune mesure particulière à prendre pour le grand public* ». Du lourd... Nous sommes en France, « pays du Règlement », enrégimenté depuis des décennies par des dirigeants et hauts fonctionnaires pour la plupart formatés à l'ENA et propulsés dans les allées du pouvoir et de la haute administration par un clientélisme débridé. L'humilité qui permet de reconnaître les erreurs d'organisation et de les intégrer afin d'accroître la compétence n'est pas vraiment de mise. Pour beaucoup, la carrière passe avant le métier, le respect du règlement et les honneurs avant la remise en cause de décisions hiérarchiques et du pouvoir qui décide de leurs nominations. En conséquence, le lecteur doit s'attendre à ce que l'organe de direction d'une agence dédiée à la santé publique compte un minimum de professionnels de la... santé publique. Santé publique France telle qu'elle se présente (www.santepubliquefrance.fr) :

> « Le Conseil d'administration compte, outre sa présidente, nommée par décret du président de la République, 32 membres élus pour un

mandat de 4 ans, renouvelable une fois. Il se compose de : 4 parlementaires, 9 membres représentant l'État, 1 représentant des régimes obligatoires d'assurance-maladie, 4 représentants des partenaires institutionnels de Santé publique France, 3 professionnels de santé, 4 représentants d'associations, 2 élus représentant les collectivités territoriales, 2 personnalités compétentes dans les domaines relevant des missions de Santé publique France, 3 représentants du personnel de Santé publique France. »

Oui, vous avez bien lu comme nous : **3 professionnels de santé sur 32 membres !** Le reste ? Quelques élus au contact de leurs concitoyens quand vient le temps des élections et, pour la plupart, une brochette de technocrates qui régentent, sous la houlette de la directrice générale Geneviève Chêne, la vie de l'agence et de ses 15 cellules régionales. Les principes fondateurs de cette agence ?

Extrait :

« – L'action de Santé publique France est sous-tendue à la fois par une éthique, une déontologie, et des principes d'excellence, d'indépendance et de transparence.

– L'excellence scientifique et l'expertise collective.

Les équipes de l'agence se distinguent par un haut niveau de connaissances et de compétences scientifiques, par leur capacité à produire des rapports, évaluations de risque, avis, expertises, études et interventions en santé, s'appuyant sur des données scientifiquement fiables, vérifiées, probantes, très en lien avec la recherche. L'expertise ainsi produite se doit d'être collective, voire pluraliste, et le plus souvent possible inscrite dans le cadre de la Charte de l'expertise. »

Nous allons voir comment tout ce flonflon lénifiant sur *« le haut niveau de connaissances et de compétences scientifiques »* est remis en cause, au point de s'avérer parfois même mensonger, au travers de chiffres diffusés par l'agence gouvernementale dans le cadre de l'épidémie Covid-19. Tout ce bourrage de crâne payé à prix d'or avec l'argent des contribuables exhale un effluve d'indécence. Qu'en est-il des missions de Santé publique France ?

Extrait :

> « Réserve sanitaire :
>
> Animée par Santé publique France, la Réserve sanitaire est une communauté de professionnels de santé volontaires et mobilisable par l'État (médecins, soignants, techniciens de laboratoire, manipulateurs radio…). Capable d'intervenir dans un délai très court, la Réserve sanitaire tient à disposition un large éventail de compétences pour venir en renfort lors de situations sanitaires exceptionnelles (…) La Réserve sanitaire peut être mobilisée rapidement pour des missions généralement courtes : des missions de renfort de l'offre de soins ou médico-sociale, notamment, lorsqu'une situation sanitaire exceptionnelle perdure (épidémie, canicule, afflux de population…) »

Redoutable efficacité en effet : urgences saturées pendant le confinement. On reste confondu par l'arrivée « *rapide* » des renforts pendant cette période de « *situation sanitaire exceptionnelle* ». La cavalerie est souvent arrivée trop tard ou, pire encore, jamais. L'agence a-t-elle été totalement confinée ? La question doit être posée, car parmi toutes les magnifiques mesures énumérées dans ce superbe texte qui nous a presque fait verser une larme, nous n'en avons pas vu une seule qui ait été concrètement mise en œuvre. Pour rappel, pas de masques valables, pas de gel, pas d'appareils respiratoires, hôpitaux saturés, cliniques privées non réquisitionnées, etc. et cela pendant plusieurs mois. Au passage, citons les services annexes de l'agence : bien vieillir, manger et bouger, joueurs-info services, vaccinations info services, tabac info services, sexosafe, agir pour bébé… Tout un tas de mièvres slogans prétendument destinés à rassurer le quidam moyen. Sauf que, concrètement, prendre un rendez-vous avec un médecin spécialiste devient un véritable parcours du combattant. Pour une consultation urgente, mieux vaut appeler le Samu pour ceux qui en ont encore un au cœur des « déserts médicaux » français dont la situation ne cesse de s'aggraver.

Un flot continu d'informations fausses

Le nouveau festival en technicolor du ministre de la Santé publique, Olivier Véran, bat son plein en septembre 2020. Pas annulé, celui-là… Dommage.

Mettez vos lunettes noires, car explosion lumineuse intense. Des départements en gris – presque pas de virus, youpi ! –, rose bonbon – virus en goguette, attention, muselage en vue –, rouge écarlate – virus courroucé et invasif, hou là là, dangereux, on ferme – et noir rayé de blanc style bagnard – alors là, mal barré... Tous consignés. « *Cayenne, c'est pas fini* », chantait Higelin...

Mal lotis, les Marseillais. Déjà qu'une sardine leur avait bouché l'entrée du port dans un passé lointain, Olivier Véran décida en septembre 2020 un véritable couvre-feu pour ce département à « haut risque » selon ses dires. L'énarque Christophe Mirmand, préfet de la région Provence-Alpes-Côte d'Azur, préfet des Bouches-du-Rhône exécuta, petit doigt sur la couture du pantalon, les ordres sans chercher à connaître l'exacte réalité de la situation. S'estimant couvert par les informations en provenance de son ministère de tutelle et de Santé publique France, il fit diffuser de nouvelles mesures contraignantes, parfois assez cocasses. Fermeture des bars, restaurants et salles de sport. Le virus, toujours sélectif, sévit dans les restaurants, mais pas dans les écoles, ni au travail, ni sur les sites de restauration scolaire, universitaire et d'entreprise. Sacré virus... Difficile de s'y retrouver dans ce maelström de nouvelles totalement disproportionnées, ineptes et souvent même mensongères et fumeuses. Et certains se croient dans l'obligation d'en rajouter une couche. C'est le cas de l'essayiste « gauche caviar » répondant au nom de Raphaël Enthoven qui se permet de traiter le professeur Raoult de « fou ». Citation de ce rienologue alors qu'il est interviewé par Élisabeth Martichoux, le 25 septembre 2020, sur *LCI* : « *La ville entière (Marseille) est entre les mains d'un fou qui raconte n'importe quoi, qui... qui... qui... qui... qui survend une molécule qui ne fonctionne pas... J'ai le sentiment de voir une métropole mise sous hypnose par un druide qui leur dit n'importe quoi...* » L'œil fixé sur son nombril, le petit éditocrate prétentieux et méprisant ignore visiblement que le « fou » en question qu'il insulte ainsi est reconnu par la communauté scientifique mondiale comme l'un des meilleurs experts en son domaine. « *La médiocrité sera toujours égoïste* », disait Balzac, décrivant l'espèce de « *publiciste à portefeuille* » dans laquelle il aurait sans doute classé ce littérateur de salon. Ne jetons pas la pierre à l'acéphale qui s'ignore et quittons l'ambiance philosophico-germanopratine chère aux essayistes bien dans le moule pour comprendre les décisions chape de plomb concernant la Covid-19.

Qui plombe les cerveaux embrumés du ministre de la Santé et du gouvernement ? Telle est la question. Car au-delà d'une stupidité sans bornes de hauts fonctionnaires gestionnaires qui ne peuvent ni ne veulent innover et ne savent qu'au mieux ajuster les normes aux règlements, au-delà de la complaisance de certains élus et de groupes de mandarins liés à Big Pharma et à ses réseaux d'influence, d'où vient cette avalanche de recommandations rocambolesques, inutiles et surtout destructrices pour l'économie et la vie sociale du pays ?

Des structures administratives d'un État de plus en plus impotent qui ronronnent en boucle, un « personnel-instrument » au service de l'organisation qui se calfeutre dans des hiérarchies plus soucieuses de comptabilité, de chiffres et de règlements que d'intelligence, d'innovation et des hommes ne constituent pas un milieu favorable à la prise de décisions, tout particulièrement en cas de crise. Quand l'horizon s'obscurcit et que les repères connus disparaissent, on n'affronte pas les nouvelles tempêtes avec des esprits fermés accrochés comme des mollusques bivalves au rocher de leurs vieilles certitudes et qui gèrent aujourd'hui le complexe comme ils géraient hier le compliqué. La création d'un Conseil scientifique aux fins d'aider le politique à la prise de décisions aurait pu être bénéfique même dans le cadre d'un budget de la Santé minima. Mais sa composition comme sa démarche vont stériliser cette innovation organisationnelle au point de la retourner contre ses initiateurs.

Conseil scientifique : le prix de l'incompétence

Nous mettions tranquillement la touche finale à cet ouvrage quand, le 28 octobre 2020, le chef de l'État annonça le début d'un nouveau confinement se terminant le… Quand au fait ? Au final, nous n'en savons rien, puisque le Conseil scientifique spécial Covid annonça aussitôt une surenchère de temps. Peut-être qu'au bout de la énième vague de confinement, un vaccin ou un médicament concocté par une transnationale de la pharmacie destiné à remplacer l'efficace chloroquine sera là et sauvera toute l'humanité ? Enfin, c'est ce qui risque d'être proposé. Mais la liste des effets secondaires sera tellement longue que nous ne sommes pas sûrs que cela vous fera le bien escompté. Effets secondaires très dangereux à la limite de l'empoisonnement ? Aluminium ? Vaccin OGM ? Nano puce de traçage ? Souches Covid mutantes ? Bref ! Il y a fort à parier que comme lorsque vous prenez le volant, bidouillage, pistage et flicage seront encore omniprésents.

Tout ce nouveau cirque émanant du Conseil scientifique Covid-19, piloté depuis le 11 mars 2020 à la manière d'un acrobate équilibriste par l'ancien immunologue Jean-François Delfraissy, nous a interpellés. Nommé à sa tête par Olivier Véran, ministre spécialiste en gestion bancale de l'épidémie – 220 000 signataires soutiennent une plainte visant Buzyn, Édouard Philippe et Olivier Véran –, le rend de facto suspect. Adoubés par le président Macron lui-même afin d'éclairer les Français sur les risques de la propagation du virus, les propos de Delfraissy relèvent plus de l'approximation d'une diseuse de bonne aventure que de l'argumentation rigoureuse d'un scientifique. Après 21heures et jusqu'à 6 heures, virus circule. Mais attention : dans les écoles, au travail, dans le métro et les trains, virus ne circule pas. Dans les restaurants, les bars, les cinémas, les théâtres, les lieux de conférences et de débats – bref, tout ce qui rend joyeux, offre plaisirs, loisirs, rencontres et enrichissement culturel –, virus circule. Un vrai boute-en-train ce virus ! C'est dire que question éclairage selon « Saint Delfraissy », et au vu de quelques-unes de ses déclarations, la lumière a l'intensité d'une bougie de lampion en fin de vie. Nous serions plutôt dans un brouillard épais et crépusculaire avec visibilité nulle.

Ainsi, par exemple, le 26 octobre 2020, le docte président dudit conseil s'est fendu d'une déclaration étrange dans l'hebdomadaire *Le Point*.

Extrait :

> *« Il a également évoqué "une situation très difficile, voire critique", alors que la France a enregistré, dimanche, un record de nouveaux cas positifs enregistrés en 24 heures. Un nombre sous-évalué, a jugé le professeur de médecine. "Il y a probablement plus de 50 000 cas par jour. Le Conseil scientifique estime que l'on est plutôt autour de 100 000 cas par jour", a-t-il indiqué, avant de préciser : "Entre les cas diagnostiqués, les cas qui ne se font pas diagnostiquer, les cas asymptomatiques… On est autour de ce chiffre. On a un virus qui circule de façon extrêmement rapide". »*

100 000 cas par jour ? Diantre ! Mais comment diable Delfraissy peut-il évaluer à 100 000 cas par jour le nombre « *de nouveaux cas positifs* », incluant les cas non diagnostiqués et les cas asymptomatiques ? Nous ne connaissons pas la méthode permettant de compter des gens non testés, tout en supputant qu'ils sont contaminés… Plus fort qu'un marabout avec ses gris-gris.

Il en va de même pour ses conseils de confinement et de reconfinement injustifiés à durées indéterminées, du port du masque dans la rue ou de l'instauration de couvre-feu dans certaines villes. Ainsi que devait le dire le professeur Didier Raoult alors qu'il était auditionné le 24 juin 2020 par les députés de la commission d'enquête sur le coronavirus de l'Assemblée nationale, « *la décision du confinement comme celle des masques dans la rue ne repose pas sur des données scientifiques établies, claires et démontrables. Cela ne sera jamais démontré* ».

Vous l'avez deviné, l'immunologue à la retraite n'est pas sur la même longueur d'onde que le très actif professeur de microbiologie, spécialiste des maladies infectieuses, Didier Raoult et ses équipes dont le travail est honoré de vingt-cinq prix nationaux et internationaux. Le président de ce Conseil scientifique a même été jusqu'à remettre en cause l'efficacité de l'hydroxychloroquine alors que ce médicament est utilisé avec succès dans de nombreux pays comme la Fédération de Russie, l'Iran, la Corée, les États-Unis ou la République populaire de Chine. D'ailleurs, le professeur Raoult, par l'entremise de son avocat, maître Di Vizio, déposa en octobre 2020 un recours devant le Conseil d'État et une plainte au pénal après le refus de l'Agence du médicament d'autoriser plus largement l'hydroxychloroquine en France. *France Soir*, qui publie souvent en avant-première des informations pertinentes sur son site Internet (www.francesoir.fr), rappela alors les données de cette affaire dans son édition du 30 octobre.

Extrait :

> « … *Depuis le début de la pandémie, le professeur Raoult a soigné plus de 4 000 patients avec la bithérapie hydroxychloroquine + azithromycine complétée de zinc. De plus, il a été promoteur de l'approche Identifier, Tester, Isoler, Traiter qui a valu à l'IHU d'obtenir le taux de mortalité le plus bas de France. Plusieurs des études promues par l'IHU et ses*

professeurs n'ont pas reçu le même degré d'attention dans les médias, ou ont reçu des attaques viles de certains confrères, car selon eux, ces études ne respectaient pas la méthodologie considérée comme la règle d'or en Evidence Based Médecine (Médecine basée sur les preuves). Le professeur Raoult s'en défend en expliquant que dans le cadre d'une épidémie, il faut traiter tout le monde et il serait immoral de proposer un placebo à un malade... »

Concrètement, le professeur Raoult applique un protocole guérissant des personnes, tandis que Delfraissy ne fait rien d'autre que de les alarmer par des messages inquiétants au lieu de les aider à comprendre la réalité de la situation. Imposer un confinement infini ne reposant sur aucune base scientifique sérieuse ne relève-t-il pas de la diffusion de fausse information ? Et que dire de sa responsabilité et de celle des autres membres de ce Conseil « scientifique », avec les dirigeants politiques qui font appliquer leurs recommandations, dans la destruction économique et sociale du pays ?! On attendait mieux de la part d'un ancien immunologue de ce calibre.

Par ailleurs, Jean-François Delfraissy, auditionné par la Commission d'enquête sur la grippe A (H1N1) du Sénat le 2 juin 2010, déclara qu'il avait à l'époque des liens avec des entreprises produisant ou exploitant des produits de santé ou des organismes de conseil intervenant sur ces produits : « ... *Lorsque j'ai pris mes fonctions de directeur, j'ai annoncé à mon conseil d'administration que j'arrêterai toute relation au niveau national, mais que je garderai pour certaines formes d'expertises les boards internationaux de l'industrie, que je revendique comme nécessaires pour participer à la collaboration internationale. Il s'agit de Merck, Gilead et Tibotec... J'ai été conseil scientifique de la fondation Roche, mais je ne le suis plus ; je le suis encore dans le cadre de la fondation GSK.* » Même si Delfraissy assure aujourd'hui ne plus avoir de liens avec Big Pharma, il n'empêche qu'il en a eu et, comme vous pouvez le supposer, amis lecteurs, un tel carnet d'adresses ne se détruit pas. Pour lui, les experts du Conseil scientifique liés à des laboratoires pharmaceutiques ne se sont toutefois pas exposés à un quelconque conflit d'intérêts pour la simple raison que le Conseil n'a recommandé aucun traitement plutôt qu'un autre lors de la pandémie. C'est bien là le problème. La chloroquine est efficace, mais n'est toujours pas recommandée. D'ailleurs, la France est le seul pays au monde dont le ministère de la Santé a interdit son utilisation aux médecins généralistes. Or, selon le professeur Raoult, c'est justement « *quand les gens ont des formes modérées, moyennes, ou qui commencent à s'aggraver, qu'il faut les traiter. À ce moment-là, on contrôle les virus qui se multiplient. Quand ils sont rentrés en réanimation, le problème, ce n'est plus le virus* ». Enroué, le cocorico... Le professeur Christian Perronne, spécialisé dans le domaine des pathologies tropicales et des maladies infectieuses émergentes, ancien président de la commission Maladies transmissibles du Haut Conseil de la santé publique, a mis en cause ce Conseil scientifique dans un article de *France Soir* du 13 octobre 2020 : « ... *Si le gouvernement avait eu un Conseil scientifique "normal", le traitement de l'infection par la chloroquine aurait dû être confié dès le début de l'épidémie aux médecins généralistes, au lieu d'hospitaliser les patients ou de les placer en réanimation...* »

Le chef de l'État est ainsi conseillé par de nombreux fonctionnaires de la Santé, d'une compétence douteuse sur les questions virales pour certains d'entre eux, ayant eu ou ayant des intérêts avec Big Pharma. Conséquence : les décisions qui se prennent sont souvent guidées en sous-main par les agents d'influence et des groupes de pression de grandes sociétés privées de la pharmacie pour qui seuls comptent les bénéfices engrangés, et surtout ceux à venir. En effet, selon les déclarations de plusieurs professionnels, dont le professeur Raoult, il y a conflit d'intérêts, preuves à l'appui. « *Quand j'ai parlé pour la première fois de la chloroquine, j'ai été menacé à plusieurs reprises par celui qui a reçu le plus d'argent de Gilead depuis 6 ans* », déclara le professeur Raoult alors qu'il était entendu fin juin 2020 par la commission d'enquête de l'Assemblée nationale sur le coronavirus. Gilead ? Une société que connaît bien Delfraissy. De possibles conflits d'intérêts impliqueraient des médecins, notamment ceux qui prônent le Veklury (remdesivir), un médicament commercialisé par ce laboratoire et dont l'efficacité est également testée dans la recherche de traitement pour la Covid-19. Sans grands dangers ? Pas vraiment, si l'on en croit l'article très complet et documenté publié par *France Soir* le 8 juillet 2020 et titré « *L'entreprise Gilead aurait-elle dissimulé la vraie toxicité du Veklury (remdesivir) ?* »

France Soir rapporte que « *les États-Unis auraient fait main basse sur les stocks de Veklury et que l'Agence Européenne du Médicament (EMA) donnait une autorisation de mise sur le marché (AMM) de ce médicament pour les formes graves de Covid-19, AMM restant à valider par les États membres* ». L'article qui livre des éléments scientifiques précis indique notamment que « *le remdesivir est en fait une molécule très toxique* ». Présentant une analyse globale des données de toxicité, les auteurs indiquent que « *les résultats d'une étude parue le 6 juillet sur 5 patients traités au remdesivir à l'hôpital de Bichat font état d'effets secondaires graves* ». Hôpital Bichat dont le service des maladies infectieuses est dirigé par Yazdan Yazdanapanah, infectiologue membre du Conseil scientifique, qui ne manquera certainement pas de rapporter à ses chers confrères le danger de ce Veklury...

Ainsi que le rappelle le docteur Pascal Trotta, un regard sur les affaires de plusieurs de ces grandes sociétés du secteur pharmacie donne une idée des procédés délictueux auxquels certaines d'entre elles n'hésitent pas à recourir pour imposer leurs médicaments et s'approprier des marchés. Au bout de ces marchandages, des milliers de personnes trouvent parfois la mort et il arrive que leurs descendants connaissent de terribles maladies. Médiator : 1 000 à 2 000 décès pourraient lui être imputables ; Distilbène : prescrit en France de 1955 à 1977, il est à l'origine de nombreuses anomalies génitales, de stérilité et d'une augmentation de certains cancers chez des enfants exposés *in utero.* Il aurait laissé des séquelles jusqu'à la troisième génération ; Vioxx : selon la FDA (Food and Drug Administration des États-Unis), a provoqué 160 000 crises cardiaques et attaques cérébrales et 40 000 décès rien qu'aux États-Unis. Retiré du marché en 2004, il aura rapporté 2,5 milliards de dollars chaque année au laboratoire Merck... Bien souvent, il faudra de très longues années de procédures judiciaires de malades et de leurs familles pour obtenir que le médicament en cause soit retiré de la distribution. Quant à l'indemnisation des personnes dont la vie a été détruite, elle n'aura souvent pas lieu pour cause de... cimetière !

Tout comme lors de l'épidémie de la Covid-19, les Français ont déjà connu pendant douze mois des controverses sur l'application du principe de précaution et la surenchère préventive face à un autre virus, le H1N1, qui provoqua une épidémie de grippe à partir du mois d'avril 2009.

Ce nouveau virus, présenté au départ comme très contagieux, s'est avéré progressivement d'une virulence bien moindre que celle que l'OMS et les médias lui donnaient jour après jour. Se référant aux prévisions pessimistes et aux conseils alarmistes de l'OMS et de l'Institut thématique multi-organismes microbiologie et maladies infectieuses (IMMI) au sein de l'Alliance nationale pour les sciences de la vie et de la santé, en pleine pandémie grippale, Roselyne Bachelot, alors ministre de la Santé, commanda 94 millions de doses de vaccins. Il fallait alors, selon les indications de ces organismes, deux injections par personne pour venir à bout du virus. Mais l'épidémie se révéla bien moins grave que ne l'annonçaient ces conseillers. Contrairement aux conseils de l'IMMI, une injection du vaccin sera suffisante et seulement 6 millions de Français se feront vacciner... En dépit de l'annulation d'une commande de 50 millions de vaccins, les stocks demeurèrent trop importants et, en 2010, 19 millions de doses périmées seront incinérées. La dépense, achat et destruction inclus, se chiffrera à environ 400 millions d'euros ! Non compris la commande de plus d'un milliard de masques chirurgicaux et de 700 millions de masques FFP2 plus protecteurs dont il ne restait plus que 145 millions en février 2020, lorsque le SRAS-CoV2 fit son apparition. *Le prix de l'incompétence*, comme dirait notre consœur Christine Kerdellant, journaliste économique et écrivain, dans son passionnant ouvrage ainsi titré (Éditions Denoël) sur l'histoire des grandes erreurs de management.

Dans une interview au *Quotidien du médecin*, le directeur de l'IMMI, organisme chargé par les ministères français de la Recherche et de la Santé de coordonner les recherches sur le nouveau virus grippal, reconnaîtra plus tard s'être trompé à plusieurs reprises dans la gestion de ce dossier sensible : « *J'étais à la fois initiateur de la recherche et expert. Je reconnais que je me suis trompé* ». Sur le retentissement sociétal en novembre-décembre : « *Je pensais qu'il serait beaucoup plus important, à l'image de ce qui avait été observé à Mexico ou à Buenos Aires, avec de nombreux arrêts de travail, des fermetures d'écoles, etc. Cela n'a pas été le cas* ». Sur la double vaccination : « *Nous avons recommandé la vaccination, mais nous pensions que les vaccins seraient peu efficaces, qu'il faudrait deux injections et probablement un adjuvant. En fait, le vaccin s'est révélé très efficace sur le plan immunogénique : une seule injection suffisait dans la majorité des cas et il n'y a pas eu besoin d'adjuvant* ». Le directeur de l'IMMI de l'époque s'appelait… Jean-François Delfraissy.

Certes, un scientifique a droit à l'erreur, tout particulièrement quand, comme Jean-François Delfraissy, il n'est nullement spécialiste des virus de la grippe puisque ses travaux portent sur le VIH. Ce manque de spécialisation peut avoir des conséquences graves quant au contenu des mesures conseillées aux dirigeants politiques. En effet, les chercheurs spécialistes d'une famille de virus ont déjà du mal à saisir les mutations inhabituelles et les nouveaux variants qui peuvent survenir dans des familles hautement complexes. Alors pour ceux qui débarquent et les découvrent, la lumière est loin d'être au rendez-vous ! Le plus grave est que les conseils que préconisa alors l'organisme que dirigeait Jean-François Delfraissy furent le fait de quelques personnes, ne prêtèrent pas à débat contradictoire, ne furent pas discutés avec les professionnels de santé publique traitant des personnes contaminées et donc bien placés pour enrichir la recherche de leur expérience de « terrain » et, surtout, que des dirigeants politiques les suivirent sans chercher à recueillir l'avis d'autres professionnels, y compris d'autres pays. Après être passé d'un conseil de gestion catastrophique de la grippe A dont il ne connaissait pas le virus à un conseil de gestion de la Covid-19 dont il découvrit également le virus, dix années plus tard, Delfraissy persiste dans sa pratique de l'approximation et de la démesure dont le pouvoir politique n'a visiblement pas tiré la leçon malgré le préjudice subi. On aurait pu penser que ses erreurs répétées aux très lourdes conséquences pour les Français et l'État l'auraient conduit à plus d'humilité ; on pouvait même imaginer que, dans un sursaut de clairvoyance, il mette en veilleuse son arrogance envers des confrères autrement plus qualifiés que lui sur ce type de virus. Mais non. Rien de tout cela. Illustrant sans doute la maxime qui veut qu'en France on ne change pas une équipe qui perd, Delfraissy continue son mandarinat assuré que le politique décideur endossera seul une nouvelle fois la responsabilité des graves conséquences économiques et sociales à venir engendrées par ses conseils ; et qu'une nouvelle fois encore, le contribuable mettra la main à la poche pour reconstruire ce qu'il aura contribué à faire détruire.

Et pendant ce temps, sous couvert de discussions académiques et faute d'administrer un remède existant, des gens meurent tous les jours. Répugnant et nauséabond.

Et pendant ce temps, tous les matins, les ministres et le chef de l'État sont noyés sous une multitude de rapports trop souvent gonflés, alarmistes, incomplets et davantage destinés à satisfaire des hiérarchies et à enfiévrer les cerveaux qu'à les aérer. Un bulletin de l'agence Santé publique France, parmi de très nombreux autres tout aussi alarmistes, en date du 25 septembre 2020 titrait : « *Point épidémiologique Covid-19 du 24 septembre : Dégradation de la situation épidémique, tous les indicateurs sont à la hausse.* » Totalement faux, comme nous allons le voir, mais comme l'information est émise par une agence sous tutelle du ministère de la Santé, la plupart reprennent en chœur le message sans s'interroger sur sa validité.

Difficile pour un ministre bas du front d'y voir clair dans tout ce micmac. Les grands médias amplifient le phénomène en interviewant trop souvent des gens s'érigeant en spécialistes de tout et de rien, mais à qui il est de bon ton d'accorder audience au prétexte qu'ils sont dans la pensée dominante du moment. Il y aurait beaucoup à dire sur Santé publique France. Ajoutez à cette agence centrale la multitude des Agences régionales de santé – ARS – et vous obtenez une machinerie infernale sur-gavée de budgets, pondant des rapports journaliers alarmistes et spécieux qui finissent par plomber notre société plutôt que de l'aider à y voir clair.

Vous vous demandiez d'où provenaient toutes ces mesures coercitives ? Vous avez la réponse. Les technocrates de cette administration œuvrent de concert avec leurs homologues de celles d'autres pays de l'Union « européenne » et fonctionnent sur le modèle des Centres pour le contrôle et la prévention des maladies (CDC) étasuniens – Centers for Disease Control and Prevention (www.cdc.gov). Ainsi, des organismes administratifs – et non scientifiques – de la santé dirigés par des personnes pour la plupart étrangères aux professions de santé agissent indépendamment dans le même temps auprès de tous les gouvernements – ou presque – et diffusent en continu aux décideurs comme au grand public des données alarmistes inexactes. Ce flot continu d'informations souvent inexactes amplifiées par celles du Conseil scientifique conduit les politiques à prendre des mesures de plus en plus fréquentes et contraignantes ne correspondant pas du tout à la réalité de la maladie Covid-19. Au prétexte d'assurer votre sécurité, les mesures liberticides se multiplient sur la base d'informations tronquées, peu fiables ou fausses, diffusées par des organismes bureaucratiques comme Santé publique France. Loin de nous l'idée de remettre en cause la capacité de Santé publique France à produire des rapports. Par contre, les chiffres... Si ceux de l'Insee sont difficilement contestables, qu'en est-il de ceux diffusés aux membres du gouvernement, aux élus et au grand public par Santé publique France ?

Gros couac dans les chiffres. Les décès annoncés entre l'Insee et Santé publique France ne sont pas les mêmes. Tiens donc ! Qui berne qui ? La faute aux ordinateurs ? On nous a déjà fait le coup. La vérité est donc ailleurs. Vous êtes bien assis ? Un petit café bien serré pour résister au choc ? Poursuivons.

Où sont passés les morts du ministère de la Santé ?

Alors qu'au dernier trimestre de l'année 2020, les citoyens, les professionnels de la santé, des dirigeants politiques, les organisations professionnelles, les syndicats, associations et médias cherchent à connaître la situation exacte de la maladie et son évolution, cet organisme publie des chiffres sur lesquels on ne peut que s'interroger. Comme trop souvent, certains médias se contentent de reproduire ces données sans les vérifier en brodant pendant de longues semaines, à partir des mois de juillet-août 2020, sur la « coronasaga nouvelle vague » de l'épidémie. Très vendeur, le feuilleton...

Que valent les chiffres diffusés par le ministère de la Santé sur la mortalité qui serait due à la Covid-19 ? Leur examen vaut que l'on s'y arrête, d'autant que, comme le dira justement notre confrère Éric Brunet sur *LCI* lors d'une interview du professeur Christian Perronne, *« la question, c'est celle de la disproportion »*[29].

« Disproportion » ? Le mot nous paraît même faible en regard de ce qui suit.

Santé publique France indiquait fin juillet 2020 que pour la période du 2 mars au 31 mai 2020 *« le nombre de décès associés à l'épidémie de COVID-19*

29. LCI, « Brunet Direct », *Coronavirus : un mensonge d'État ?* 8 septembre 2020.

se situait entre 25 000 (estimés à partir des données d'état civil de l'Insee) et 30 000 décès (estimés à partir des données hospitalières et des EHPAD/EMS) »[30]. Pour qui ne prend pas pour argent comptant les chiffres diffusés par une agence ministérielle et cherche à en vérifier l'exactitude, les surprises ne manquent pas. En effet, selon l'Insee, pour cette même période du 2 mars au 31 mai, la France a enregistré un nombre total de décès, *toutes causes confondues*, de 178 700 personnes[31]. À titre de comparaison, qu'en était-il en 2019 pour la même période du 2 mars au 31 mai, c'est-à-dire sans la maladie Covid-19 ? Toujours selon l'Insee, 152 000 décès furent enregistrés. On constate donc une augmentation de 26 700 morts en 2020 toutes causes confondues. En conséquence, il ne peut donc y avoir en 2020 pour la même période « *un nombre de décès associés à l'épidémie de COVID-19* » se situant « *entre 25 000 et 30 000 décès* » ! Sauf, bien sûr, à ce que la population ne meure plus que de la Covid-19 !

Erreur ? Difficile à croire venant de services travaillant pour le ministère de la Santé, tout particulièrement sur une question aussi sérieuse. Volonté de gonfler les chiffres pour entretenir un climat de peur dans la population et permettre au gouvernement de renforcer ses lois anti-sociales et liberticides ? Dans tous les cas, diffusion de fausses informations qui trompent les citoyens, leurs associations et organisations, les élus et les médias. De semaine en semaine, les mêmes fausses statistiques seront diffusées, entretenues par des membres du gouvernement et des hauts fonctionnaires, des médecins qui ont souvent en commun de ne pas ou de ne plus exercer de longue date, reprises par des médias qui ne s'interrogent guère sur la fiabilité des informations du moment qu'elles proviennent de politiciens, du gouvernement ou d'organismes de ministères.

Le docteur Peter El Baze, ex-médecin attaché des Hôpitaux du CHU de Nice, ancien chef du Service de médecine interne et, par ailleurs, créateur des logiciels médicaux Megabaze et Oncobaze (chimiothérapies) et qui, par

---

30. *Mortalité en France : d'où viennent les chiffres*, par Anne Fouillet, Santé publique France, 22 juillet 2020 (www.santepubliquefrance.fr).

31. Insee, Séries chronologiques, *Démographie - Nombre de décès-France (Inclus Mayotte à partir de 2014)*, 28 août 2020.

conséquent, connaît bien la question de la collecte des données, a procédé comme nous au même calcul sur les années 2019 et 2020. Il a examiné une période plus longue, de sept mois, allant du 1er janvier au 31 juillet pour chacune de ces années, période qui couvre la quasi-totalité de l'épidémie entre les mois de mars – premiers décès officiels – et fin juillet.

Il appert que le nombre de décès *toutes causes confondues* augmente de 17 500, passant de 362 900 en 2019, période sans la Covid-19, à 380 400 en 2020[32]. Pourtant, Santé publique France annoncera le 17 septembre 2020 que « *31 095 personnes sont décédées en France de la Covid-19* »[33]. Or, les 31 095 décès attribués à la seule Covid-19 par l'agence du ministère des Solidarités et de la Santé représentent à eux seuls près du double du nombre de décès supplémentaires entre 2019 et 2020 *toutes causes de décès confondues* (accidents du travail, accidents de la route, toutes maladies, suicides, morts naturelles, homicides, etc.) De plus, même en tenant compte de la révision de certains chiffres pour quelques mois seulement et qui ne varient généralement que très peu, l'Insee indique à la mi-septembre 2020 que « *depuis le 1er mai, comme le confirment les données récentes, on ne constate plus en France d'excédent de mortalité par rapport à 2019 et un excédent minime par rapport à 2018 (+1 %)* »[34].

Deux hypothèses se présentent alors : les données de l'Insee relatives au nombre de décès en France toutes causes confondues sont complètement fausses, ce qui est difficilement envisageable d'autant que l'Insee pratique ces recensements depuis de nombreuses années. Rappelons que l'NSEE assure la tenue du Registre national d'identification des personnes physiques (RNIPP) dans lequel sont enregistrés les naissances et décès des personnes nées en France et de celles qui y vivent ou y ont vécu. Ainsi que le précise l'Institut,

---

32. Insee, Séries chronologiques, *Démographie – Nombre de décès-France (Inclus Mayotte à partir de 2014)*, 23 septembre 2020.
33. Ministère des Solidarités et de la Santé, Santé publique France, *Coronavirus : chiffres-clés et évolution de la COVID-19 en France et dans le monde*, 17 septembre 2020.
34. Insee, *Nombre de décès quotidiens, France, régions et départements. Chiffres détaillés*, paru le 18 septembre 2020.

« chaque vendredi, l'Insee publie désormais le nombre de décès totaux constatés 11 jours plus tôt, et 7 jours plus tôt pour les communes qui transmettent leurs données de façon dématérialisée. Les données sont disponibles pour la France et par département du lieu de décès ».

Autre hypothèse : Santé publique France diffuse des chiffres totalement inexacts sur la réalité du nombre de décès par la maladie Covid-19.

Certes, ces statistiques doivent être exploitées avec la plus grande prudence pour des raisons diverses. Ainsi, l'Insee souligne que *« les circonstances inédites du confinement peuvent avoir un effet sur les autres causes de décès : si les accidents sur la voie publique sont a priori moins nombreux, les effets du confinement sont en revanche incertains sur les causes majeures de décès que sont les tumeurs et les accidents cardio-vasculaires. Enfin, la gestion de la crise peut perturber les données au niveau départemental : les malades peuvent être hospitalisés et malheureusement décéder loin de leur domicile, et même loin de l'hôpital de rattachement en cas de transfert sanitaire »*. Mais, même en prenant en compte la prudence et le temps nécessaire pour dresser un bilan statistique rigoureux sur les conséquences de la maladie Covid-19 dans la mortalité, comment l'agence sous tutelle du ministère de la Santé peut-elle annoncer que plus de 31 000 personnes sont décédées de la seule Covid-19 à la date du 17 septembre 2020 quand l'Insee indique pour la même période une augmentation du nombre de décès de 17 500 personnes toutes causes confondues par rapport à l'année 2019 ?!

Logiquement et mathématiquement, il est complètement impossible qu'il y ait eu plus de 17 500 décès en 2020 sur la même période, cela quelle qu'en soit la cause et même en prenant en compte une légère révision à la hausse des chiffres recueillis par l'Insee[35]. La question du nombre réel de personnes décédées vaut d'autant plus d'être posée que le docteur El Baze rappelle qu'il faut prendre en compte *« les 2 000 à 3 000 morts par an qui s'ajoutent chaque année à cause de l'augmentation de la population et de son vieillissement ».*

---

35. *Les données Insee démontrent qu'il est impossible d'avoir 30 800 morts en plus en 2020 à cause du COVID-19 !* Par le docteur Peter El Baze, France Soir, 14 septembre 2020.

Ceux-ci, comptabilisés dans les recensements mensuels de l'Insee, réduisent encore le nombre de morts attribués à la Covid-19 par l'agence du ministère de la Santé. De même, comme l'Insee, le docteur El Baze rappelle « *les morts en mars-avril-mai 2020 d'autres pathologies par privation de soins à cause du confinement. Et ceux-là se chiffrent en milliers* ». Et, l'ancien chef de service de médecine interne estime que « *la réalité, c'est que le confinement général est responsable au contraire de milliers de morts en plus parmi les millions de malades chroniques graves par manque de soins (alors que) les cabinets de ville et consultations hospitalières étaient vides, même en chimiothérapie !* » Aussi lui semble-t-il plus juste, pour savoir à peu près à quoi s'en tenir, d'appliquer « *le taux de mortalité mondial moyen actuel de 0,011 % à la France* ». Dans ce cas, « *on obtient environ 7 000 morts, ce qui serait cohérent avec l'Allemagne qui déclare 9 000 morts pour 84 millions d'habitants* ».

Dans cette situation déjà complexe et embrouillée marquée par les difficultés pour publier des chiffres qui reflètent la réalité, obtenir des informations exactes, distinguer les personnes décédées de la grippe saisonnière ou d'autres maladies de celles décédées de la Covid-19, connaître le nombre de personnes décédées par la Covid-19 de celui des personnes décédées avec la Covid-19, certains médias vont se livrer à de la désinformation.

Comme pour « les charniers de Timisoara » en Roumanie (1989), comme pour « le génocide et l'épuration ethnique » mensongèrement attribués aux Serbes (1999), comme pour les inexistantes « armes de destruction massive » de l'Irak (2003), comme pour les introuvables « armes chimiques du régime syrien » (2013 à 2018), certains de ces « petits soldats du journalisme »[36], selon l'expression du journaliste François Ruffin, vont utiliser les données de sources officielles en brodant au gré de la ligne éditoriale de leurs employeurs et de leurs idées reçues. Il en résultera bien souvent une désinformation de masse sur la réalité du SRAS-CoV-2 et la maladie Covid-19.

---

36. *Les petits soldats du journalisme*, par François Ruffin, éd. Les Arènes.

Les petites mains de la Maison-Blanche

Une nouvelle fois les spécialistes en russophobie se livreront à leur sport favori : désinformer sur la Fédération de Russie. Quelques exemples : *« En Russie,* “le poutinisme est un autoritarisme qui touche à sa limite” », par Jean-Dominique Merchet (*L'Opinion*, 12 mars 2020) ; *« En Russie,* “difficile de savoir si le système de santé est prêt” *pour le coronavirus* », écrit Lucien Jacques qui affirme que *« les mesures radicales contre le Covid-19 sont appliquées de manière aléatoire avec des hôpitaux défaillants »* (*Libération*, 12 mars 2020) ; *« Russie : le coronavirus, cette épine dans le pied de Vladimir Poutine »*, par Marc Nexon (*Le Point*, 26 mars 2020) ; *« Coronavirus : comment Poutine profite de la crise pour (tenter de) renforcer son pouvoir »*, par Charles Haquet (*L'Express*, 31 mars 2020) ; *« Coronavirus : la Russie à la traîne »*, par Lucien Jacques (*Libération*, 19 mars 2020), etc. Rappelons quand même à ces diseurs de fausses nouvelles que la Fédération de Russie a hérité de l'Union soviétique le meilleur système de sécurité biologique au monde qui a servi de modèle pour de nombreux pays, dont la République populaire de Chine.

Pourquoi ces journalistes cachent-ils que le ministère russe de la Santé tient à jour, début 2020, une carte interactive qui indique à la population comment s'organise l'action contre le SRAS-CoV-2 et sa maladie ? Cette carte mentionne, république par république, région par région, les dispositions à suivre, les structures de santé, numéros d'urgence, le nombre de combinaisons de protection, de masques disponibles dans les pharmacies, de respirateurs artificiels, de médicaments, etc. Il serait amusant que le ministère français de la Santé fasse de même, juste pour savoir quels hôpitaux peuvent encore recevoir des malades et quelles pharmacies distribuent des masques à la population début avril 2020, soit près de cinq mois après la découverte du « nouveau » virus. Visiblement, le correspondant de *Libération* à Moscou n'a pas réussi à trouver l'adresse Internet du ministère russe de la Santé…

Pourquoi la plupart d'entre eux dissimulent-ils, comme le rappelle le journaliste Raphaël Stainville, que *« l'État russe est organisé pour faire face à ce genre de crise sanitaire »* et que *« quand la France, pour des raisons budgétaires, a, dès les années 2011, laissé fondre ses stocks de masques, la Russie a toujours maintenu les siens à des niveaux très élevés* » ?[37]

Pourquoi dénigrent-ils l'aide de la Fédération de Russie à des pays en difficulté pour contrer la pandémie ? Par exemple, en « *dépêchant des virologues en Lombardie, livrant par millions des masques quand l'Europe s'en montrait incapable* » ou, alors que les États-Unis devenaient le foyer le plus important de la pandémie, « *la Russie, le 2 avril, ne boudait pas son plaisir de pouvoir lui venir en aide et délivrait à l'administration de Donald Trump des masques et des équipements médicaux* ».

Pourquoi, eux qui ne cessent d'imaginer dans leurs fantasmes la Fédération de Russie « *à la traîne* » avec « *des hôpitaux défaillants* », escamotent-ils le fait que dès le 7 janvier 2020, le Centre international scientifique et éducatif des technologies moléculaires russe connaissait le séquençage du génome de la Covid-19 ? Et que cette rapidité d'intervention a permis aux équipes de recherches scientifiques russes « *de développer rapidement des tests génético-moléculaires et de prendre une avance considérable* » et d'être « *les premiers à pouvoir éprouver l'efficience de leur test sur des malades atteints du Covid-19 en Chine* » ?[38]

Pourquoi les correspondants de la presse française en Fédération de Russie ne disent-ils pas, ainsi que l'assure le professeur Shchelkanov, responsable du laboratoire des micro-organismes du Centre international scientifique et éducatif des technologies moléculaires, qu'« *au cours du mois de janvier, toutes les régions de la Fédération avaient la quantité nécessaire de tests* » ? Trois mois plus tard, les Français, eux, cherchaient en vain de simples masques… Et que les anciennes républiques soviétiques « *ont pu disposer de ces tests développés au centre d'épidémiologie du SFSSP, au centre de virologie de Saint-Pétersbourg, et au centre national de recherche en virologie et biotechnologie Vektor* » ? Ces silences auraient-ils pour objet de ne pas porter ombrage aux dirigeants

---

37. *Coronavirus : pourquoi Poutine fait mieux que Macron et pourquoi la presse s'obstine à ne pas le voir…* par Raphaël Stainville, Valeurs Actuelles, 10 avril 2020.
38. *Coronavirus : pourquoi Poutine fait mieux que Macron et pourquoi la presse s'obstine à ne pas le voir…* par Raphaël Stainville, Valeurs Actuelles, 10 avril 2020.

français dont la politique a privé la France du minimum vital en cas de crise sanitaire ? Tant de dissimulations de faits importants et d'élucubrations sur des questions d'actualité relèvent moins de l'incompétence que de la volonté délibérée de truquer l'information à des fins de propagande pour détourner l'opinion publique des questions essentielles.

D'autres, prenant également les allégations des dirigeants de Washington pour des faits crédibles et établis, s'en prendront à la République populaire de Chine. Ces petites mains de la Maison-Blanche sont à l'œuvre pour reprendre et diffuser les thèses de l'Administration US. Elles appliquent religieusement le principe de soumission aux centres de pouvoir politique et économique selon lequel les responsables savent et communiquent les faits, les journalistes se contentent de les relayer. Les uns tartinent sur les propos du Secrétaire d'État US, Mike Pompeo, ancien patron de la CIA, selon lequel *« le Parti communiste chinois représente une menace importante pour notre santé et notre mode de vie, comme l'épidémie l'a clairement démontré »* ; d'autres répètent des déclarations mensongères selon lesquelles, par exemple, *« le virus serait originaire du laboratoire de recherches de Wuhan »* ou encore qu'*« il existe des preuves immenses que c'est de là que c'est parti »*, et même que le Parti communiste chinois mène un *« effort classique de désinformation communiste »* ; ou, beaucoup plus drôle encore pour qui connaît l'opacité qui entoure le fonctionnement des laboratoires de l'armée US et les nombreux graves accidents à répétition qui s'y produisent, que *« ce n'est pas la première fois que la Chine met ainsi le monde en danger à cause de laboratoires ne respectant pas les normes »*[39].

Soit Pompeo est très mal informé des épisodes réguliers de situations catastrophiques de laboratoires travaillant pour l'armée US, ce qui est grave pour un ancien dirigeant de la CIA, soit Pompeo est un fieffé menteur, ce qui est encore plus grave pour un ministre des Affaires étrangères, même si cela n'est pas nouveau de la part d'un politicien de Washington. Les exemples ne

---

39. *Pompeo : China « did all that it could to make sure the world didn't learn in a timely fashion » about coronavirus, (Pompeo : la Chine « a fait tout son possible pour s'assurer que le monde n'apprenne pas en temps opportun » le coronavirus)*, par Justine Coleman, The Hill, (www.thehill.com), 5 mars 2020.

manquent pas pour affirmer que les dirigeants étasuniens ne cessent de mentir au monde pour tenter de lui imposer ses guerres et ses lois. Le président Trump prendra lui-même la responsabilité de ces provocations à l'égard de la République populaire de Chine en usant systématiquement de l'expression « virus chinois » dans ses interventions médiatiques. S'agirait-il pour lui de détourner l'attention de l'opinion publique des investissements colossaux qu'il a ordonnés pour que des laboratoires de l'armée US travaillent à mettre au point des armes biologiques offensives, y compris avec des coronavirus, en s'opposant à tout contrôle international dans le cadre de la Convention sur les armes biologiques ?

Ces faiseurs de fausses nouvelles la mettront toutefois un peu en veilleuse dans leurs attaques contre la Fédération de Russie et la République populaire de Chine lorsque leur mentor de Washington décidera, à la mi-avril 2020, de geler la contribution étasunienne au fonctionnement de l'OMS. Pour ce faire, il accusera l'organisation internationale de jouer un rôle *« dans la mauvaise gestion et la dissimulation de la propagation du coronavirus »*. Le tenancier de la Maison-Blanche oublie un peu vite que seize responsables de son Administration sont intégrés à temps complet à l'OMS à Genève et que ceux-ci ont transmis à Washington les mises à jour en temps réel de toutes les informations de l'organisation internationale. Pour les relais de Washington et de l'Union « européenne », le discours du président US devient alors un peu plus dur à faire avaler à l'opinion publique, d'autant que l'OMS a mobilisé ses équipes à la fin 2019 dès les premières alertes des autorités chinoises.

Et il est d'autant plus difficile d'accuser l'OMS de *« mauvaise gestion »* et de *« dissimulation »* quand plus de 60 % des postes de direction au sein des organisations internationales du système onusien sont détenus par des fonctionnaires occidentaux, principalement étasuniens ![40] Encore une fois, il s'agit de faire porter à d'autres, principalement la République populaire de Chine, la responsabilité de la politique catastrophique des dirigeants étasuniens dans le délabrement du système de santé publique des États-Unis,

40. *Faut-il brûler l'ONU ?* par Jean-Loup Izambert, éd. du Rocher, Le Serpent à plumes.

politique qui les a empêchés de contrer avec efficacité la propagation de la maladie.

Derrière le développement de la pandémie aux États-Unis, c'est tout un système qui est en cause.

En effet, faute d'assurance maladie performante et financièrement abordable et d'un système de santé moderne et accessible par tous les citoyens, des millions de salariés ont renoncé aux soins et continué d'aller travailler pour ne pas perdre de salaire. La propagation du virus dans la société a ainsi été favorisée.

Éric Schneider, vice-président chargé de la politique et de la recherche au sein du Commonwealth Fund, une organisation philanthropique étasunienne engagée dans la recherche sur les questions de santé, rappelle qu'« *environ* ***10 % de la population n'est toujours pas couverte par une assurance maladie et la moitié des Américains déclarent être sous-assurés*** ». À la fin mars 2020, il estime que ***« la propagation du coronavirus va sans doute être accélérée par ce manque d'accès aux soins »***, d'autant que « *l'état de santé des Américains, globalement plus faible que celui des citoyens d'autres pays de l'OCDE, constitue un autre point faible* ». Ce spécialiste des questions de santé constate alors qu'au moment où « ***une proportion plus élevée de la population souffre de maladies chroniques :*** *cholestérol élevé, diabète, obésité, problèmes cardiaques et respiratoires (…) nombre important en partie dû à l'insuffisance de prise en charge par les assurances et au manque d'accès aux soins (…) nous n'avons ni la capacité hospitalière et médicale, ni les unités de soins intensifs, ni les respirateurs nécessaires pour faire face à la crise que nous traversons* »[41].

Les écrits restent et témoignent du flot continu d'informations aussi contradictoires que souvent fausses et fantaisistes diffusé par des médias parmi les principaux. Tantôt le virus « *provenait du marché de fruits de mer de Wuhan* » et aurait été causé par « *des personnes mangeant des chauves-souris et*

---

41. *Covid-19 : les États-Unis payent le prix de l'absence de système de santé, Trois questions à Eric Schneider* par Angèle Malâtre-Lansac, Institut Montaigne (www.institutmontaigne.org), 31 mars 2020.

des animaux sauvages » ; tantôt, comme pour le chef du bureau de l'*AFP* à Shanghai, Dan Martin, « *tout ce qui a des pattes passe à la casserole* : *les Chinois se vantent volontiers de manger "tout ce qui a quatre pattes sauf les tables, tout ce qui nage sauf les bateaux et tout ce qui vole sauf les avions", selon le dicton populaire – y compris des espèces rares prisées pour leurs supposées vertus thérapeutiques.* »[42] À l'*AFP*, on appelle cela une info… Les interventions de scientifiques de diverses nationalités prouveront, une fois de plus, que tout cela était faux.

Le mépris, le racisme et la médiocrité profiteront même de la situation pour s'exprimer. « *Coronavirus chinois. Alerte jaune* » annonce à sa une *Le Courrier picard* dans un éditorial titré *Le péril jaune*[43]. Moqueries envers les « chintoks » qui mangent des serpents, des chauves-souris, des singes, qui sont sales, etc. se répandent sur les réseaux numériques. Nicolas Canteloup, se distinguera sur *Europe* 1 avec son appel à la décontamination pour « *toute personne qui voit un Chinois ou une Chinoise* ». Imitant Gérard Collomb, le maire de Lyon, qui doit traiter dans la ville un cas de coronavirus repéré sur une femme d'origine asiatique, il lui fait dire : « *Il faut absolument attraper cette Chinoise, absolument, en mettant des nems sur le trottoir et, au bout, une grande tapette à Chinois* »[44]. Cet humour de mauvais goût ne fera rire que les quelques participants de l'émission en studio qui ont pour habitude de s'esclaffer sur ces sketches souvent aussi médiocres que douteux. Cela fait quand même cher la minute de nullité quand on sait que, rien que pour *Europe 1*, Canteloup bénéficierait d'un contrat prévoyant une enveloppe « *d'un montant mensuel forfaitaire et définitif de 150 755 euros HT* »[45]… Cela doit être drôle des villes

42. *Rats, chauves-souris, serpents… Que sait-on de l'origine du virus chinois ?*, par Dan Martin, (Agence France presse), publié dans Ouest-France, 23 janvier 2020.
43. Le Courrier picard, 26 janvier 2020.
44. Europe 1, *La revue de presque de Nicolas Canteloup*, 24 janvier 2020.
45. Acrimed, L'Observatoire des médias, *Que gagnent les journalistes ? Entre précarisation et salaires faramineux*, par Frédéric Lemaire, 26 novembre 2019. Selon les propos de l'agent de Canteloup, rapportés par Mediapart, cette enveloppe « *permet de rémunérer deux ou trois co-auteurs des sketches* », mais l'agent « *n'apporte aucun élément, nom ou montant qui permettrait de vérifier ou de préciser ses dires* ».

en quarantaine, des milliers de morts, des patients qui meurent dans la souffrance, des personnes en difficulté. En France, comme dans de nombreux pays de l'Union « européenne », on y ajoute des personnels soignants qui travaillent sept jours sur sept avec des journées de 12 heures, souvent sans matériel et sans protection et qui se font tabasser par les flics lorsqu'ils réclament les moyens de remplir leur mission... Début mars 2020, un journaleux de *La Croix* assure aux lecteurs du journal catholique, reprenant la thèse complotiste de l'Administration étasunienne, que la République populaire de Chine tente de dissimuler *« l'origine et la nature chinoise du virus »*[46].

« Aucune mesure particulière à prendre pour le grand public »

Même son de cloche dans nombre de médias, du moins en début de pandémie. *« Virus chinois : le bilan passe à six morts, vigilance déclenchée en France »*, indique *L'Express*, fin janvier 2020[47]. Deux jours plus tard, *« Le virus chinois dont tout le monde parle a déjà fait 17 victimes et plus de 400 malades »*, renchérit *TF1*[48] alors que le lendemain, *Le Parisien* ne trouve que *« deux cas d'infection à Paris, un autre à Bordeaux »*[49]. Mais le lundi 3 février, ça va « mieux ». C'est le directeur général de la Santé, Jérôme Salomon, qui le dit. Il n'y a *« pas d'épidémie »* de coronavirus en France et le virus *« ne circule pas »*, assure-t-il. *« Il n'y a pas d'épidémie en France, même pas de chaîne de transmission dans notre pays et aucune circulation du virus sur le territoire »*, affirme le directeur général de la Santé lors d'un point de presse au ministère de la Santé à Paris. Et ce haut fonctionnaire d'ajouter qu'*« il n'y a donc aucune mesure particulière à prendre pour le grand public »*. Pourtant, *« le bilan de l'épidémie s'alourdit encore en Chine, avec 425 morts et plus de 20 400*

---

46. *La Chine réécrit déjà l'histoire du coronavirus de Whuan*, par Dorian Malovic, La Croix, 9 mars 2020.
47. L'Express, 21 janvier 2020.
48. TF1, 23 janvier 2020, *Quotidien* avec Yann Barthès.
49. Le Parisien, 24 janvier 2020.

personnes touchées », indique Géraldine Houdayer sur *France Bleu*[50]. Le 3 février, jour de cette intervention du directeur général de la Santé, il y a en France six cas confirmés porteurs du SRAS-CoV-2, cas déclarés avant ceux de l'Italie. Or, s'il n'y a « *même pas de chaîne de transmission* » ni « *aucune circulation de virus sur le territoire* », ainsi que l'affirme le directeur général de la Santé, comment ce virus dont la période d'incubation[51] se situe entre 1 et 14 jours, avec une moyenne estimée à 5, a-t-il pu toucher 11 personnes sept jours plus tard, 57 le 29 février, et 191 avec le premier décès le 3 mars 2020 ? Deux mois après les affirmations du directeur général de la Santé, le 29 mars, la France comptera 37 145 cas confirmés et déjà 2 311 morts[52]. Pas mal pour un virus qui n'avait « *même pas de chaîne de transmission dans notre pays et aucune circulation du virus sur le territoire* » au début du mois de février…

Les pseudo-journalistes et leurs pseudo-experts

Mais quel temps pouvez-vous consacrer à la compréhension de ce qui fait votre quotidien ? Et qui vous fournit des éléments de réflexion ? Les médias de masse ? Comme l'écrit si bien notre confrère écrivain et journaliste d'investigation Laurent Mauduit[53], « *en France, nul vrai débat, ni réelle polémique* ». Et de décrire en quelques lignes bien senties les fausses informations diffusées régulièrement par des médias qui ne semblent avoir pour intérêt que les tenants du système :

> « Malgré la violence de la crise et le cortège de souffrances sociales qu'elle a généré, quelques économistes parmi les plus médiatisés, ceux qui courent micros et plateaux de télévision, ont seulement été moqués pour leur manque de discernement ou de clairvoyance. Dans

50. *Coronavirus : le virus « ne circule pas » en France, le bilan s'alourdit en Chine*, France Bleu, mardi 4 février 2020, 11 h 29.

51. Institut national de recherche et de sécurité pour la prévention des accidents du travail et des maladies professionnelles (INRS), *Pandémie de Covid-19 liée au SARS-CoV-2*, 20 mars 2020.

52. OMS, *Coronavirus disease 2019 (COVID-2019)*, Situation report-69, 29 mars 2020.

53. Lire *Les imposteurs de l'économie*, par Laurent Mauduit, éd. Jean-Claude Gawsewitch, 2012.

les magazines, on a vu fleurir, ici ou là, le bêtisier de la crise. On en connaît les héros, puisque tous les économistes connus, ou presque, ont été épinglés. De l'économiste de la banque Natixis Patrick Artus ("*La crise est finie*") jusqu'à l'économiste de l'École normale supérieure Daniel Cohen ("*La bonne nouvelle, c'est que cela ne durera pas plus longtemps*"), en passant par l'entremetteur du capitalisme parisien Alain Minc (la crise est "*grotesquement psychologique*") ou encore l'économiste Anton Brender ("*Les paniques bancaires à l'ancienne ont disparu grâce au dispositif d'assurance des dépôts mis en place pour permettre de les éviter*"). Dans la foulée, une ribambelle de dirigeants français ont été montrés du doigt, pour avoir tenu les mêmes propos lénifiants ou mensongers, de l'ex-ministre des Finances devenue patronne du Fonds monétaire international (FMI) Christine Lagarde ("*Le gros de la crise est derrière nous*") jusqu'à son prédécesseur au FMI, Dominique Strauss-Kahn ("*Les pires nouvelles sont derrière nous*")... »

Au moins, les prédictions de Madame Soleil qui ne se produisaient jamais avaient le mérite de nous faire rire. Mais cela, c'était juste avant le petit virus. Avec son arrivée, les exhibitionnistes du moins-disant informatif vont, bardés d'experts en élucubrations, se livrer à des coups de com' dans lesquels l'intox le dispute à une désinformation calculée. Les publicistes feuilletonistes du pouvoir déguisés en journalistes vont, tantôt graves, tantôt moralisateurs, vous jouer théâtralement tous les soirs au JT de 20 heures la pièce mise en scène par le gouvernement sur une idée de l'Élysée : « C'est la faute à Covid ». Sans supplément de taxe audiovisuelle, vous aurez même droit régulièrement à des représentations exceptionnelles de ce spectacle de troupe avec la même tête d'affiche élyséenne.

Pour vous jouer chaque jour cette comédie, vous transmettre les déclarations de l'Élysée, vous passer au quotidien et presque en continu les interventions de membres du gouvernement, vous désinformer avec des « experts » en plateaux de télévision, les « journalistes de marché » sont mobilisés par les directeurs de programmes et de rédactions. *L'Observatoire des médias* remarque que « *les tenanciers des plateaux ont serré les rangs derrière Emmanuel Macron, autoproclamé "chef de guerre", et intronisé comme tel par l'éditocratie »*[54].

Ils sont payés pour cela. Et bien payés même. Gilles Bouleau, Anne-Claire Coudray et Jean-Pierre Pernaut sur TF1 émargent à des salaires nets mensuels estimés entre 30 000 et 45 000 euros, Laurent Delahousse (France 2) à 15 000 euros nets par mois, Ruth Elkrief (BFM TV) à 10 000 euros… « *Les journalistes permanents dans les groupes d'audiovisuel sont parmi les salariés les mieux lotis de la population française* », indiquait Acrimed - L'Observatoire des médias, en novembre 2019, en précisant que « *selon les données 2016 de l'Observatoire des inégalités, la moyenne de ces salaires correspond aux 10 % des salariés les mieux payés en France* »[55].

Les journalistes d'investigation qui sont sur le terrain, dans des conditions souvent difficiles, risquant parfois leur vie pour rapporter la vérité vraie sont, eux, du nombre des précaires. Ils sont la plupart du temps pigistes afin de préserver leur indépendance et la possibilité de publier leur travail d'enquête et ne possèdent souvent pas de biens personnels, immobilier ou financier, afin de se mettre à l'abri de toutes pressions financières et/ou judiciaires destinées à entraver leurs enquêtes. Ils font un métier, tandis qu'à l'opposé, le petit groupe privilégiés des éditocrates multicartes qui squattent émissions de télévision et de radio en cumulant parfois avec des postes dans la presse écrite font carrière. Ces derniers ont des « *écarts de revenus cumulés importants puisqu'ils varient de 100 000 euros brut annuels à près d'un million d'euros* », indique Acrimed, qui observe que « *tous figurent (au moins) dans les 2 % des salariés français les mieux rémunérés* »[56].

Cela fait beaucoup pour présenter des infos souvent inexactes, plus ou moins précises quand elles ne sont pas carrément de complaisance avec le

---

54. L'Observatoiure des médias, Médiacritiques, n° 35, *Covid : État d'urgence médiatique*, juin 2020. www.acrimed.org.

55. Acrimed, L'Observatoire des médias, *Que gagnent les journalistes ? Entre précarisation et salaires faramineux*, par Frédéric Lemaire, 26 novembre 2019.

56. Acrimed, L'Observatoire des médias, *Que gagnent les journalistes ? Entre précarisation et salaires faramineux*, par Frédéric Lemaire, 26 novembre 2019.

pouvoir politique, voire participent de véritables campagnes de communication.

L'un des moments de communication le plus drôle sera réalisé par la chaîne *BFM TV.* Dans une émission pompeusement intitulée *Au cœur de l'Élysée, face à la crise* diffusée le lundi 18 mai 2020, les employés – car à ce niveau de propagande, le qualificatif de « journalistes » ne convient pas – de Drahi s'appliqueront laborieusement à mettre en scène le locataire de l'Élysée dans 26 petites mais néanmoins très longues minutes.

Annoncé comme un « *document exceptionnel* » (sic), cet objet de communication n'est pratiquement qu'une succession de séquences d'entretiens du président Macron au cours de laquelle le téléspectateur n'apprendra strictement rien. Ah ! si : qu'il n'y « *a jamais eu de rupture de stock sur les masques* » (resic)... On en vient à regretter que l'élégante demoiselle Sibeth Ndiaye, la Gauloise porte-parole du gouvernement portant parfois un t-shirt rose bonbon avec une énorme marguerite entre les seins – et ancienne responsable de la communication de l'Élysée – n'apparaisse pas, même quelques petites secondes, pour colorer l'aspect comique de ce « document exceptionnel ». L'exploit sera quand même salué par *Europe 1* dont deux plumitifs y verront « *un travail de fourmi* ». Pensez donc, « *BFM TV a réussi à s'incruster à l'Élysée pendant la crise* »[57]. Ça, c'est du journalisme. De salon. *BFM TV* qui « réussit à s'incruster à l'Élysée », c'est un peu comme si Patrick Drahi, le milliardaire maroco-israélo-français, soutien de Macron, propriétaire de *BFM TV*, de *Libération*, de *L'Express* et de *RMC* – pour ne citer que les principaux médias lui appartenant –, réussissait à s'incruster à Guernesey, au Luxembourg ou dans un autre des « Centres de Services Financiers Internationaux » où se réfugie l'argent de l'évitement fiscal.

57. « *Un travail de fourmi* » : *comment BFM TV a réussi à s'incruster à l'Élysée pendant la crise*, par Cyril Lacarrière et Louise Bernard, Europe 1, 18 mai 2020, 11 h 45, modifié à 12 h 44.

À la suite des livres de Serge Halimi[58], de Noam Chomsky et Edward Herman[59], ou de celui de notre estimé confrère Samuel Gontier, nous vous recommandons également vivement la lecture[60] du livre de notre consœur Sophie Eustache, *Bâtonner, Comment l'argent détruit le journalisme*[61], qui donne un aperçu des pratiques en cours dans ces salles de rédaction parisiennes.

Là, dans l'ombre des éditorialistes vedettes, les *deskeurs* – le mot anglais fait plus chic que « bureaucrates de l'info » –, journalistes assignés à un travail de bureau, remanient des dépêches de l'*Agence France Presse (AFP)* ou assemblent un article de « curation », agrégat d'informations prélevées dans d'autres médias, pour en faire les infos du jour. Celles-ci serviront souvent de prétexte aux présentateurs-vedettes pour faire venir en plateau d'émission des experts. Pas forcément des professionnels, mais ceux que les présentateurs-vedettes se repassent d'émission en émission et côtoient régulièrement de média en média avec l'assurance qu'ils conforteront leur moins-disant éditorial sur le SRAS-CoV-2 et la Covid-19.

Les prétendus « experts » ?

– Patrick Cohen, qui voit dans la Covid-19 « *un début de "Giletjaunisation" dans cette crise sanitaire* » (sic) ;

– Michel Cymès, qui estime, début mars 2020, que « *la Covid-19 est une grippette* » puis, plus tard, juge « *les Français indisciplinés* » vis-à-vis des mesures de confinement ;

– Le professeur Gilbert Deray, chef du service néphrologie de la Pitié-Sâlpétrière, qui déconseille le recours à l'hydroxychloroquine sans

58. *Les nouveaux chiens de garde*, par Serge Halimi, Raison d'agir Éditions, 1997.

59. *La fabrication du consentement, De la propagande médiatique en démocratie*, éd. Agone, 2009.

60. *Ma vie au poste, Huit ans d'enquête (immobile) sur la télé au quotidien*, par Samuel Gontier, éd. La Découverte.

61. *Bâtonner, Comment l'argent détruit le journalisme*, par Sophie Eustache, éd. Amsterdam. Également diffusé par le site de L'Observatiore des médias (Acrimed, www.acrimed.org).

doute pour avoir partie liée avec plusieurs entreprises du lobby pharmaceutique qui travaillent sur des antiviraux pour soigner de la Covid-19 ;

– Marcel Ichou, chroniqueur sur *Europe 1* et *France 2*, petit généraliste des plateaux TV qui traite le professeur Raoult de « Charlot » ;

– Le professeur Pierre Hausfater, chef du service des urgences à l'hôpital de la Pitié-Salpêtrière, également contractant auprès de plusieurs sociétés du lobby pharmaceutique, qui déconseille l'utilisation de l'hydroxychloroquine, attrape la Covid-19, est soigné avec par l'infectiologue de son hôpital et revient dans des émissions pour... vous déconseiller de nouveau d'en prendre ;

– L'insultant et haineux Finkielkraut, qui déclara au quotidien israélien Haaretz que « *ce pays* (NdA : la France) *mérite notre haine* »[62] et qui, sans doute improvisé en médecin imaginaire, jugea que « *Raoult m'énerve* » et qu'« *avant lui, c'est son soutien qui est très exaspérant* »[63] ;

– Laurent Alexandre, le macroniste millionnaire qui « *n'est pas obsessionnel, mais hystérique* » – ainsi qu'il se définit lui-même[64] –, flirte avec l'idéologie racialiste et se distingua en éructant que « *les gilets jaunes sont des êtres inutiles et substituables* »[65] ;

62. *Vous les Israéliens vous me comprenez*, interview de Finkielkraut, Haaretz, supplément hebdomadaire, 18 novembre 2005.

63. Intervention de Finkielkraut lors de l'émission *C à vous*, France 5,16 avril 2020.

64. *Comment le fondateur de Doctissimo est devenu futurologue*, par Jean-François Robert, Vanity Fair, n° 58, juin 2018.

65. Intervention de Laurent Alexandre lors d'une conférence sur le transhumanisme organisée par l'École Polytechnique à Saclay le 14 janvier 2019.

– Le méprisant Yves Calvi, présentateur multimillionnaire[66] qui, sur *Canal+*, le 12 mars 2020, dans l'émission *L'info du vrai* lança : « *la pleurniche permanente hospitalière fait qu'on est en permanence au chevet de notre hôpital* ». Fausse note ? Sans doute. Mais une drôle de « partition » quand même dont le titre – *Virus : l'offensive de Macron* – est à lui seul une ode au président de la République, premier responsable de la crise sanitaire et destructeur de la santé publique[67]. Une manière comme une autre d'enterrer le vrai de l'info sous couvert de « *toujours mieux décrypter, analyser, expliquer l'actualité* ».

Visiblement, il n'y a pas que dans l'autobus des *Exercices de style* de Raymond Queneau que les cons sont en bandes. Tous ces rienologues qui discourent sur le détail d'émission en émission se gardent bien de rapporter les faits essentiels attestant de la responsabilité de l'Union « européenne », du président et du gouvernement français dans le développement de la maladie Covid-19. « *L'offensive de Macron* » inventée par Calvi ? Une foutaise dénudée par des faits dont certains ne seront pas ou peu rapportés par les médias.

---

66. Le fait qu'un présentateur soit millionnaire par ses revenus mensuels nets de plusieurs dizaines de milliers d'euros et des placements en Bourse ou des investissements n'est pas choquant en soi si le système économique l'y autorise et que les professionnels des médias estiment que de telles situations sont compatibles avec la profession de journaliste, la réduction des effectifs des rédactions et la précarisation de la profession. Il en va autrement que la Commission de la carte d'identité des journalistes professionnels (CCIJP) continue de considérer ceux-ci comme des journalistes alors que leur activité relève plus de la communication et de l'animation en très petite surface télévisuelle et radiophonique.

67. *Covid-19 : Les « profiteurs de guerre »*, par Dominique Delawarde, France-Irak Actualité (www.france-irak-actualite.com), 7 mai 2020, Vidéo de Marcel D. intitulée « *Marcel s'occupe de Cymès, Cohen, Ichou, Laurent Alexandre, Hausfater, Calvi...* », https://fr.tipee.com/marcel-d. Lire également *Macron contre le journalisme*, par Pauline Perrenot, L'Observatoire des médias, Acrimed (www.acrimed.org), 14 novembre 2019.

L'Élysée et Matignon ignorent les « mesures fortes » conseillées par l'OMS

Faut-il rappeler que le 5 janvier précédent, l'OMS publiait son premier bulletin sur les flambées épidémiques consacré au nouveau virus ? Cette publication technique destinée aux milieux scientifiques et de la santé publique, ainsi qu'aux médias du monde entier, comportait déjà une évaluation des risques et des conseils. Ce bulletin se faisait l'écho des indications données par la République populaire de Chine sur l'état de santé des patients et de la riposte mise en place en matière de santé publique face aux cas de pneumonie à Wuhan.

Que le 30 janvier suivant, le directeur général de l'OMS convoquait pour la seconde fois le Comité d'urgence composé de membres indépendants professionnels de la santé venus du monde entier ? Dans l'avis qu'il transmettait au directeur général, le Comité d'urgence de l'OMS considérait que la flambée constituait *une urgence de santé publique internationale* (USPPI). Le directeur général accepta cet avis et déclara que la flambée de nouveau coronavirus (20019-nCoV) constituait une USPPI.

Que dans son rapport de situation du 30 janvier, l'OMS signalait un total de 7 818 cas confirmés dans le monde, pour la plupart en Chine, 83 cas étant déjà signalés dans 18 autres pays ? L'évaluation du risque par l'OMS le situait à *très élevé* pour la Chine et à *élevé au niveau mondial*. Sauf pour la France et les États-Unis visiblement, si l'on en juge par les déclarations du moment des dirigeants de ces pays.

Que dès le début du mois de janvier, « *la Chine a rapidement identifié le virus et communiqué sa séquence, de sorte que d'autres pays puissent le diagnostiquer rapidement et se protéger, ce qui a permis de mettre rapidement au point des outils de diagnostic* ».

Que dès le 30 janvier, le Comité d'urgence de l'OMS indiquait qu'il « *est encore possible d'interrompre la propagation du virus, pour autant que les pays prennent des mesures fortes pour détecter rapidement la maladie, isoler et traiter les cas, rechercher les contacts et réduire les contacts sociaux dans une mesure adaptée au risque* » ?[68] Dans les recommandations temporaires à l'attention de tous les pays, l'OMS stipule que « *tous les pays doivent être prêts à contenir toute introduction du virus et sa propagation par une surveillance active, une détection rapide, l'isolement et la gestion des cas, la recherche des contacts et une prévention* »[69].

Que, quatre jours plus tard, le 3 février 2020, le jour même où, en France, le directeur général de la Santé, Jérôme Salomon, indique, à l'opposé des dispositions conseillées à plusieurs reprises par l'OMS le mois précédent, qu'« *il n'y a aucune mesure particulière à prendre pour le grand public* », l'OMS diffuse le Plan stratégique de préparation et de riposte de la communauté internationale pour aider à protéger les États où les systèmes de santé sont fragiles[70].

Que le 11 mars, l'OMS estime que la Covid-19 peut être qualifiée de pandémie ? Entre le 3 février et le 11 mars, la France « *sans chaîne de transmission* » ni « *aucune circulation de virus* » selon le directeur général de la Santé, est passée de 6 cas confirmés à 1 774, avec 33 morts ![71] Pendant la même période, passant outre les conseils du Comité d'urgence de l'OMS, aucune des « *mesures fortes pour détecter rapidement la maladie, isoler et traiter les cas, rechercher les contacts et réduire les contacts sociaux* » ne sera prise par le gouvernement et les hauts fonctionnaires du secteur Santé.

Le pire ?

« *En novembre 2019, peu avant l'arrivée du coronavirus en Europe, le Quai d'Orsay et l'Élysée avaient reçu des informations alarmantes dont ils n'ont tenu aucun compte. L'ambassadeur de France à Pékin, Laurent Bili, venait d'avertir Jean-Yves Le Drian et Emmanuel Macron qu'un dangereux virus était signalé à*

---

68. OMS, Déclaration sur la deuxième réunion du Comité d'urgence du Règlement sanitaire international (2005) concernant la flambée de nouveau coronavirus 2019 (2019-nCoV), Genève, 30 janvier 2020.
69. OMS, *La flambée de 2019-nCoV est une urgence de santé publique de portée internationale*, Genève, 31 janvier 2020.
70. OMS, COVID-19, Chronologie de l'action de l'OMS, 27 avril 2020.
71. OMS, Coronavirus disease 2019 (Covid-19), Situation Report n°51, 11 mars 2020.

Wuhan », rapporte notre confrère Claude Angeli, journaliste et ancien rédacteur en chef du *Canard Enchaîné*. Et, « *ce n'est que fin janvier que Jean-Yves Le Drian a organisé le rapatriement par avion des ressortissants français* »[72]. L'atlantiste Jean-Yves Le Drian était beaucoup plus réactif lorsque, ministre de la Défense et trafiquant d'armes des gouvernements de la présidence Hollande, il faisait armer clandestinement des groupes terroristes pour répandre la mort en République arabe syrienne et tenter de renverser le président et le gouvernement syriens. Et, comme le souligne notre confrère, « *quand sont parvenues à Paris, en décembre 2019, les informations relatives à l'apparition d'un nouveau virus, il était encore possible, pour un Président conscient de ses responsabilités, de constituer un bon stock de masques, de tests et de respirateurs. Mais Macron n'a pas trouvé le temps d'y penser* ».

Confronté à la faillite de sa politique, le gouvernement va prendre à la sauvette des décisions incohérentes. Le mépris de dirigeants français à l'égard des conseils de l'OMS en janvier-février 2020 est dans la droite ligne de celui qu'ils affichent vis-à-vis de l'ONU lorsqu'ils feront bombarder la République arabe syrienne en avril 2018. Dans la crise sanitaire, les décisions françaises ne relèvent pas de l'incompétence du pouvoir qui serait pris au dépourvu par une pandémie. Leurs déclarations qui se succèdent à longueur de médias pendant de longs mois ont moins pour objectif de répondre à l'urgence que de masquer l'échec de leur politique en se présentant comme défenseurs d'un bien commun, la santé, qu'ils passent leur temps à détruire.

Quelques exemples : le 13 janvier 2020, la chloroquine, dont l'un des dérivés, l'hydroxychloroquine fait partie des traitements expérimentaux contre la Covid-19, auparavant en vente libre depuis des décennies, est classée en substance vénéneuse et ne peut plus être délivrée que sur ordonnance ; refus d'octroyer des autorisations administratives à des chercheurs proposant de

72. *L'ambassadeur de France à Pékin avait alerté Macron*, par Claude Angeli, Le Canard Enchaîné, 6 mai 2020.

fabriquer des tests pour détecter l'infection au coronavirus[73], etc. Mais d'autres questions se posent :

– Pourquoi le gouvernement français n'a-t-il pas pris immédiatement les mesures qui s'imposaient pour produire et diffuser massivement des masques ?

– Pourquoi n'a-t-il pas fait produire les tests alors que des entreprises privées le lui proposaient et que, par ailleurs, l'OMS avait inclus dans le système de prévention mondial les tests mis au point par les chercheurs russes et chinois dès le 28 janvier 2020 ?

– Pourquoi a-t-il refusé l'aide d'industriels pour produire rapidement des respirateurs ?

– Pourquoi n'a-t-il pas mobilisé les hôpitaux privés qui pouvaient accueillir des malades ?

– Pourquoi n'a-t-il pas mobilisé de ressources financières pour la seule usine en France qui produisait de la chloroquine, était en état de redressement judiciaire et attendait une simple aide de l'État pour relancer sa production ?

– Pourquoi, une fois acceptée la chloroquine, ne l'a-t-il autorisée que dans les cas où il ne fallait pas l'utiliser, c'est-à-dire pour les cas critiques – pour les personnes intubées dont la charge virale est déjà faible, lorsque la chloroquine ne sert plus à rien –, comme le professeur Didier Raoult l'avait déclaré peu de temps avant ? Le gouvernement a-t-il voulu privilégier la solution des grandes firmes

---

73. Philippe Froguel, diabétologue et généticien est, en mars 2020, à la tête d'un important laboratoire de recherche public du CHRU de Lille qui pratique régulièrement des tests PCR utilisés notamment pour la grippe, mais aussi pour dépister la Covid-19. Le 10 mars, alors que les cas de coronavirus ne cessent d'augmenter et que la France manque de tests de dépistages, il propose par courrier à sa direction générale d'en produire. Il pratique ces tests PCR depuis une trentaine d'années. *« On m'a répondu qu'il fallait respecter les procédures, et que je n'avais pas le droit de le faire. » Dépistage du coronavirus : le coup de gueule d'un généticien*, par Laetitia Cherel, France Inter, 25 mars 2020.

pharmaceutiques, un vaccin, au détriment d'un produit peu cher et facile à produire ?

Autant de questions que l'ancien avocat d'affaires et entrepreneur Guillaume de Rouville place alors dans le débat, constatant qu'*« il semble bien difficile d'expliquer rationnellement, cependant, les actions de la France dans ce domaine »*. Et de s'interroger : *« Est-ce parce qu'il est normal, dans un régime démocratique et républicain, de punir et de surveiller un peuple en le mettant en résidence surveillée pour des fautes que ses gouvernants successifs ont commises depuis 30 ans ? »*[74]. Quoi qu'il en soit, nous sommes à l'opposé du traitement en amont d'un maximum de personnes et de mesures d'urgence qui auraient permis d'enrayer rapidement et à moindre coût la pandémie en évitant de très nombreux morts. Pourtant, le gouvernement LREM a été informé à temps du développement de la situation, ne serait-ce que par les représentants de la France au sein même de l'OMS et de son Comité d'urgence.

Professeur Juvin : *« Nous sommes un pays paupérisé »*

Au mois de janvier 2020, le Comité d'urgence de l'OMS est présidé par un Français, le professeur Didier Houssin. Les autorités politiques et sanitaires françaises ont donc un professionnel reconnu au cœur de l'OMS pour être informées du développement de la situation. Pour autant, aucun conseil, aucune recommandation de l'OMS et de son Comité d'urgence ne sera appliquée immédiatement par les dirigeants français. Quatre mois plus tard, en avril, le professeur Houssin fera le constat, concernant la réaction des autorités françaises à la pandémie et la gestion des stocks de masques, que *« nous n'avons pas pu agir dans le long terme : il n'a pas été possible de gérer les stocks constitués de FFP2, qui arrivaient à péremption en cinq ans. La culture de la stratégie des stocks s'est plantée »*[75]. Ce n'est pourtant pas faute que les autorités aient été alertées par les épidémies et pandémies précédentes, par

---

74. *Survivrons-nous à l'hystérie ?* par Guillaume de Rouville, Comité Valmy (www.comite-valmy.org), 2 avril 2020.

75. *Pr Didier Houssin : « Oublieuse mémoire de santé publique ! »*, par Christian Delahaye, Le Quotidien du médecin, 10 avril 2020.

exemple celles de la grippe, des mesures à prévoir. Et ce n'est pas faute non plus d'avoir été, dès le 30 janvier 2020, informées par le Comité d'urgence de l'OMS pour le SRAS-Cov-2 des « *mesures fortes* » à mettre en œuvre immédiatement pour « *interrompre la propagation du virus* ».

Le professeur Houssin connaît bien ces questions et était bien placé pour « taper du poing sur la table » face à l'incurie gouvernementale puisqu'il fut directeur général de la santé de mars 2005 à mai 2011. Les directions de l'administration de la santé publique n'auraient-elles pas de mémoire ? En France, fabriquer et gérer des stocks de masques pour le personnel médical et envisager des mesures pour faire face à une épidémie ou à une pandémie semble un problème insurmontable. Peut-être qu'en envoyant quelques énarques suivre des cours de formation à Cuba, en Fédération de Russie, en Hongrie ou en Biélorussie…

Le professeur de médecine Philippe Juvin, chef du service des urgences de l'hôpital Georges Pompidou, dénoncera cette situation à la mi-mai 2020, déclarant que « *nous ne sommes plus un pays sérieux, nous sommes un pays paupérisé, nous sommes devenus un pays qui n'est pas capable de fournir des masques, alors un vaccin… Nous l'aurons, bien sûr, mais bien après d'autres !* » La gestion de la crise sanitaire par le gouvernement et les hauts fonctionnaires du ministère des Solidarités et de la Santé sera une véritable catastrophe également du fait de l'hypercentralisation des décisions. Ainsi, par exemple, lorsque l'État prendra la décision de réquisitionner les quelques masques qui sont produits en France. Du coup, indique le professeur Juvin, « *les usines n'ont plus eu le droit de les distribuer aux hôpitaux. La conséquence de cette décision très centralisée, c'est que plus aucun masque n'est arrivé dans les hôpitaux et que pendant plusieurs jours, il y a eu une rupture dans la distribution des quelques malheureux masques que nous fabriquons qui n'arrivaient plus ! On voit bien,* constate le professeur Juvin, *que l'hypercentralisation, la multiplication des strates administratives est un handicap très fort dans la gestion de la crise* »[76].

76. Interview du professeur Philippe Juvin, BFM TV, 15 mai 2020, 20 h 35.

Mais cette situation est moins le fait d'une quelconque imprévoyance du gouvernement que le résultat d'une politique délibérée que Philippe Juvin a lui-même cautionnée. N'a-t-il pas apporté son soutien à Emmanuel Macron lors des élections présidentielles de mai 2017, un homme dont chacun a pu juger, alors qu'il était conseiller à l'Élysée, puis ministre dans le gouvernement Valls, que toute son action visait à conforter les intérêts privés contre l'intérêt général ? Un homme qui décida en conseil des ministres, avec ses collègues du gouvernement Valls, de la fermeture de près d'une centaine de services d'urgence des hôpitaux ? Et la plupart des amis politiques du professeur Juvin au sein du groupe Les Républicains au parlement n'ont-ils pas également approuvé cette politique soumise aux directives de Bruxelles en votant un budget de l'État 2020 dont le premier poste est celui des armées et l'un des derniers celui de la Santé ?! À la suite de ceux qu'ils ont déjà, Union « européenne » oblige, approuvés hier avec les gouvernements des présidents François Mitterrand, Jacques Chrirac, Nicolas Sarkozy et François Hollande. N'excluons pas toutefois que ce scientifique réputé se replonge dans les lectures d'Hippocrate et de Théophraste et qu'une bonne cure de sidéritis[77] aux effets antioxydants et antiviraux lui fasse retrouver pleinement sa capacité à raisonner.

Fausses nouvelles ministérielles

Mais vous avez sans doute été rassurés par les propos de la ministre de la Santé du gouvernement Philippe, Agnès Buzyn, qui déclarait le 26 janvier, devant les micros et caméras : « *Nous avons des dizaines de millions de masques en stock en cas d'épidémie. Ce sont des choses qui sont d'ores et déjà programmées. Si un jour nous devions proposer à telle ou telle population, qui sont des personnes à risques, de porter des masques, les autorités sanitaires distribueraient ces masques aux personnes qui en auraient besoin* ».

---

77. Le sidéritis est le nom d'un thé des montagnes grecques connu depuis l'Antiquité qui porte également le nom plus courant de Malotira. Cueilli sur les flancs du mont Olympe, la montagne des dieux, ce thé aux vertus thérapeutiques et aux arômes fins peut être bu froid ou chaud.

Raté ! Bien que Buzyn fût démasquée dans son mensonge, son successeur à la tête du ministère de la Santé, Olivier Véran, vous rejoua le même air de pipeau : « *Nous avons assez de masques aujourd'hui pour permettre aux soignants d'être armés face à la maladie et de soigner les malades. Mais en fonction de la durée de l'épidémie, nous ne savons pas si nous en aurons suffisamment à terme (...) Les masques sont dans les camions, ils sont en train d'arriver aujourd'hui, demain, et dernier délai jeudi, dans les pharmacies d'officine* »[78].

C'était le 17 mars 2020. « Ouf ! Sauvés ! Ils arrivent ! », avez-vous sans doute pensé.

Encore raté !

Près de trois mois après les déclarations médiatiques de la ministre, la pandémie est en plein développement et les Français toujours sans... masques, ni gel hydroalcoolique, ni tests. Encore et toujours des fausses nouvelles ! Il ne vous échappera pas que ces fausses nouvelles sont diffusées à des fins de propagande pour masquer la triste réalité de leur politique tant il est évident que deux ministres qui se succèdent à la tête du même ministère ne peuvent manquer de connaître par leur propre administration la réalité de la situation : pas de stock de masques pour la population ! La situation est tragique au point que des personnels de santé qui, à ce moment, n'ont même pas les moyens de se protéger, vont être infectés et mis en isolement.

« *C'est du même ordre que le scandale du sang contaminé* », tempête alors Thierry Amouroux, porte-parole du Syndicat national des professionnels infirmiers (SNPI) : « *Des centaines de milliers de personnes vont être contaminées, d'autres vont mourir faute de cette impréparation du gouvernement et des mauvaises décisions qui ont été prises. Le principe de base, c'est d'avoir en stock des masques FFP2. Ces masques, tout comme les masques chirurgicaux, auraient dû être commandés le plus tôt possible. Gouverner, c'est prévoir. Quand la crise sera finie, nous espérons que certains responsables qui ont été incapables d'organiser la défense sanitaire du pays auront à répondre de*

78. Olivier Véran, ministre de la Santé, France Inter, 17 mars 2020, 9 h 17.

leurs actes devant la justice. »[79] Au mois d'avril, l'auteur-dessinateur Antoine Chéreau exprime avec humour cette tragédie dans l'un de ses dessins, faisant dire à un médecin : « *Les spécialistes en médecine rappellent aux experts en gouvernement que passer commande de masques deux mois après le début de l'épidémie, c'est comme enfiler un préservatif le jour de l'accouchement* ».

Début mai, de nombreuses villes de province attendent désespérément d'être approvisionnées ou réapprovisionnées, les pharmacies réservent le peu de masques qu'elles obtiennent pour les personnels de santé et travailleurs sociaux (Ehpad, infirmières à domicile, assistantes sociales, aides-médicales et ménagères, etc.) et vendent le gel hydroalcoolique au compte-goutte, car tous les professionnels de la santé ne disposent pas encore de stocks suffisants. Comment en disposeraient-ils alors que bien avant l'arrivée du SRAS-CoV-2, ils étaient déjà sous-équipés et multipliaient les actions pour alerter l'opinion publique sur la situation catastrophique du système de santé publique, sur les mesures gouvernementales d'austérité et protestaient contre l'attitude du pouvoir politique qui, une fois de plus, refusait de les entendre et de répondre à leurs propositions ?

Contrairement à ce que le pouvoir tente de vous faire avaler à longueur de déclarations, d'interventions et de communiqués, la crise sanitaire ne date pas du SRAS-CoV-2.

---

79. *Pénurie de masques : les raisons d'un « scandale d'État »*, par Benoît Collombat et la cellule investigation de Radio France, 23 mars 2020.

CHAPITRE 2
MORT PROGRAMMÉE SUR ORDONNANCES

Dans les médias, reportages et enquêtes n'arrêtaient pas, à juste raison, de vous informer et de vous alerter sur la situation catastrophique du système de santé qui empirait de jour en jour. « *Hôpitaux : Pourquoi les services des urgences sont-ils saturés dans plusieurs villes de France ?* », titre le site d'actualité *20 Minutes*, dont la journaliste Laure Cometti constate :

« *Des patients contraints d'attendre des heures, des brancards installés dans les couloirs, un personnel soignant débordé et des décès de malades en salle d'attente... Les services des urgences sont saturés dans plusieurs villes de France en ce mois de mars, ce qui est inhabituel à cette période de l'année (...) Selon l'association SAMU-Urgences de France, "plus de 15.000 patients ont passé la nuit sur un brancard des urgences" depuis le début de l'année "faute de lit pour les hospitaliser dans un service"* ». Précision de Laure Cometti qui, dans un reportage très complet, interroge des professionnels de la santé : « *Cette situation est "scandaleuse" pour Christophe Prudhomme, porte-parole de l'association des médecins urgentistes de France (Amuf), qui souligne que "des études montrent que cette surcharge cause surmortalité de 9 % pour tous les patients et de 30 % pour les patients les plus graves". Des malades sont récemment décédés dans des services d'urgences saturés.*

En cause, "les épidémies hivernales (bronchiolite, gastro-entérite, grippe) circulent encore beaucoup", indique l'agence régionale de santé Bretagne ; le vieillissement de la population française également : "On a l'habitude du flux massif en période hivernale, mais on fait face à une population vieillissante polypathologique, qui a de plus en plus de maladies comme le diabète ou l'hypertension, et qui est donc encore plus fragilisée avec la grippe par exemple. Ce sont des personnes qui exigent du temps, une surveillance, une hospitalisation", témoigne auprès de 20 Minutes Marie, infirmière à l'hôpital de Hautepierre à Strasbourg. » Mais surtout « *pour Christophe Prudhomme, membre de la CGT et de l'Amuf*[80]*, cette saturation reflète un "effet de seuil" : " on a tiré sur la corde pendant des années, en enchaînant les plans d'économies et la suppression de 100 000 lits en vingt ans, d'où la tension permanente dans les urgences aujourd'hui. Cela ne va pas s'arranger : en 2018, on nous demande de supprimer 55 postes de personnel non médical et 8 postes de médecins dans le groupe hospitalier de Seine-Saint-Denis". "Il faut distinguer le problème de l'épidémie de grippe de celui, plus profond et chronique, de la saturation globale des urgences", abonde Loïc Marpeau, président de la commission médicale du CHU de Rouen, interrogé sur France 3. Le nombre de passages aux urgences augmente depuis plus d'une décennie : plus de 20 millions en 2016, contre 18 millions en 2011 et 14 millions en 2002". »*[81]

Plusieurs médias, organisations des professionnels de la santé, syndicats, élus dénoncent alors la situation catastrophique du service public de la santé, des hôpitaux et des urgences. « *Médecins, soignants, directeurs : les témoignages inquiets, voire alarmistes, sur la situation des services d'urgences, en proie à la saturation, affluent ces derniers jours* », rapporte *Le Quotidien du médecin*.

D'année en année, la situation des services hospitaliers n'a cessé de se dégrader, constate la journaliste Anne Bayle-Iniguez : « *En première ligne, les urgentistes font état de leurs difficultés à prendre en charge les patients toujours*

---

80. AmuF : Association des médecins urgentistes de France.

81. *Hôpitaux : Pourquoi les services des urgences sont-ils saturés dans plusieurs villes de France ?* par Laure Cometti, avec les éditions locales, 20 Minutes (www.20minutes.fr) 19 mars 2018, 7 h 45.

plus nombreux. Depuis le début d'année, plus de 15 000 patients ont passé la nuit sur un brancard des urgences, a calculé SAMU-Urgences de France grâce à son initiative "No Bed Challenge" »[82]. À ce moment, les hôpitaux et les services des urgences ne sont pas alors saturés en raison d'un afflux supplémentaire de patients atteints du SRAS-Cov2, puisque les situations décrites ici sont celles du mois de mars… 2018.

Cette situation ne fait que s'aggraver depuis des années. « *Grippe : pourquoi les urgences sont-elles saturées ?* », titrait déjà *Ça m'intéresse* le 27 février 2012 ; « *L'engorgement des urgences concerne tout l'hôpital* », *La Croix*, 3 juin 2013 ; « *Hôpital : pourquoi les urgences sont saturées* », *Les Échos*, le 13 janvier 2014 ; « *Stress, épuisement… : les urgences sont au bord de l'implosion* », *Le Figaro*, 10 mars 2015 ; « *L'hôpital au bord du burn-out* », UGICT-CGT, 14 novembre 2016 ; « *Les urgences hospitalières, miroir des dysfonctionnements de notre système de santé* », rapport d'information n° 685 du Sénat, 26 juillet 2017… De toute évidence, bien avant que le SRAS-Cov-2 n'apparaisse, le service de santé publique ne pouvait même plus faire face, faute de moyens humains, matériels et financiers, aux simples épidémies de grippe saisonnière prévisibles et aux maladies infectieuses respiratoires classiques.

Les images catastrophes diffusées par des médias occidentaux attribuant cette surcharge des hôpitaux à la maladie Covid-19 trompent les citoyens sur la réalité de la pandémie : c'est moins la maladie Covid-19 qui surcharge les hôpitaux que le manque de moyens humains et matériels déjà grandement insuffisants bien avant la pandémie du début de l'année 2020.

Même sans la Covid-19, les hôpitaux sont déjà surchargés. Et la cause, ce sont les politiques menées conjointement par l'Union « européenne » et les États membres, principalement la Grande-Bretagne, la France, l'Italie et l'Espagne. Pour dissimuler leurs responsabilités, les principaux acteurs de cette politique au pouvoir dans les institutions de l'Union « européenne » et dans la plupart de ses pays membres vont multiplier les campagnes de diversion et les fausses informations. Que peuvent-ils faire d'autre pour cacher le drame dont ils sont responsables par leurs décisions politiques ?

---

82. Le Quotidien du médecin, 19 mars 2018.

Mains propres, tête dans le sable

Quelques grands moments de communication marqueront l'opulente campagne médiatique autour du SRAS-CoV-2. Ainsi, par exemple, Ursula von der Leyen, la présidente de la Commission « européenne », fera réaliser une vidéo la mettant en scène afin de montrer aux citoyens des pays membres, sans doute complètement débiles, comment se laver les mains. Diffusant cette vidéo « historique », le journaliste Frédéric Says commenta avec humour, dans son billet politique sur *France Culture*, cet important moment de communication de la Commission « européenne » et *« les failles de l'Union européenne au révélateur de la crise du Covid-19 »*[83]. Important de savoir se laver les mains.

Surtout quand on s'appelle Ursula von der Leyen et que l'on préside un organisme qui a recommandé aux États membres de l'Union « européenne » *« des économies de 11 milliards d'euros sur les dépenses de santé (...) pour 2015-2017 »* en insistant sur la réduction impérative des budgets de santé des États tout en encourageant les privatisations.

Cette politique de démantèlement du secteur public de la santé sera encore aggravée dans le budget 2021-2027 de l'Union « européenne ». Les suppressions d'emplois dans la fonction publique, dont ceux de la santé, les fermetures de structures de soins, les fermetures de lits d'hôpitaux, les diminutions de moyens humains et matériels pour assurer la santé publique, les hôpitaux saturés, les morts dans les services d'urgence, le manque de produits sanitaires, la privatisation du secteur public, ce sont Ursula von der Leyen, son prédécesseur Jean-Claude Junker et les eurocrates de Bruxelles-Strasbourg qui en ont les mains sales. Il est bien de le rappeler pour combler l'absence de ces responsables des « hôpitaux saturés » dans la plupart des médias.

Alors que la Chine, la Russie, Cuba, le Vietnam envoyaient dans des délais records médecins, virologues et matériels à plusieurs pays d'Europe, les dirigeants de l'Union dite « européenne » ont été incapables de mettre en place

---

83. *Les failles de l'Union européenne au révélateur de la crise du Covid-19*, France Culture, Le billet politique, par Frédéric Says, 7 avril 2020 (www.franceculture.fr).

des mesures communes au nom de l'« intérêt général européen ». Comme le souligna alors Frédéric Says en interpellant les auditeurs de *France Culture* : ***« Mais vous voyez le symbole : la meilleure aide que puisse apporter l'Europe, c'est de se taire. Sa meilleure action, c'est une inaction »***[84].

Effectivement, si les dirigeants de l'Union « européenne » savent se laver les mains, ils ont vraiment la tête dans le sable pour éviter toute question, toute proposition, toute alerte qui met en cause leur politique de destruction des systèmes de santé. Car, non seulement la Commission « européenne » n'est pas étrangère, loin de là, à la dégradation du système de santé français, mais elle en est même la principale responsable avec les dirigeants – dont les Français – qui font appliquer ses directives par l'Administration.

Mais, l'avez-vous remarqué ?

Si quelques médias font des comparaisons sur le développement de la pandémie en Europe, pratiquement aucun ne compare les systèmes de santé ni ne vous informe sur les réductions des budgets de la santé en application des décisions des dirigeants de l'Union « européenne ». Il vous faudra beaucoup de curiosité et vous rendre sur le très intéressant blog de l'Insee pour apprendre, par exemple, qu' *« en dehors de l'Allemagne, l'épidémie a touché de façon importante la plupart des pays d'Europe de l'Ouest entre mars et avril 2020, avec des effets très significatifs sur la mortalité »*[85].

Ou savoir que la Fédération de Russie et l'Allemagne sont les deux pays d'Europe qui comptent le plus de lits d'hôpitaux pour 1 000 habitants – 8,1 pour la Russie et 8 pour l'Allemagne –, alors que la France vient loin derrière avec l'Italie et l'Espagne[86]. Quant au nombre de médecins pour 1 000 habitants, la France continue de régresser (3,2 médecins en 2019) tandis que la Russie et l'Allemagne augmentent leur nombre de praticiens avec chacun entre 4 et 5

---

84. *Les failles de l'Union européenne au révélateur de la crise du Covid-19*, France Culture, Le billet politique, par Frédéric Says, 7 avril 2020 (www.franceculture.fr).
85. *Insee, Statistiques sur les décès : le mode d'emploi des données de l'Insee en 7 questions/réponses*, par Alain Bayet, Sylvie Le Minez et Valérie Roux, Le blog de l'Insee, 14 mai 2020.
86. *OCDE, Panorama de la santé 2019*, Les indicateurs de l'OCDE.

médecins pour 1 000 habitants en 2019, de même que l'Autriche, la Suède, la Hongrie et la Suisse[87]. Hors Europe, Cuba est le pays qui compte le plus grand nombre de médecins – 8,2 médecins pour 1 000 habitants – et le plus grand nombre de structures de soins au monde en rapport de sa population.

La lecture de *L'Humanité*, dont les éditions et les journalistes ne sont pratiquement jamais cités dans les autres médias ou invités dans les émissions des groupes télévisuels, vous donnera également une idée du mépris des dirigeants de la Commission « européenne » envers la recherche médicale.

Le quotidien fondé par Jean Jaurès, bien que malmené éditorialement depuis quelques années par des investisseurs privés, vous apprendra ce que les médias des milliardaires se gardent bien de vous dire.

Par exemple, que plusieurs chercheurs avaient non seulement alerté les instances de l'Union « européenne » sur une possible pandémie par des coronavirus, mais aussi formulé des propositions pour s'y préparer. Rien moins !

Bruno Canard, le directeur de recherche CNRS à Aix-Marseille, spécialiste des coronavirus, a adressé en 2015, avec ses collègues belges et hollandais, plusieurs lettres d'intention à la Commission « européenne » expliquant « *qu'il existait neuf familles de virus pour lesquelles une émergence était possible* ». Interviewé par notre consœur Nadège Dubessay, de *L'Humanité*, il rapporte : « *Le premier sur la liste était le flavivirus, explique-t-il. Le second, le coronavirus. Un an plus tard apparaissait Zika, un flavivirus. Et aujourd'hui, le Covid-19, un coronavirus !* » La Commission européenne ne donnera jamais de réponse. Dès 2004, l'équipe de Bruno Canard, grâce à des réseaux collaboratifs européens, affiche des résultats prometteurs. « *Nous avions eu cette idée qui s'est révélée fructueuse : les virus ont une capacité énorme à être différents, variés, avec de larges familles. Nous les avons donc étudiés tous en même temps, afin d'en avoir un modèle type qui nous permettrait, en cas de menace d'un virus inconnu, d'en trouver un proche, d'où nous pourrions extraire des données scientifiques.* »

---

87. OCDE (2020), Médecins (indicateur). doi:10.1787/fac6183d-fr (Consulté le 26 mai 2020).

Mais, souligne Nadège Dubessay, « *dès 2006, l'intérêt des politiques pour le Sars-CoV avait disparu. La crise financière de 2008 accélère le désengagement de l'Europe et de la France pour la recherche. Résultat : des stratégies de recherche fondamentale sont mises de côté ou perdent leurs crédits* »[88]. Voilà comment, en délaissant la recherche fondamentale, en méprisant les alertes et propositions de scientifiques et en recommandant à ses États membres de réduire leurs budgets de Santé, l'Union « européenne » s'est retrouvée démunie face à la pandémie. Dans le même temps, la Fédération de Russie, même avec un système de santé qui demande encore à être grandement modernisé et socialisé, a immédiatement pu réagir grâce aux crédits alloués régulièrement à la recherche et à un système de soins très organisé.

Commission « européenne » : « *Réduire les dépenses de santé publique* »

Dans ses recommandations pour l'année 2015, la Commission « européenne » demandait aux États membres « *d'intensifier les revues de dépenses et, pour que celles-ci produisent les résultats attendus, de recenser de larges domaines de réduction des dépenses* ». Dans sa demande de réduction des dépenses publiques, la Commission considérait alors qu'il « *est impossible de dégager à court terme d'importantes économies sans ralentir considérablement la croissance des dépenses de sécurité sociale (...) Des économies de 11 milliards d'euros sur les dépenses de santé sont prévues pour 2015-2017, mais des efforts supplémentaires seront nécessaires pour limiter les hausses de dépenses dans ce domaine* ». Suivait une liste de six « recommandations » qui visent d'une part à réduire les dépenses pour les services publics et les collectivités, et d'autre part à… « *améliorer les marges bénéficiaires des entreprises* » ! Comment écrire plus clairement qu'il faut

---

88. *Bruno Canard, le chercheur qui avait alerté en 2015 sur le risque de Coronavirus, dénonce le désengagement dans la recherche*, par Nadège Dubessay, L'Humanité, 17 mars 2020. Lire aussi dans L'Humanité : *Entretien avec Bruno Canard, spécialiste du Coronavirus : « En délaissant la recherche fondamentale, on a perdu beaucoup de temps »*, par Nadège Dubessay, L'Humanité, 19 mars 2020.

« économiser » sur la santé publique pour « améliorer » les profits des sociétés privées transnationales du secteur Santé ?!

Encore et toujours le pognon, le fric, des profits éhontés engrangés au profit de gros actionnaires privés et au détriment des peuples. À cette fin, la Commission demandait de mettre en œuvre *« le crédit d'impôt pour la compétitivité et l'emploi de 20 milliards d'euros et l'allègement des cotisations patronales de 10 milliards d'euros supplémentaires prévus dans le cadre du pacte de responsabilité et de solidarité »*[89]. On comprend mieux, dès lors, la raison pour laquelle les propositions des Médecins de France, qui vont à l'encontre de ces directives de la Commission « européenne », ne sont même pas discutées à l'Assemblée nationale…

Cette politique décidée à Bruxelles et appliquée à Paris a pour conséquences la détérioration de l'ensemble du système de santé publique (fermetures de services d'urgences, de structures de soins communales, réduction des personnels dans les hôpitaux, diminution du remboursement de médicaments et de prises en charge, hausse des tarifs des mutuelles santé, etc.) avec l'apparition et le développement de véritables « déserts médicaux ».

« La vraie question, disait déjà en décembre 2017 Jean-Paul Hamon, président de la Fédération des Médecins de France (FMF), e*st que les Français n'ont plus accès aux soins sur une partie tellement large du territoire qu'il vaudrait mieux parler d'oasis médicales là où les soins sont encore assurés. »*[90] Depuis, la situation du système de santé s'est encore aggravée.

La Direction de la recherche, des études de l'évaluation et des statistiques (Drees), direction de l'administration centrale des ministères sociaux (Solidarités et Santé, Travail, Action et Comptes publics), en fait elle-même le constat.

---

89. Journal officiel de l'Union européenne du 18 août 2015, *Conseil de l'Union européenne, Recommandation du Conseil du 14 juillet 2015 concernant le programme national de réforme de la France pour 2015 et portant avis du Conseil sur la programme de stabilité de la France pour 2015*, (2015/C 272/14), Bruxelles, 14 juillet 2015.

90. *Le PLFSS est aux déserts médicaux ce que Donald Trump est au climat*, par Jean-Paul Hamon, Fédération des Médecins de France (www.fmfpro.org), 18 décembre 2017.

L'une de ses études alerte sur la diminution continue du nombre de médecins : « *La densité standardisée diminuerait de 3,21 à 3,06 médecins pour 1 000 habitants entre 2015 et 2023 et stagnerait autour de ce point bas – qui constitue un minimum depuis 1991 – jusqu'en 2025, amorçant ensuite une remontée pour retrouver en 2032 le niveau de 2015* »[91]...

Selon les statistiques de l'Ordre national des médecins, au 1er janvier 2018, la France comptait 296 755 médecins généralistes et spécialistes en activité. Avec 3,24 médecins pour 1 000 habitants en 2016, la France continue de régresser en regard des besoins de la population. (Allemagne : 4,2, Autriche : 5,1, Suède : 5,4, Cuba : 8,2 pour 1 000 habitants)[92]. De budget en budget, l'Union « européenne » ne cesse de participer à la régression et à la privatisation des systèmes de santé des États membres.

Pour faire appliquer cette politique aux conséquences désastreuses pour les peuples, les dirigeants de l'Union « européenne » l'habillent, avec une incroyable hypocrisie, de campagnes de communication vantant les bienfaits de leurs décisions. « *La politique de l'UE en matière de santé cherche en priorité à protéger et améliorer la santé, à garantir à tous les Européens un accès égal à des soins de santé modernes et efficaces et à coordonner les réponses à toute menace sanitaire grave pesant sur plusieurs pays de l'UE. La prévention et la lutte contre les maladies jouent un rôle central dans la stratégie de l'UE en matière de santé publique* », affirment les centres de communication et les relais de l'Union « européenne » dans ses États membres[93]. Remarquable, n'est-ce pas ?

Ces eurocrates sont de véritables prestidigitateurs : « *protéger et améliorer la santé, garantir à tous les Européens un accès égal à des soins de santé modernes et efficaces* » tout en organisant « *des économies sur les dépenses de santé* », il

---

91. Direction de la recherche, des études de l'évaluation et des statistiques, *Études & Résultats, Les médecins d'ici à 2040 : une population plus jeune, plus féminisée et plus souvent salariée*, numéro 1011, mai 2017, p.5.

92. Sources : Groupe de la Banque Mondiale, Organisation Mondiale de la Santé, Atlas mondial de la santé au travail, septembre 2018.

93. Union européenne, *Soutenir la santé publique en Europe*, www.europa.eu, 5 février 2019.

faut le faire ! Mais, malgré les centaines de millions d'euros dépensés en propagande pour vanter les mérites de l'institution en faillite, ce cliché généraliste de bonnes intentions cache de plus en plus mal la réalité de la politique décidée à Bruxelles. L'examen des faits montre, s'il le fallait, que nous ne sommes plus dans le domaine de l'information, mais de la propagande.

Car les recommandations de la Commission « européenne » et des organes de décision sont non seulement bien différentes des intentions communiquées, mais aggravent la situation des peuples des États membres d'année en année.

Martin Schirdewan, député européen, coprésident du groupe de la Gauche Unitaire Européenne au Parlement « européen », souligne qu'« ***à 63 reprises entre 2011 et 2018, la Commission européenne a recommandé aux États membres de l'UE de privatiser certains pans du secteur de la santé ou de réduire les dépenses publiques en matière de santé****. Ces recommandations ont visé quasiment tous les États, qui ont en général obtempéré* », indique-t-il. Conséquences : « *Il y a évidemment un impact sur l'état des systèmes de santé nationaux, notamment dans les pays affectés par la crise financière. C'est d'autant plus grave aujourd'hui, avec la crise du coronavirus. La capacité de réaction des pays est affaiblie.* »[94] Certains appellent cela « L'Europe libérale », d'autres « L'Europe sociale ». Nous préférons « L'Europe bancale », car sur le fond, la politique reste la même.

Et c'est à cette politique approuvée par une « majorité-minorité » de Français que le pays doit la tragédie qu'il va connaître avec la saison grippale 2019-2020, amplifiée par la pandémie du SRAS-Cov-2.

« Une forme de fatalisme et de désinvolture entourant la mort »

Dans un éditorial publié début mars 2020, le quotidien *Le Monde* observe que « *la mobilisation, légitime, face au SARS-CoV-2 jette par contraste une lumière crue sur une forme de fatalisme et de désinvolture entourant la mort,*

94. « *La Commission européenne a demandé 63 fois aux états de réduire les dépenses de santé* » *dénonce l'eurodéputé Martin Schirdewan*, interview réalisée par Samuel Ravier-Regnat, L'Humanité, 2 avril 2020.

chaque année, de milliers de personnes tuées par la grippe saisonnière »[95]. Judicieuse remarque. Et, du reste, que devient la grippe qui disparaît presque complètement dans la presse obnubilée par le SRAS-Cov-2 lors de la saison 2019-2020 ? Répondre à cette question confirme, si besoin est, que le virus SRAS-Cov-2 n'est pas seul responsable, loin de là, de l'engorgement des structures de soins.

Celui-ci ne fait qu'ajouter du drame à une situation déjà dramatique.

Aucun des ces journalistes du petit écran qui se livrent à des opérations spectacle et d'auto-promotion, aucun de ces « télémédecins » et autres experts improvisés qui répètent en boucle des contre-vérités souvent démenties quelques jours plus tard, aucun de ces politiciens qui parlotent sur « la guerre » à mener contre le virus ne dénonce l'*origine* du mal, la *cause* du manque de personnels et de structures de soins. Passé le temps des promesses électorales, les politiciens qui se succèdent d'émission en éditorial et qui vous appelaient à voter pour « leur » Europe en vous assurant qu'elle avait « *apporté de la prospérité* » (LREM, Les Républicains, Modem) ou vous promettaient « *une Europe écologique et sociale* » (Parti socialiste et parti radical de gauche) ont, pour la plupart, voté ensemble dans toutes les assemblées élues la réduction de moyens pour la santé publique.

De décennie en décennie, au nom de la « rigueur budgétaire » et de « la libéralisation des marchés », ils ont réduit toutes les missions d'intérêt général de l'État – santé, éducation, justice, recherche – et saboté les libertés au profit des intérêts particuliers égoïstes des grands propriétaires privés de la finance et de l'économie. En 2020, le système de santé de la plupart des pays membres de l'Union « européenne » ne peut même plus faire face aux épidémies de la grippe saisonnière. Chaque année, la grippe saisonnière touche en France entre 2 et 8 millions de personnes et provoque la mort de 10 000 à 15 000 d'entre elles[96]. Mais d'une année à l'autre, la durée des épidémies comme le

95. *Coronavirus : et si l'on en faisait autant contre la grippe ?* Le Monde, 9 mars 2020.
96. Institut Pasteur, Grippe, (www.pasteur.fr) octobre 2019, mis à jour le 25 mars 2020.

nombre de décès dus à la grippe saisonnière varie parfois de manière importante.

L'Insee souligne que « *si la grippe 2019-2020 n'a pas entraîné un surnombre de décès jusqu'à la fin de sa surveillance épidémique mi-mars (comme celle de 2015-2016), la grippe 2018-2019 a été moins forte que les années précédentes (8 100 décès au total contre respectivement 13 000 et 14 400 les deux épisodes précédents)* ». Deux ans auparavant, lors de la saison 2017-2018, « *la grippe avait en outre été remarquable par sa longueur (16 semaines d'épidémie jusque fin mars 2018) tandis que pendant celle de 2014-2015, le plus grand nombre de décès toutes causes confondues depuis l'hiver 2006-2007 avait été atteint avec 18 300 morts.* »[97]

La Grande-Bretagne ?

Elle souffre de la politique menée contre son système de santé du temps où elle était membre de l'Union « européenne » comme de celle menée par les différents gouvernements conservateurs et travaillistes qui se sont succédé aux affaires et ont fait appliquer les décisions de Bruxelles. Les services d'urgence des hôpitaux anglais ont enregistré en une dizaine d'années un doublement du nombre de patients souffrant de pathologies respiratoires. Et, tout comme dans la plupart des pays occidentaux, les services hospitaliers se sont retrouvés en grandes difficultés en raison du manque de moyens financiers, de structures de soins, de personnel et de matériel. La British Thoracic Society (BTS) indiquait en 2018 que pour l'année précédente, les services d'urgence des hôpitaux avaient reçu 913 646 patients pour des pathologies pulmonaires – pneumonie, grippe, maladies pulmonaires obstructives chroniques (COPD) et asthme. Un chiffre qui représente « *près du double depuis 2011* », indiquait, en décembre 2018, le journaliste et écrivain Jamie Doward[98]. Il soulignait alors

97. *Insee, 26 % de décès supplémentaires entre début mars et mi-avril 2020 : les communes denses sont les plus touchées*, par Noël Gascard, Bertrand Kauffmann, Aline Labosse, Insee Focus n° 191, 11 mai 2020.

98. *Pollution and flu bring steep rise in lung-related illnesses (La pollution et la grippe entraînent une forte augmentation des maladies pulmonaires)*, par Jamie Doward, The Observer, 9 décembre 2018.

que les données de la BTS « *montrent qu'en décembre 2016 (…) il y avait 32 492 admissions résultant de visites aux urgences pour des maladies respiratoires – plus de trois fois la moyenne pour l'une des 20 causes les plus courantes qui déclenchent régulièrement une admission* ».

Les causes ? « *Les spécialistes des poumons identifient plusieurs facteurs à l'origine de l'augmentation des admissions aux urgences liées aux poumons. Il s'agit notamment d'une augmentation du nombre de personnes âgées qui peuvent être fragiles en raison de maladies pulmonaires ou d'autres problèmes de santé, de la contribution de la pollution de l'air intérieur et extérieur à l'augmentation de maladies pulmonaires et de la virulence des souches de grippe et d'autres virus en hiver.* » La British Thoracic Society précise qu'en 2017, « *environ quatre hôpitaux sur dix en Angleterre avaient au moins un poste de consultant respiratoire vacant, en partie en raison d'un nombre insuffisant de spécialistes en pneumologie formés à un moment où la demande pour leurs services augmente.* »

Le docteur Jonathan Bennett, président du conseil d'administration du BTS et spécialiste des poumons, observait alors que « *presque chaque hiver, le NHS*[99] *a du mal à faire face à une vague de personnes atteintes d'une maladie pulmonaire admises à l'hôpital par A&E* (NdA : les centres d'urgences) », Et d'ajouter que lors des hivers, « *il y a un doublement des admissions aiguës et d'urgence, mais il n'y a pas un doublement des médecins respiratoires pour les gérer. Nous ne sommes pas préparés pour atteindre les sommets, nous sommes préparés pour exécuter les moyennes…* »

---

99. Créé le 5 juillet 1948 par le gouvernement travailliste de Clement Attlee et son ministre de la santé Aneurin Bevan avec l'idée d'assurer la gratuité des soins médicaux à tous les Britanniques quels que soient leurs revenus, le National Health Service (NHS) est le système de santé financé par l'État en Angleterre. Il est supervisé par le ministère de la Santé et des Affaires sociales. Certaines de ses interventions, comme les urgences et le traitement des maladies infectieuses, sont gratuites tandis que d'autres sont payantes (contrôles et maladies de la vision, soins dentaires, soins de longue durée). Cette belle idée au service de l'intérêt général a été détruite par le Premier ministre Margaret Thatcher (1979 à 1990) qui fera organiser la privatisation du système de santé.

En 2020, le Royaume-Uni est le pays d'Europe enregistrant le plus de mortalité due à des pathologies respiratoires. Troisième cause de mortalité au Royaume-Uni, les pathologies respiratoires, dont souffrent 20 % de la population, causent chaque année la mort de 115 000 personnes, soit une moyenne de 13 personnes toutes les heures dans un système de santé en grande difficulté. 115 000 personnes chaque année ! Déjà débordé par ces maladies, le service de santé publique ne pourra faire face à l'accroissement de malades atteints de la Covid-19.

L'Italie ?

Là aussi, comme dans tous les pays de l'Union « européenne », l'application des « recommandations » de Bruxelles et la réduction des budgets de la santé ne permettent même plus de faire face aux épidémies de grippe saisonnière, pourtant connues et prévisibles. Le professeur Giuilo Tarro, célèbre virologue, rappelle « *qu'en 2019, la grippe a touché six millions d'Italiens et fait dix mille morts. Ce sont des données officielles* ». Et pointe du doigt les raisons du manque de moyens attribués à la santé publique en Italie : « *Ajoutez à cela les coupes dans la santé des années précédentes. Pensez que de 1997 à 2015, en ce qui concerne les unités de soins intensifs, une situation de ce type s'est créée : de 575 places pour cent mille habitants, elle est passée aux 275 actuelles. Il y a eu une coupure scandaleuse de 51 %. Et ce que je cite sont des données de l'OMS. Cette situation est scandaleuse !* »[100]

La France ?

- Le gouvernement n'a pas anticipé la pandémie alors que plusieurs chercheurs avaient alerté les autorités des années auparavant ;
- A appliqué les recommandations de la Commission « européenne », à savoir de réduire encore dans le budget 2020 de l'État les moyens humains et matériels du système de santé publique ;

100. *Virus corona : Parole au professeur Giulio Tarro, l'illustre virologue*, interview de Pierluigi Pietricola, Fondation Pietro Nenni, 16 mars 2020.

– N'a pas suivi immédiatement les conseils du Comité d'urgence de l'OMS et n'a que trop tardé à prendre les mesures qui s'imposaient.

De facto, le gouvernement est le grand responsable de la crise sanitaire qui frappa durement le pays.

Deux professeurs de l'ESSEC, Marc Guyot et Radu Vranceanu, démystifient en mai 2020, dans les colonnes du quotidien économique et financier *La Tribune*, la propagande gouvernementale qui voudrait faire porter l'entière responsabilité de la situation économique à la petite pandémie : « *En effet,* ***ce n'est pas le virus en soi qui a créé la crise économique*** » constatent-ils, mais « ***c'est la façon avec laquelle le gouvernement mène sa politique sanitaire*** *étant donné l'état des infrastructures médicales en termes de capacité d'hospitalisation et de tests, et étant donné le nombre de masques disponibles. L'ensemble des données de la situation française, ainsi qu'un comportement à la gribouille sur les masques et les tests, ont amené à cette situation de confinement qui dure, qui ne s'arrêtera pas le 11 mai, et qui est en train d'anéantir l'économie française en détruisant ses entreprises, et notamment ses petites entreprises.* »[101]

Cette cascade de libéralisme a affaibli considérablement le système de santé publique, balayé toute disposition permettant d'anticiper une telle crise et entravé celles qui auraient permis de réduire le nombre de victimes.

Aussi, la question doit être posée : combien de morts pour l'Élysée ?

Elle se pose d'autant plus fortement que depuis des décennies, principalement depuis le traité de Maastricht de 1992, le système de santé publique français, auparavant l'un des meilleurs au monde, a été asphyxié, déstructuré, privatisé à coups d'ordonnances des organes dirigeants de l'Union « européenne ». Ainsi, le partenariat public/privé tant vanté par les organismes officiels de l'Union « européenne » est moins la recherche de complémentarités entre les deux secteurs pour favoriser le développement du système de santé publique et la recherche qu'un habillage de la privatisation rampante et continue de ses domaines les plus rentables auparavant financés par l'État pour répondre à l'intérêt général.

---

101. *De la crise sanitaire à la crise économique*, par Marc Guyoy et Radu Vranceanu, La Tribune, 2 mai 2020.

C'est également par des textes élaborés par la Commission « européenne » que les PPP (partenariats public-privé), instaurés en France en 2004 par ordonnances, contribuent, eux aussi, à l'appauvrissement des hôpitaux publics. Rien que pour l'année 2018, le projet de loi pour le financement de la Sécurité sociale prévoyait des baisses aussi monumentales que scandaleuses de cotisations patronales à hauteur de 65 milliards d'euros, avec une prévision de 85 milliards en 2019 au nom de la… « *libéralisation des entreprises* » ! Face à ces suppressions de ressources, comment l'hôpital public peut-il trouver les moyens d'assurer ses missions ?

Réponse dans la présentation que fait le Front syndical de classe de l'évolution du secteur santé sous la contrainte de l'Union « européenne » : « *Depuis les années 1980-1990, les hôpitaux publics sont contraints d'avoir recours aux marchés financiers, c'est-à-dire aux banques pour obtenir des prêts avec intérêts. Les subventions sont devenues marginales, lorsqu'elles existent. Le résultat a été éloquent : l'affaire Dexia et ses emprunts toxiques et le déficit quasi général des hôpitaux. La FHF (Fédération hospitalière de France), plutôt réformiste et collaborationniste, l'évalue à 1,5 milliard d'euros en 2017.* »[102]

Non compris le « déficit humain » des personnes qui ne peuvent plus accéder aux soins en raison de l'éloignement de l'hôpital, de délais trop longs, du manque de moyens financiers ou de complémentaires santé devenues trop chères. Ce n'était pas la faute de la Covid-19 quand des malades mouraient sur des brancards dans des services d'urgence avant son apparition, mais bien celle de la politique menée depuis des décennies.

L'affaire Dexia et ses emprunts toxiques est symbolique de la manière dont la grande finance et les banques participent à la destruction du système de santé publique et, de manière générale, à l'économie avec la complicité de dirigeants de l'État. À un moment où, début 2020, le système de santé publique est complètement sous-équipé et démuni pour remplir sa mission face à la pandémie du SRAS-CoV-2, il est nécessaire de revenir sur cette affaire des emprunts toxiques qui a contribué grandement à l'affaiblir encore un peu plus.

---

102. *Le plan Macron et de l'Union européenne pour détruire l'hôpital public*, Front syndical de classe, www.frontsyndical-classe.org, 12 mai 2018.

Comment l'État aide la grande finance à piller le système de santé

Emprunts à taux variable, le taux d'intérêt des emprunts Dexia variait en fonction de l'indice financier sur lequel il était indexé (euros, mais aussi valeurs étrangères), à l'inverse du taux fixe qui est défini une fois pour toutes. Le taux d'emprunt pouvait ainsi passer de 1 % à plus de… 50 % ! Le département de l'Ain s'est retrouvé à devoir verser 34 millions d'euros d'indemnités au Crédit Agricole pour se libérer d'un emprunt de… 14 millions d'euros. À Nîmes, un tribunal condamna la ville à payer 59 millions d'euros de pénalités de remboursement anticipé pour… 12,5 millions d'euros empruntés ! Bon, mais il ne faut surtout pas vous affoler. Très peu de magistrats ont reçu une formation économique et/ou financière, ont jamais travaillé dans ces milieux et certains d'entre eux sont même incapables de distinguer les critères de gestion de sociétés de banques coopératives de ceux de banques commerciales (capitalistes), bien que ceux-ci figurent, très partiellement il est vrai, dans le Code monétaire et financier…

Et le taux d'usure alors, monsieur le juge ?

Là est l'une des astuces du pillage bancaire : il ne s'applique qu'au taux fixé lors de la mise en place du contrat, c'est-à-dire uniquement pour la première échéance. Après, les banquiers font ce qu'ils veulent. Et ils en veulent tellement qu'en 2016, l'ardoise des emprunts toxiques se montait à hauteur de plus de 20 milliards d'euros. Qui va payer la facture ? Vous avez bien une petite idée, non ?

En janvier 2013, face au scandale national qui menace, le gouvernement rachète – avec des fonds publics – la filiale de Dexia détentrice des funestes emprunts pour en faire une banque publique, baptisée Sfil (Société de financement local), avec le concours de la Caisse des Dépôts et de La Banque postale. Fin 2013, il fait voter un article modifiant rétroactivement la législation pour légaliser les prêts souscrits sans mention du taux effectif global (TEG). L'objectif est de sauver les pillards en évitant à Dexia de perdre 17 milliards d'euros. Car, mine de rien, plus de 5 000 collectivités et 60 départements ont été piégés par les prêts toxiques de Dexia.

Selon *Le Quotidien du médecin*, dès 2013 « *l'emprunt en cours des hôpitaux auprès des banques s'élève à 28 milliards d'euros. Une part de cette somme*

– 7 milliards d'euros – correspond à des emprunts dits "structurés", à taux variable. Les emprunts les plus toxiques, de classe 6, représentent 1,5 milliard d'euros. Un boulet au pied des hôpitaux, qui se voient contraints de verser des intérêts à des taux galopants, à deux chiffres bien souvent »[103]. Et, en janvier 2019, le sénateur Sébastien Meurant (LR) rappelait que « *dans un rapport sur la dette des établissements publics de santé, publié le 11 avril 2014, la Cour des comptes pointait du doigt le triplement de cette dette qui atteignait alors près de 30 milliards d'euros, dont 20 % d'emprunts dits toxiques* »[104].

Aussi, afin d'éviter que les actions judiciaires se développent – ne surtout pas poursuivre en justice les banques qui ont fauté –, le gouvernement met en place un dispositif d'aide financière aux collectivités en échange de leur ferme engagement à ne… pas saisir les tribunaux ! Encore une fois, les fonds publics seront sollicités pour effacer les frasques des banquiers. L'État apportera dans un premier temps 2,7 milliards d'euros et la Caisse des Dépôts 3,9 milliards dans un fonds destiné à effacer une partie de l'ardoise[105]. Dans un rapport publié le jeudi 18 juillet 2013, la Cour des comptes indique que le sinistre de la banque franco-belge Dexia a déjà coûté quelque 6,6 milliards d'euros à l'État français. Mais, selon la Cour des comptes, la facture pourrait s'avérer encore plus lourde en raison du fait que « *des risques élevés et durables persistent pour les finances publiques* ». Dire que la grande finance a participé au pillage des collectivités françaises, hôpitaux compris, au travers du système bancaire est un doux euphémisme. Dans une minutieuse enquête très documentée, Patrick Saurin décortique et explique avec simplicité et précision pourquoi et comment les prêts toxiques sont une véritable affaire d'État. Ancien chargé de clientèle auprès des collectivités publiques au sein des Caisses d'Épargne, porte-parole de syndicat Sud Solidaires BPCE, membre du CAC (Collectifs

---

103. *Emprunts toxiques : le coup de gueule des hôpitaux*, par Delphine Chardon, Le Quotidien du médecin, 17 décembre 2013.

104. Sénat, 15e législature, *Conséquences des emprunts toxiques contractés par les hôpitaux publics*, Question écrite n° 08423 de M. Sébastien Meurant (Val-d'Oise - Les Républicains) publiée dans le JO Sénat du 10 janvier 2019 – p. 87.

105. Lire *L'armoire est pleine*, par Roger Lenglet et Jean-Luc Touluy, Éditions First.

d'audit citoyen) et du CADTM France[106], il est l'un des très rares auteurs français à avoir publié plusieurs ouvrages et interventions sur le système bancaire. Il y aborde aussi bien les rapports de l'État avec les banques, les grandes affaires et des questions d'actualité que des pistes de réflexion et des propositions pour un nouveau système bancaire[107]. Au cœur de l'affaire des prêts toxiques[108], il en démonte le mécanisme et met à jour le jeu des banquiers avec les dirigeants de l'État, un jeu où la grande finance tire les ficelles dans l'ombre :

> « Un emprunt toxique se compose de deux parties : l'emprunt et la fameuse structure spéculative à côté, mais il y a trois intervenants. Il y a la banque qui propose l'emprunt, il y a l'emprunteur qui le souscrit – la collectivité ou l'hôpital –, et derrière, il y a un autre acteur qui est dissimulé, qu'on ne voit pas : c'est la banque de contrepartie. C'est la banque qui va assurer la banque prêteuse. Qui sont ces banques de contrepartie ? C'est Goldman Sachs, JP Morgans, UBS... Toutes les banques qui sont impliquées dans différents trafics, qui ont payé des amendes considérables de plusieurs centaines de millions de dollars aux États-Unis ces dernières années[109]. Et ce sont ces banques-là aussi

---

106. CADTM : Comité pour l'abolition des dettes illégitimes. www.cadtm.org.
107. Patrick Saurin est notamment l'auteur de *Ignominie et duplicité de la novlangue macroniste* (décembre 2018), *Que faire des banques ?* (octobre 2018), *Comment socialiser le secteur bancaire* (juin 2018), *Macron et ses juges blanchissent les banques, la justice américaine les fait payer* (mai 2018), *Pourquoi la socialisation du secteur bancaire est-elle préférable au système bancaire privé actuel ?* (mars 2018), *France : ce qu'un gouvernement populaire devrait faire avec les banques* (février 2018), *Après les Panama Papers, les Paradise Papers, voici les Nîmes Papers !* (novembre 2017), www.cadtm.org.
108. *Les prêts toxiques, Une affaire d'État. Comment les banques financent les collectivités locales*, par Patrick Saurin, éd. Démopolis, 2013.
109. Entre 2008 et 2014, les banques étasuniennes ont déboursé 110 milliards de dollars pour solder des procès relatifs aux subprimes tandis que dans le même temps, les banques françaises s'acquittaient de quelques malheureux millions d'euros. Lire sur le sujet *Macron et ses juges blanchissent les banques, la justice américaine les fait payer*, par Patrick Saurin, CADTM, (www .cadtm.org) 6 mai 2018.

> qu'il faut condamner. Cette puissante sphère financière entretient des relations troubles avec les pouvoirs. Ce sont elles qui financent des campagnes électorales, qui font élire des candidat.e.s, et pas simplement aux États-Unis, elles disposent de gros moyens financiers pour emporter des décisions, pour faire aboutir des projets ou ne pas les faire aboutir. On est face à ce puissant réseau qu'il faut casser, ce qui nous amène, au niveau du CADTM et d'autres, je parle aussi pour mon syndicat Sud BPCE[110], à proposer un autre système bancaire, pour changer toutes ces choses-là[111]. »

L'État va-t-il laisser condamner les banquiers prédateurs qui ont conduit des hôpitaux et collectivités aux pires difficultés et leur demander de rembourser les milliards d'euros acquis par des taux usuraires ? Rien de tout cela. L'État va protéger ses banquiers dans un jeu dont le mode d'emploi ne peut être rédigé qu'en français et en anglais. Les « *relations troubles de la puissance financière avec le pouvoir* » vont jouer à fond. Le régime risque d'être mis en cause, les banquiers sont sur la sellette, la maison brûle. « *Une commission sénatoriale avait évalué le risque de pertes au titre de ces emprunts entre 17 et 20 milliards si les juges maintenaient leur condamnation sur le motif du TEG* », le fameux Taux Effectif Global des emprunts avec lequel les banquiers ont joué, se comportant en usuriers pour piquer des milliards aux collectivités et au système de santé publique.

Petits arrangements entre amis

« *L'État a vite fait son calcul* », explique Patrick Saurin. Tout est mis en œuvre pour préserver les grands propriétaires privés de la grande finance qu'il a en charge de protéger : « *Fin 2013, il a décidé de présenter un projet de loi de validation rétroactive des contrats en supprimant le caractère obligatoire de la mention du TEG. Rétroactivement, cela signifiait que cette loi s'appliquait à tous*

110. BPCE : groupe Banque Populaire Caisses d'Épargne.
111. *L'affaire des prêts toxiques : affaire classée ?* Interview de Patrick Saurin, propos recueillis par Anouk Renaud, CADTM, 2 octobre 2018, www.cadtm.org.

les contrats passés. Les collectivités ne pouvaient plus gagner devant les tribunaux et celles qui avaient gagné voyaient leur victoire remise en cause. »

Faire passer une loi qui annule des jugements rendus et en empêche d'autres permettant à des hôpitaux et collectivités d'être rétablis dans leur droit pour une même affaire avec les mêmes intervenants et dans les mêmes conditions, il faut le faire.

En France, c'est possible.

« *Le Conseil constitutionnel, saisi de ce projet de loi, l'a déclaré inconstitutionnel à la fin du mois de décembre 2013.* » Ah ! Vous voyez bien qu'il y a quand même un semblant de justice, un « équilibre des pouvoirs » diront certains. Arrêtez de rêver et voyez plutôt la suite.

« *Le gouvernement s'est retrouvé bien embarrassé* », rappelle Patrick Saurin. Alors qu'a-t-il fait ? « *Il a fait un deuxième projet de loi ! Le même que le premier, en limitant l'aspect "pas nécessaire" du TEG uniquement aux acteurs publics locaux, c'est-à-dire qu'il a laissé de côté les entreprises, les particuliers... Il a dit : "voilà, on reprend le même projet, mais ça ne concernera que les collectivités locales, les hôpitaux, etc. tout ce qui est public"* ». Du sur mesure pour protéger les banquiers.

Se produit alors un miracle que seul le Conseil constitutionnel, organe du pouvoir central, peut accomplir : « *Le Conseil constitutionnel, alors qu'il aurait dû ne pas le valider – car il y avait un autre élément discriminant puisqu'on laissait de côté tout ce qui concerne la sphère privée – a validé cette loi.* » Un vrai tour de passe-passe au mépris de la logique, de la justice et de la Constitution de la République dont l'article premier « *assure l'égalité devant la loi de tous les citoyens* ». « *De ce fait, l'État s'est retrouvé gagnant à chaque fois qu'il passait en justice, et tous les procès précédents ont été en quelque sorte annulés puisque l'État pouvait se prévaloir de cette loi rétroactive, c'est-à-dire qui valait pour le passé* », fait observer Patrick Saurin.

À l'époque de ces faits, François Hollande préside aux longues funérailles de la France aux sons de l'arrangement de « L'Ode à la joie » de l'Union « européenne ». L'assistent dans cet enterrement de première classe qui n'en finit pas son Premier ministre, Jean-Marc Ayrault, et son ministre de l'Économie et des Finances, Pierre Moscovici, qui enchaînent le pays aux recommandations de Bruxelles, et ses conseillers.

L'un d'entre eux, issu de la banque Rothschild & Cie., connaît bien le dossier des emprunts toxiques pour l'avoir suivi sous tous ses angles : d'abord comme conseiller du président Hollande, alors qu'il est Secrétaire général adjoint du cabinet de la présidence de la République, puis comme ministre de l'Économie, de l'Industrie et du Numérique à partir du mois d'août 2014. Michel Sapin, ministre des Finances et des Comptes publics du moment, et ce ministre, un certain Emmanuel Macron, écriront d'une seule main une fable publiée sous le titre *« Loi pour la croissance, l'activité et l'égalité des chances économiques »*, dite « loi Macron »[112]. Vous connaissez la suite : décroissance, désindustrialisation, chômage, inégalités sociales et précarité.

Cette politique du pire conduit des associations et organisations comme la Fondation de France à se transformer en véritables collecteurs de fonds pour compenser – très modestement – le désengagement continu de l'État au profit de grands groupes privés de la finance.

---

112. Loi n° 2015-990 du 6 août 2015 pour la croissance, l'activité et l'égalité des chances économiques.

CHAPITRE 3
POUR VOTRE SANTÉ, PLANTEZ DES TULIPES

L'avez-vous constaté ? Dans la France de Louis Pasteur, de Marie Curie, d'Ambroise Croizat, le ministre communiste du Travail et de la Sécurité sociale (1945-1947) qui fonda la Sécurité sociale et le système des retraites, de Jean Rostand et de tant d'autres pionniers de la prévention sociale et de la science médicale, la santé est en ruines.

Selon les dernières statistiques de l'Ordre des médecins, au 1er janvier 2018, la France comptait 296 755 médecins généralistes et spécialistes en activité. Avec 3,20 médecins pour 1 000 habitants en 2017, la France continue de régresser en regard des besoins de la population pour se soigner. Une étude de la Direction de la recherche, des études de l'évaluation et des statistiques (Drees), direction de l'administration centrale des ministères sociaux (Solidarités et santé, Travail, Action et Comptes publics), souligne que « *la densité standardisée diminuerait de 3,21 à 3,06 médecins pour 1 000 habitants entre 2015 et 2023 et stagnerait autour de ce point bas – qui constitue un minimum depuis 1991 – jusqu'en 2025, amorçant ensuite une remontée pour retrouver en 2032 le niveau de 2015* »[113]. Donc, si tout va « bien », la France

113. Direction de la recherche, des études de l'évaluation et des statistiques, *Études & Résultats, Les médecins d'ici à 2040 : une population plus jeune, plus féminisée et plus souvent salariée*, numéro 1011, mai 2017, p. 5.

retrouvera en 2032 le minima de… 2015, avec des besoins en soins bien supérieurs et des infrastructures de la santé encore plus amoindries ! Et s'il devient de plus en plus difficile de trouver un médecin, c'est que les 94 261 médecins généralistes en activité régulière de 2010 ne sont plus que 87 801 en 2018.

La tendance à la baisse devrait se poursuivre pour atteindre 81 804 médecins généralistes en 2025. D'ici là, tenez bon. Sinon, pas de soucis : les pompes funèbres à bas prix poussent comme des champignons. Ecoplus Funéraire, Révolution-obsèques, Roc Eclerc… Le cercueil à 1 250 € en pin, ou mieux, « écolo », en papier mâché, carton ou bambou. Ça crame vite fait, mais bien fait[114]…

7 Français sur 10 renoncent à se soigner

Régression du nombre de médecins, fermetures de structures de soins, de maternités, de services d'urgence, privatisation de secteurs entiers de la recherche, étranglement financier des hôpitaux, restriction de remboursements de médicaments, augmentation des tarifs des assurances mutuelles… Les résultats de cette politique qui se poursuit parlent d'eux-mêmes : en 2010, 36 % d'entre vous – dont la moitié des 25-34 ans – avaient déjà renoncé à des soins ou décidé de les reporter au cours des dernières années[115].

Pour se soigner, reste les marabouts, les voyants extra-lucides et les médias mainstream… Aléatoire, très aléatoire avec effets indésirables garantis : dépendance, somnolence, endormissement, vertiges, troubles du raisonnement et de la mémoire, maux de tête…

Quatre ans plus tard, selon son enquête réalisée par l'Observatoire de l'accès aux soins 2014 en partenariat avec l'Ifop (Institut français d'opinion publique), *« 70 % des Français ont déjà renoncé aux soins en 2014 »*. 67 % en raison des délais avant d'obtenir un rendez-vous (la proportion était de 58 % en 2011), 46 % en raison du coût de la consultation et 32 % du fait de l'éloignement

---

114. Source : RTL, rédaction numérique 22/06/12. *La ville de Paris lance un service de funérailles « low cost »*.
115. Sondage réalisé par le Collectif Inter associatif sur la santé, octobre 2010.

géographique. En moyenne, un patient doit attendre 51 jours pour espérer obtenir un rendez-vous chez un spécialiste[116].

Chiffres confirmés et amplifiés en avril 2018 par une nouvelle enquête réalisée par l'institut BVA pour la Fondation April : 7 Français sur 10 renoncent à se soigner pour des raisons financières, l'impossibilité de trouver un médecin ou des délais d'attente trop longs : « *Face à la difficulté rencontrée, plus des deux tiers des Français concernés ont abandonné l'idée de s'adresser à un professionnel de santé (68 %). 51 % d'entre eux ont renoncé à se soigner et 27 % ont pratiqué l'automédication (notamment les 18-24 ans : 45 %)* », indique l'institut[117]. Pour la Fédération des médecins de France (FmF), les « déserts médicaux » parfois évoqués sont déjà dépassés : « *La vraie question, observe la FMF, est que les Français n'ont plus accès aux soins sur une partie tellement large du territoire qu'il vaudrait mieux parler d'oasis médicales là où les soins sont encore assurés. Contraints ou surpayés, les jeunes médecins n'iront pas travailler 45 heures par semaine dans un endroit où il faut 6 mois pour avoir un rendez-vous avec un neurologue ou 3 mois pour un cardiologue. Ni dans un endroit où il n'y a ni école, ni poste, ni transport en commun.* »

Les propositions de la FmF « *sont sur la table depuis plus de 10 ans* » sans que les représentants des médecins qui consacrent leur vie à la santé des Français puissent être entendus par les députés[118]. Mais pourquoi les représentants des médecins de France seraient-ils entendus alors que la politique de la santé, comme toutes les autres, se décide dans les organisations de l'Union « européenne », loin de votre avis ?!

Un exemple rural d'abandon des services de l'hôpital public.

Bernay, bourgade de 15 000 habitants dans l'Eure. Agnès Buzyn, « sinistre » de la santé du moment, que l'on ne vous présente pas, a confirmé sa volonté de

---

116. Source : Jalma, Observatoire de l'accès aux soins Jalma/Ifop 2014. Communiqué de presse du 2 février 2015.

117. Source : *Les Français et le renoncement aux soins*, étude de la Fondation April réalisée avec l'institut BVA, 6 avril 2018, www.bva-group.com.

118. *Le PLFSS est aux déserts médicaux ce que Donald Trump est au climat*, par Jean-Paul Hamon, Fédération des médecins de France (FmF), 18 décembre 2017. Lire les propositions de la FmF sur le site www.fmfpro.org.

fermer la maternité le 18 février 2019. Elle ose déclarer : « *Ce n'est pas une fermeture. Il n'y aura plus l'acte d'accouchement, il y aura tout le suivi de grossesse qui sera de très grande qualité* ». Sans blague ! Sous des tentes Quechua ? Original. Vous là-bas, oui vous, où êtes-vous né ? Sous une tente, devant l'hôpital. Excellent démarrage dans la vie[119]… En 2018, dans le seul département du Lot, 17 femmes ont accouché sur le bord de la route faute de maternité de proximité.

D'ailleurs, le feuilleton de l'ex-ministre Buzyn continue jour après jour. En effet, depuis le 1er novembre 2019, les pauvres ont encore pris un coup derrière la calebasse. Presque pire qu'un coup de matraque des « distributeurs automatiques casqués » du samedi. C'est peu dire. Sonnez buccins et trompettes !

Le 25 septembre 2019, la « sinistre » de la Santé présentait à l'Assemblée nationale la nouvelle Complémentaire Santé Solidaire (CSS), remplaçant la CMU (couverture maladie universelle) et l'ACS (aide complémentaire santé). Objectif, et nous citons : « *(…) La couverture sociale ouverte aux plus modestes : combattre le non-recours aux soins… Une vaste campagne d'information sur le web, les ondes radio et les réseaux sociaux…* »[120]

Grande partition en bémol majeur pour pipeau et violon – les deux seuls instruments dont les membres de La Régression En Marche sont des virtuoses accomplis. Car, en effet, pour ce qui est des informations largement diffusées, vous repasserez, chère Agnès Buzyn. Un exemple parmi de nombreux autres : une personne se rend chez son dentiste pour se faire poser une prothèse dentaire. Mais elle a été priée d'attendre, car au niveau remboursement, c'est le flou intégral. Pourtant, cela faisait quatre mois que cette « grande » réforme était passée. Qui peut en bénéficier et dans quelles conditions ? Nous vous branchons sur notre décodeur, car c'est quand même assez touffu. À l'image des décisions d'énarques.

---

119. *Maternité de Bernay : Agnès Buzyn confirme la fermeture*, L'Éveil Normand, 18 février 2019.

120. *Agnès Buzyn veut encourager les plus pauvres à se soigner*, Libération, 15 octobre 2019.

Ainsi, un couple de retraités de 70 ans touche 1 400 € par mois de retraite. Trop haut pour bénéficier de la CMU-C (couverture maladie universelle complémentaire), car ce revenu dépasse le plafond qui est de 1 245 € par mois. Non, vous ne rêvez pas, nous sommes bien en France dans un pays soooocial de gooooche-droite, variété hybride LREM. En revanche, ils pouvaient bénéficier de la CMU et de l'ACS. Pour cette dernière, l'État leur envoyait un chèque d'environ 1 100 € qui correspondait à une mutuelle de base. Ce chèque étant bien entendu non encaissable par les retraités. Cette mutuelle gratuite ne remboursait pas beaucoup, mais au moins, les deux retraités étaient couverts. De toute façon, si vous voulez être bien remboursé par une mutuelle, il faut y mettre le prix.

La CSS est présentée de façon pernicieuse, comme d'habitude. Selon la « sinistre » de la Santé, les garanties seront alignées sur celles de la CMU-C. Entièrement faux dans le cas de nos deux retraités, puisqu'ils ne peuvent pas bénéficier de la CMU-C. Et cerise sur le gâteau, ils viennent de perdre la CMU et l'ACS. Merci, Arnaque Buzyn. En revanche, ils ont gagné une CSS qui sera payante. Il n'y a pas de petits profits au sein de La Régression En Marche.

À peine 1 € par jour, clame Agnès Buzyn. Vu sous cet angle, cela paraît insignifiant. Mais cela fait 25 € par mois pour un senior entre 60 et 69 ans, et 30 € par mois à partir de 70 ans. Pour ce couple de retraités, ils devront casquer 60 € par mois, soit 720 € par an. Pas mal, pour une mutuelle qui ne couvrira rien de plus que la mutuelle de base qu'ils avaient avec l'ACS et qui était financée par l'État ! Pas belle la vie ? Le racket des vieux selon le Macronavirus. Évidemment, tous les articles des médias mainstream vous présentent cette réforme comme une avancée spectaculaire. Un vrai « coup de pouce » aux pauvres. Levé le pouce, ou inversé ?

C'est donc bien l'abandon de la mission de santé publique que réalise le gouvernement LREM sur recommandations de l'Union « européenne » au nom du « *marché libre et concurrentiel* ». À l'opposé des intérêts des acteurs de la santé publique, il y a ceux, très privés et égoïstes, des grands propriétaires de la finance et de l'économie, qui profitent de cette « solidarité » ordonnée par Bruxelles. Vive les lobbies patronaux !

Fonds publics pour monstres financiers

« *Depuis le soutien à la recherche jusqu'à la prise en charge des dépenses de santé, une proportion importante des profits réalisés par l'industrie pharmaceutique provient en dernière instance des contribuables et des assurés sociaux* », rappelle Olivier Petitjean dans le projet *Pharma Papers* du site Internet *Bastamag.net*[121].

« *Côté pile, l'industrie pharmaceutique est une championne du marché libre, de l'initiative privée et de la finance. Le cours en bourse des poids lourds du médicament atteint des records, de même que les dividendes et les rémunérations patronales. Côté face, cependant, les fabricants de médicaments sont soutenus à bout de bras par les pouvoirs publics et la collectivité, à tous les niveaux de la chaîne de valeur et de distribution* », observe-t-il. Et, s'il est « *difficile de donner des chiffres précis et fiables, notamment parce que les laboratoires préfèrent garder le maximum de discrétion sur cette dépendance* », bien peu d'enquêtes sont menées et d'informations diffusées sur les largesses de l'Union « européenne », de l'État et de collectivités locales françaises au profit des ces groupes capitalistes. « *Pourtant,* rappelle-t-il, *ce sont bien les fonds publics, et non la "main invisible du marché", qui leur assurent des profits garantis d'année en année.* » 1 000 milliards d'euros de profits en vingt ans : voilà comment les labos sont devenus des monstres financiers ![122]

---

121. *1 000 milliards d'euros de profits en vingt ans : comment les labos sont devenus des monstres financiers*, par Olivier Petitjean, *Pharma Papers*, 16 janvier 2019. www.bastamag.net/webdocs/pharmapapers.

122. Lire *1 000 milliards d'euros de profits en vingt ans : comment les labos sont devenus des monstres financiers*, par Olivier Petitjean, Parama Papers, 16 janvier 2019. L'article, dont la lecture est vivement recommandée, est accessible par Internet sur le site www.bastamag.net/webdocs/pharmapapers. Influence, opacité, prix exorbitants de certains médicaments, liaisons dangereuses avec des députés et les médecins… À travers des données inédites, des enquêtes et des reportages, les « Pharma Papers » mettent en lumière tout ce que les labos pharmaceutiques préféreraient que les patients et les citoyens ne sachent pas : les immenses profits qu'ils amassent chaque année aux dépens de la Sécurité sociale et des budgets publics en instrumentalisant médecins et décideurs.

Une vraie danse macabre rythmée par les ordonnances de la Commission « européenne » qui crée les conditions afin que les sociétés transnationales fassent main basse sur les secteurs les plus rentables de la santé publique ! Les laboratoires pharmaceutiques comme Pfizer, Merck, Abbott, Johnson&Johnson, Sanofi et autres sont au premier rang des profiteurs. Passés maîtres dans l'art d'accumuler les profits sur le dos des pouvoirs publics et des systèmes de Sécurité sociale, ils recourent aux places financières offshore pour faire fructifier les profits qu'ils réalisent au détriment du développement économique, de l'ensemble du système de santé publique et, par voie de conséquence, de la santé des Français[123]. « *Une stratégie d'évitement fiscal prisée des labos consiste à localiser leurs brevets et leurs marques dans des pays à taxation basse* », observe Olivier Petitjean, s'appuyant sur un rapport de l'Ong Oxfam International[124]. Les manœuvres, à la limite de la légalité et parfois frauduleuses, de dirigeants de grands groupes les obligent à la plus grande discrétion. En France, l'omerta est la règle sur les rapports entre les financements publics et les grands groupes privés.

Mendiants de la honte

Jouant sur votre sensibilité face à la maladie, une multitude d'associations vous sollicite par des campagnes de collectes de fonds pour financer la recherche médicale. Le Lion's Club vous invite à planter des tulipes, l'Institut Curie des jonquilles, un club Rotary abandonne, en pleine crise sanitaire, une action menée avec le Secours Populaire Français pour l'installation du premier Relais Santé du Lot, la Fondation Hôpitaux de Paris-Hôpitaux de France collecte les pièces jaunes… De la solidarité active à la fabrique de bonne conscience, le pas est vite franchi. Même Brigitte Macron s'en mêle. Au lieu

123. *Un coup de gueule vaut mieux que faire la gueule*, par Claude Janvier, éd. Du Net, ch. *Les laboratoires pharmaceutiques ne connaissent pas la crise.*
124. Rapport Oxfam, *Prescription for Poverty, Drug companies as tax dodgers, price gougers, and influence peddlers*, (Prescription pour la pauvreté, sociétés pharmaceutiques comme escroqueries fiscales, arnaqueurs de prix et colporteurs d'influence), septembre 2018. *Quand les revenus du médicament atterrissent dans les paradis fiscaux*, par Olivier Petitjeran, www.bastamag.net, *Pharma Papers*, 16 janvier 2019.

d'appeler à débloquer des fonds pour les hôpitaux, elle préfère lancer l'appel à la collecte des pièces jaunes[125]. Moins risqué, et puis cela redore le blason du couple présidentiel. Car, depuis Bernadette Chirac, personne n'avait repris le flambeau. Carla Bruni avait d'autres chats à fouetter et Flamby-le-bricoleur n'avait pas convaincu Julie Gayet de monter sur les planches pour se faire mousser avec l'opération. Ouf, nous voici rassurés, tout est rentré dans l'ordre.

Toutes dépensent d'importants budgets de communication pour lancer leurs appels aux dons. N'est-il pas honteux de voir une question aussi importante que la santé rabaissée à la charité publique quand pas un seul des dirigeants de ces associations organisant ces opérations cosmétiques de mendicité ne dénonce la régression continue du budget de l'État pour la santé publique face aux besoins ?

Quand pas un seul d'entre eux ne s'attaque aux détournements de fonds publics qui sont destinés à la recherche médicale par des sociétés transnationales et autres organismes privés ?

Quand, **depuis 2005, les établissements de santé, qu'ils soient publics ou privés, se sont vus imposer près de 9 milliards d'euros d'économie par les politiques gouvernementales successives en application des recommandations de la Commission « européenne » ?**

Que le nombre de maternités n'a cessé de diminuer de fermeture en fermeture, passant en France métropolitaine de 1 396 en 1975 à 814 en 1996, puis à 518 en 2014, à 497 en 2016 ?[126]

Et que la même politique frappe également d'autres structures de soins de proximité, les services d'urgence, les lits d'hôpitaux ? « *Votre don (...) permet*

125. *Pièces jaunes : un premier direct un brin crispé pour Brigitte Macron sur TFI*, Le Parisien, 8 janvier 2020.
126. Ministère des Solidarités et de la Santé, Direction de la recherche, des études, de l'évaluation et des statistiques (Drees), *Les établissements de santé*, Drees, édition 2016, ch. *La naissance : les maternités*, p. 137. *Comment la fermeture des petites maternités menace la santé des mères et de leurs enfants*, par Rozenn Le Carboulec, Bastamag ! 7 juin 2017, www.bastamag.net. Et : *Les maternités en 2016*, Drees, *Études & Résultats*, n° 1031, octobre 2017.

aux chercheurs d'aboutir au plus vite à des traitements toujours plus efficaces », écrit Axelle Davezac, directrice générale de la Fondation de France, dans un courrier de prospection qu'elle adresse en mars 2019 à de potentiels donateurs. Voici donc la recherche médicale, activité essentielle dans la lutte contre les maladies, rabaissée pour partie au bon vouloir d'hypothétiques donateurs. Il faut bien compenser la part de vos impôts destinée à la recherche médicale et à la santé qui se perd dans les circuits offshore opaques de la comptabilité de sociétés transnationales…

La grande messe du Téléthon

Au diable les pauvres ! Un petit don de temps en temps, juste histoire de se donner bonne conscience, ça rassure. Comment ne pas citer ce phénomène de foire qu'est le Téléthon, véritable institution de charité publique, organisé depuis 1987 par l'Association française contre les myopathies (AFM). L'objectif de cette grande campagne annuelle relayée par les médias, élus, institutions et autres associations est de financer des projets de recherche sur les maladies génétiques neuromusculaires (myopathies, myotonie de Steinert) et sur d'autres maladies génétiques rares. Cette campagne, parmi de nombreuses autres, n'existe essentiellement qu'en raison du fait que l'État abandonne l'une de ses plus importantes missions, la santé publique et la recherche, au profit de la guerre.

Dans un État où la santé est une affaire publique, une priorité d'action, un souci constant pour le bien-être des citoyens, nul besoin de tendre la main pour faire fonctionner des structures de soins, financer la recherche, assurer la gratuité de la médecine. C'est le cas de Cuba, de l'Autriche, de la Fédération de Russie, de la Suède, de la Norvège ou de la Suisse, qui ont les systèmes de soins parmi les plus performants au monde ; pas celui de la France et encore moins celui des États-Unis, où ces droits de l'homme et du citoyen n'ont jamais été aussi malades. Le cœur sur la main, des associations multiplient les initiatives pour s'efforcer de compenser la désertion de l'État et tenter de redonner le moral à la santé. Pour la recherche sur le cancer, les unes plantent des tulipes, pour les enfants handicapés, d'autres cherchent leurs petites pièces jaunes, et pour le Téléthon, « événement populaire unique », ils sont 5 millions à « *s'unir autour des malades et de leurs familles et à leur témoigner solidarité et soutien* ». C'est bien.

Organisateurs, bénévoles, donateurs passent à la télé avec plein d'artistes en manque de pub. C'est beau. Comme un DiCaprio, l'artiste multimillionnaire, lorsqu'il va manger dans un restaurant aidant les sans-abris pour verser son aumône aux pauvres en saluant son public[127]. Le drame est que plus les Français téléthonnent, plus ils se portent mal. Mais ne désespérez pas, les consultations télévirtuelles vous soigneront à distance… Continuez de donner votre argent, car grâce à vous, l'avenir s'annonce enfin « radieux ». Tout le prêt-à-penser médiatique se presse pour l'occasion autour de la noble cause de la lutte contre les maladies en se gardant bien de vous dire comment et surtout pourquoi un tel spectacle a pu être mis en scène. Ils vous arrachent parfois des larmes, mais surtout des euros.

Inspiré d'un concept étasunien qui rabaisse la lutte contre les maladies à la mendicité faute d'un budget de la santé publique et de la recherche médicale digne d'un État moderne et civilisé, le Téléthon a des effets aussi importants sur la cause en question que son homologue étasunien. Une « grande émission » pour un « grand pays ». Tellement « grand » et « uni autour des malades et de leurs familles » qu'au moment où ces lignes sont écrites, 7 Français sur 10 renoncent à se soigner pour des raisons financières, l'impossibilité de trouver un médecin ou des délais d'attente trop longs[128].

Merci le Téléthon. Plus tu collectes pour faire reculer la maladie moins ceux qui la combattent ont de moyens pour en venir à bout et plus les malades sont en difficulté. Du reste, pour redonner du souffle à la Santé, sans doute êtes-vous de ceux qui ont porté l'un de ses réducteurs LREM du budget santé à la tête de l'État ?

Ce n'est pas pour rien, rappelle Olivier Petitjean, que « *le Medef et l'Afep (Association française des entreprises privées qui représente le CAC40) ont fait de la lutte contre la transparence fiscale l'un de leurs principaux chevaux de*

---

127. *DiCaprio déjeune dans un restaurant qui aide les sans-abris*, BFM TV, 17 novembre 2016.

128. Enquête réalisée par l'institut BVA pour la Fondation April, avril 2018.

bataille, aussi bien au niveau français qu'à Bruxelles »[129]. La Fondation de France semble appliquer à la lettre les consignes de ces deux organisations qui n'aiment pas que l'on mette le nez dans leurs comptes.

Une fondation très… fructivore

La Fondation de France, reconnue d'utilité publique (Frup), dispose en son sein d'un observatoire des fonds et fondations « *qui se veut exhaustif* » et qui recensait 4 071 fondations en activité en 2014. Est-ce d'avoir côtoyé les directions financières de plusieurs grands groupes, dont celle de la division électronique Europe de l'équipementier étasunien Johnson Controls, qui a donné à Axelle Davezac le goût du secret ?

Toujours est-il que, curieusement, lors d'une enquête diligentée en avril 2017 par l'Inspection générale des finances, elle ne se montrera pas aussi « transparente » et « rigoureuse » que les statuts et la communication de la fondation le prétendent : « *la Fondation de France a refusé de communiquer à la mission le détail des informations collectées par ses soins* », écrivent les enquêteurs dans leur rapport[130].

On imagine mal qu'une organisation comme la Fondation de France, dont la gestion serait irréprochable, dissimulerait des éléments de son activité aux enquêteurs de l'Inspection générale des finances. Alors, que cherche à cacher cette grande collectrice de donations ? Ce secret serait-il lié aux origines de certaines sommes importantes qui transitent dans sa comptabilité ? À leur devenir ? À moins qu'il ne s'agisse de leur éventuel placement, pour une partie d'entre elles, dans des comptes offshore ainsi que le pratiquent les sociétés du CAC40 du secteur médical et pharmaceutique avec leurs bénéfices ? Il appert dans le document publié suite à leur enquête « *qu'en 2013, le secteur des*

---

129. *Comment les professionnels de l'évasion fiscale noyautent les institutions européennes*, par Olivier Petitjean, www.bastamag.net, 11 juillet 2018.
130. *Le rôle économique des fondations*, par Alexandre Jevakhoff, Inspecteur général des finances, et David Cavaillolès, Inspecteur des finances, rapport n° 2017-M-008, ministère de l'Économie et des Finances, Inspection générale des finances, p. 9, avril 2017.

fondations (hors Fonds De Dotation - FDD) représente 21,9 Md€ d'actifs (NdA : bien lire, chers donateurs, 21,9 milliards d'euros...) *en progression de 129 % par rapport à 2001* ». Suivant sans doute le proverbe breton selon lequel « *il pleut toujours où c'est mouillé* », les grosses fondations comme la Fondation de France contrôlent la très grande majorité de ces actifs : « *Le secteur des fondations est concentré autour d'un nombre restreint de structures de taille très importante : d'après la Fondation de France, 2 % des fondations détiennent 58 % des actifs et 13 % des fondations détiennent 92 % des actifs* », rapporte la mission de l'Inspection générale des finances.

La Fondation de France est elle-même au cœur d'un vaste réseau puisqu'elle gère, sous la surveillance de son comité financier, les capitaux de 841 fondations abritées sous son égide « *en plus de sa trésorerie et de ses fonds propres* »[131].

Quand elle arriva à la tête de l'ARC, « *la directrice financière importa des méthodes du privé désormais largement répandues dans l'économie non marchande : process de performance, flexibilité, qualité et, au besoin, fermeture des activités qui ne portent pas leurs fruits* », écrit le journaliste Jean-Baptiste François dans un portrait d'Axelle Davezac qu'il rédige à l'occasion de son arrivée ensuite à la présidence de la Fondation de France[132].

« *Process de performance* », « *flexibilité* » et « *au besoin fermeture des activités qui ne portent pas leurs fruits* »... On ne sait si le journaliste en question est « *flexible* », mais sa « *performance* » ne va pas jusqu'à faire partager aux lecteurs la corbeille de fruits de ces grands dirigeants de « *l'économie non marchande* ». « *Leurs fruits* » ? N'est-ce pas là assimiler un organisme de solidarité nationale dédié à la lutte contre la maladie à une entreprise privée gérée par les seuls critères de rentabilité financière ? Il est donc « normal » que dans ce système des fondations « *aux méthodes du privé* », système qui, rappelons-le quand même, n'existe essentiellement que par l'engagement *bénévole* de ses membres, les dirigeants qui encadrent le travail des 1,8 million

131. Fondation de France, gouvernance, 2019.

132. *Axelle Davezac, le collectif comme devoir personnel*, La Croix, 10 septembre 2016.

d'emplois à temps plein, mais surtout très partiel, s'octroient, eux, de très beaux « *fruits* » bien « *juteux* ».

La seconde édition de l'étude sur les rémunérations individuelles dans les organisations d'intérêt général publiée en décembre 2016 par les cabinets d'audit Deloitte et Taste en témoigne.

Analysant près de 50 000 bulletins de paie au sein de 60 organisations d'intérêt général, cette enquête constate que les rémunérations totales *moyennes* varient de 23 500 € brut annuels (soit 1 960 € brut sur 12 mois) à 97 000 € (8 084 € brut) avec des salaires pouvant aller jusqu'à 137 700 € (11 417 € brut mensuels) pour les cadres dirigeants[133]. Mangent pas souvent des pâtes non plus, ceux-là… À titre de comparaison, les praticiens hospitaliers qui soignent et sauvent chaque jour la vie de personnes dans des conditions de plus en plus difficiles émargent à 3 815 € au premier échelon et à 6 629 € au 13e, après 25 ans de carrière[134].

Mais « rassurez-vous » : si vous perdez la santé et que vous avez le moral dans les godasses devant les problèmes qui s'aggravent, que votre médecin spécialiste vous demande deux mois d'attente pour une consultation urgente, six mois pour une opération ou que votre traitement médical est trop cher, vous pouvez toujours planter des tulipes… Ou réserver votre future cérémonie funéraire à bas prix à la Ville de Paris. Maire de Paris, dame Hidalgo a dragué profondément les Parisiens pour plus de confort dans « *le monde d'après* »[135]… Nul besoin du SRAS-CoV-2 et de sa Covid-19 pour constater que bien avant la crise sanitaire, les difficultés se cumulent et s'accumulent pour les professionnels de la santé comme pour les malades du fait de la politique gouvernementale.

Malgré les promesses électorales des uns et des autres, tout s'aggrave. La raison en est simple : aucun parti politique ne propose de dégager

---

133. *Étude sur les rémunérations individuelles, Organisations d'intérêt général*, Observatoire Capital humain, cabinets Deloitte et Taste, deuxième édition, décembre 2016.

134. *Salaires des médecins en France*, par Delphine Loez, GMF, 22 août 2018.

135. *La Ville de Paris lance un service de funérailles « low cost »*, rédaction de RTL avec AFP, 22 juin 2012.

radicalement l'État des puissances financières et des lobbies des sociétés transnationales qui, comme nous l'avons vu, se servent dans ses caisses pour augmenter leurs profits pharaoniques ou compenser leurs pertes au détriment du pays et de la population.

Là encore, aucun parti politique ne propose de restructuration du secteur bancaire *à la hauteur des enjeux* afin de mettre la banque et la grande finance au service du pays et de son développement économique et social. Ce ne sont plus des partis politiques, mais des cloîtres ! Un lourd silence religieux règne sur cette question essentielle : mettre la grande finance et la banque au service du développement économique et social, de l'intérêt général sous contrôle démocratique.

Bien au contraire, les privatisations s'accélèrent et le tissu économique et social français continue de s'appauvrir. Il s'en suit partout une réduction drastique du service public : moins de professionnels et de moyens pour la santé, moins d'enseignants et de classes pour l'éducation, moins de dotations pour le développement des collectivités territoriales, moins d'effectifs et de moyens pour les sapeurs-pompiers, la protection civile, la police, les douanes, moins de magistrats, de tribunaux et de moyens pour la justice.

Voilà bien les conséquences de la crise, de leur crise, que les dirigeants français vont s'efforcer de vous dissimuler avec la crise sanitaire de 2020 qui résulte de leur propre politique.

CHAPITRE 4
CAMOUFLAGE

Côté service après-vente de la gestion de la crise sanitaire gouvernementale, vous êtes servis. Tout le petit monde médiatique parisien se retrouve dans vos journaux – pour ceux qui en lisent encore –, sur les écrans TV – pour ceux qui les allument toujours au moment des JT et émission spéciales dans lesquelles se succèdent président et membres du gouvernement – et sur les ondes. Flagorneurs et hautains, se donnant des airs doctes pour masquer le vide de leurs discours, ces éditocrates que Balzac stigmatisait comme des rienologues vous jouent quotidiennement la partition de la communication officielle de l'Élysée. Jamais dans son histoire, exception faite des années noires de la dictature de Vichy, la presse française ne s'est avilie à ce point.

« *Virus chinois : l'économie grippée* », « *Celui-ci provoque une contagion sur l'économie mondiale* » assure *BFM TV*[136] dès le mois de février 2020, « *Macron tente de juguler les conséquences économiques de la crise du coronavirus* » (*Le Figaro*, 11 mars 2020), « *Le coronavirus provoque "les pires conséquences économiques" depuis 1929, prévient le FMI* » (*L'Obs*, 9 avril 2020), « *Covid-19 :*

---

136. *Virus chinois : l'économie grippée*, Focus Première, du jeudi 6 février 2020 sur BFM TV.

des pertes abyssales pour l'économie française » (*La Tribune*, 20 avril 2020), « *Comment la crise économique se dessine derrière la crise sanitaire* » (*RTL*, 21 avril 2020), « *Famine, chômage, crise économique... Les plaies du coronavirus* » (*RT France*, 22 avril 2020), « *Les jeunes Européens dépriment* » (*Les Échos*, 26 mai 2020), « *L'économie mondiale à l'arrêt* » (*L'Express*, 27 mai 2020), sur le plateau de *BFM TV*, Bruno Jeudy applaudit à l'intervention d'Emmanuel Macron « *positionné en père de famille (...) en première ligne de cette guerre sanitaire* » (*BFM TV*, 16 mars 2020), sur celui de *France 5*, Jean-Michel Aphatie « *s'étonne des critiques qu'on adresse au gouvernement* » (*France 5*, *C l'hebdo*, 28 mars 2020), dans *Le Parisien*, un certain Nicolas Charbonneau, sans doute ancien stagiaire du service Communication du cabinet du Premier ministre, s'élève contre toute « *désunion nationale* », etc.

Jour après jour, la plupart des médias vous inculquent l'idée que la maladie Covid-19 est responsable de la crise économique et financière. Il est quand même assez cocasse de voir ceux qui ont contribué à détruire le système de santé publique déclarer que les 29 700 personnes décédées en France à la fin mai 2020 (499 913 au niveau mondial)[137]., dont, par ailleurs, personne ne peut vraiment dire combien sont réellement mortes de la Covid-19, auraient mis l'économie en péril. On peut du reste s'étonner au passage que des épidémies et pandémies bien plus importantes par le nombre de personnes infectées et décédées n'aient pas grippé l'économie plus tôt et de manière plus importante... Selon une étude de l'OMS publiée en mai 2018, la pollution de l'air tue chaque année, par les maladies qu'elle provoque (cancer du poumon, AVC, infarctus, maladies pulmonaires), près de 7 millions de personnes qui respirent un air trop chargé en particules fines. L'économie s'arrête-t-elle de tourner pour autant ?

Sans doute faut-il rappeler également que les mêmes dirigeants atlantistes de certains États membres de l'Union « européenne », dont la France, ont bloqué l'économie en confinant tardivement les populations faute de personnels soignants, de structures de soins suffisantes et d'équipements sanitaires

137. *OMS, Coronavirus disease (Covid-19)*, Situation Report 161, 29 juin 2020.

immédiatement disponibles (kits de tests, masques, gel hydroalcoolique, respirateurs, etc.) ? Et que cette situation n'est pas le fait de « la main invisible du marché » ou d'une quelconque crise sanitaire spontanée, mais bien *la conséquence directe* de leur politique, la Macronavirus, menée depuis des décennies au nom de la « rigueur budgétaire », de la « libéralisation des marchés » et de « l'Union européenne qui protège ».

La crise économique et financière existait bien avant l'apparition de la Covid-19, jusqu'à devenir structurelle, touchant tous les aspects de la société : économique, financier, social, culturel, moral. Les responsables de cette crise ? Les grands propriétaires privés de la finance et de l'économie qui tiennent les principaux moyens de financement, de production et d'échanges et leurs représentants à la tête de l'État. Ceux-là mêmes qui, tels les gros actionnaires des sociétés transnationales de l'indice boursier CAC40, profitent de plus de 200 milliards d'euros d'aides publiques directes et indirectes annuelles pour fermer les usines rentables, les délocaliser, jeter des millions de salariés au chômage – jusque dans les salles de rédaction, mais oui… – tout en s'enrichissant de manière insolente sur le dos des entreprises et du pays : « *Les actionnaires des groupes du CAC 40 n'ont jamais été aussi bien rémunérés. En 2019, les champions de la cote parisienne leur ont redistribué plus de 60 milliards d'euros* », indiquait, début janvier 2020, la journaliste Sophie Rolland alors que la pandémie se déclarait[138].

Mais non. Eux n'y sont pour rien !

Pour les politiciens des « champions de la cote parisienne » du CAC 40, la crise, c'est la faute de la Covid-19 !

C'est Bruno Le Maire, le « sinistre » de l'Économie du moment, qui vous le dit à longueur d'interventions médiatiques avec ses semblables de La Régression En Marche (LREM) : « *La France va sans doute connaître en 2020 sa pire année de récession économique depuis la fin de la Deuxième Guerre mondiale* **à cause**[139] *de l'épidémie de Covid-19* ». Comment mieux dire que la

138. *CAC 40 : versements records aux actionnaires en 2019*, par Sophie Rolland, Les Échos, 9 janvier 2020.
139. Souligné par les auteurs.

Covid-19 donne au président Macron l'occasion de masquer ses responsabilités dans l'aggravation de la crise financière, économique et sociale ? D'autant que bien avant cette pandémie, Emmanuel Macron a lui-même contribué directement pendant plusieurs années à la politique de désindustrialisation et de régression sociale. Conseiller du président Hollande, puis ministre du gouvernement Valls, il a travaillé à la privatisation de pans entiers de l'économie et même à la *donation*[140] de la société stratégique Alstom à la transnationale étasunienne General Electric avec Clara Gaymard, la directrice générale de la filiale France de l'époque. Soit Bruno Le Maire a la mémoire sacrément courte, soit il vous ment une nouvelle fois. Il faut un bel aplomb à ce ministre pour détourner sur la Covid-19 les conséquences financières, économiques et sociales résultant de la politique du président Macron et de ses Premiers ministres dans la lignée de celle de ses prédécesseurs.

Le Macronavirus se planque derrière le coronavirus

Sur des thèmes publicitaires électoraux différents – « *la rupture* » de Nicolas Sarkozy, « *le changement maintenant* » de François Hollande – ceux-ci ont tous mis en œuvre la même politique qui ne pouvait conduire qu'à une nouvelle crise qui couve depuis au moins l'année 2018. Celle-ci était alors envisagée par nombre d'économistes, financiers, spécialistes des opérations de bourse dont les médias n'ont cessé de se faire l'écho. Le résultat de cette politique ? La dette publique représentera plus de 98 % du PIB pour dépasser les 100 % à la fin de l'année 2018, le chômage continuera par paliers sa courbe à la hausse et les inégalités sociales de s'accroître. Piochant allégrement dans les caisses de l'État pour compenser la nocivité de leur politique mise à jour par la Covid-19, les dirigeants de LREM vont encore augmenter la dette publique jusqu'à « *atteindre 112 % de notre richesse nationale* », ainsi que devait le reconnaître lui-même Bruno Le Maire vers la mi-avril 2020[141]. Or, celle-ci aurait de toute

140. Lire sur ce sujet *Le piège américain*, de Frédéric Pierucci, ancien président de la filiale chaudière d'Alstom, avec Matthieu Aron, éd. JCLattès, p. 275 à 277.

manière continué de s'alourdir, moins vite sans doute, mais toujours à la hausse et au détriment de l'intérêt général. Le Maire le sait.

Et, comme les données économiques, financières et sociales commençaient à devenir inévitables, il se vit obligé de donner une idée de la catastrophe économique résultant de cette politique gouvernementale à laquelle il participe : « *le chiffre de croissance le plus mauvais qui a été fait par la France depuis 1945, c'est en 2009, après la grande crise financière de 2008, -2,9. Nous serons vraisemblablement très au-delà des -2,9 de croissance de 2009, c'est dire l'ampleur du choc économique auquel nous sommes confrontés.* »[142] Bien sûr, c'est la faute à la Covid-19 ! Sauf que, mais cela le ministre se garde bien de vous le dire, même sans celle-ci, la France aurait continué de plonger dans la crise comme nous le verrons dans les chapitres suivants. À croire que Bruno ne lit pas sa revue de presse et que l'ambiance délétère de son ministère l'a conduit à en zapper négligemment les principaux titres. Pas ceux de l'année 2020 où son nom appert en caractères gras avec son portrait bien lissé et ses déclarations policées sur le thème de « c'est la faute à la Covid-19 ». Non. Mais ceux des années précédentes. Vous rappelez-vous ?

À l'époque, sans le virus et sa maladie, le Bruno et ses semblables pataugeaient déjà dans la panade. Le krach boursier et économique faisait alors la une des médias.

Florilège de quelques titres : « *Ces investisseurs respectés prédisent un krach boursier en 2019 ou 2020* » (*www.or-argent.eu*, 11 mai 2018), « *Vers un nouveau krach boursier* » (*Europe 1*, 24 octobre 2018), « *La crise de 2019, celle qui ridiculisera toutes les autres* » (*Capital*, 29 novembre 2018), « *Faut-il s'inquiéter d'une crise économique majeure en 2019 ?* » (*France Info*, 7 janvier 2019), « *Vers une crise financière mondiale sans précédent ? L'ex-numéro 2 de Wall Street la prévoit d'ici 2020* » (*BFM-RMC*, 15 avril 2019),

141. *Coronavirus : « Contre la crise, nous avons choisi la dette, le seul choix responsable »*, estime Bruno Le Maire, Europe 1, 10 avril 2020.
142. Déclaration de M. Bruno Le Maire, ministre de l'Économie et des Finances, sur les mesures économiques du plan d'urgence pour faire face aux conséquences socio-économiques de l'épidémie de la Covid-19 et la solidarité au sein de l'Union européenne, au Sénat, le 6 avril 2020.

« *Les risques d'une récession mondiale s'accumulent pour 2020* » (*Les Échos*, 20 juin 2019), « *La crise économique, c'est pour 2020 ?* » (*La Tribune*, 25 juillet 2019), « *Pourquoi un krach boursier est attendu dans les 6 mois ?* » (*L'Or et l'Argent*, 6 août 2018), « *Les signes d'un nouveau krach boursier* » (*Le Journal de l'éco*, 8 février 2019), « *Marchés financiers : dix ans après, le spectre d'un nouveau krach* » (*Le Parisien*, 1er janvier 2019), « *Dette et risque de krach sont les principaux dangers pour 2019, alerte le gendarme de la Bourse* » (*Capital*, 2 juillet 2019), « *Wall Street au ciel... avant le krach ?* » (*France Inter*, 11 juillet 2019), « *Les Bourses s'effondrent* » (*BFM TV*, 15 août 2019), « *Pourquoi le risque de crise financière mondiale est réel* » (*Le Journal du dimanche*, 23 août 2019), « *Le monde va-t-il entrer en récession ?* » (*Capital*, 30 septembre 2019), « *Wall Street : un krach paraît inévitable !* » (*TrendFi*, www.trendfi.fr, 2 octobre 2019), « *Wall Street souffre, le ralentissement se confirme* » (*www.boursier.com*, 3 octobre 2019), « *La menace d'une récession et d'une crise financière se précise* » (*Ouest-France*, 7 octobre 2019), « *Les signes qu'un krach boursier arrive* » (*Le Figaro*, 24 octobre 2019), « *Les marchés en apesanteur en attendant la crise ?* » (*La Tribune*, 23 décembre 2019), etc.

Qui oserait prétendre après un tel déferlement médiatique des médias généralistes et spécialisés finance et économie que le système n'était pas en crise profonde bien avant l'arrivée de ce coronavirus à un moment que l'on peut qualifier d'opportun ?

Et, d'un coup, les mêmes médias sont frappés d'une amnésie générale.

En quelques semaines, cette crise financière, économique et sociale a disparu de vos médias. Plus de crise, plus de bourses qui s'effondrent, plus de krach en vue, plus de menace de récession, plus d'interrogations dans les médias sur les responsables de la situation économique et sociale. Ou plutôt si : ces faits demeurent, mais hier conséquences de la politique du pouvoir, ils sont devenus avec le SRAS-CoV-2 celles de la crise sanitaire ! De fait, le Macronavirus se planque derrière le coronavirus. Celui-ci prend la place du mouvement des Gilets jaunes et des manifestations qui, malgré une brutale répression, gagnaient en ampleur dans tous les secteurs de la société en contestant la politique du pouvoir.

Les faillites d'entreprises ? Les plans de licenciements programmés ? Le chômage ? La précarisation du travail ? Le creusement des inégalités ? La santé, le logement, la justice, l'école, la recherche privés de moyens ? C'est la faute au virus ! Et la répression continue. « *La police intervient pour faire enlever des banderoles (ce qui est illégal) : "Macron, on t'attend à la sortie !" à Paris, "Il y en a de l'argent magique : du fric pour le service public !" à Caen, pour faire subir un interrogatoire à l'auteur d'une bâche critiquant l'inégalité d'accès aux tests à Marseille ou encore "Macronavirus, à quand la fin" et "Soutien au personnel hospitalier" à Toulouse. Dans ce dernier cas, l'auteur a été placé en garde à vue pour "outrage au chef de l'État"* », rapporte un correspondant du mensuel *Initiative Communiste*[143].

Après que la Covid-19 ait été politiquement et médiatiquement désignée comme responsable des conséquences du krach envisagé dès 2018, il restait aux politiciens au pouvoir à vous faire accepter, au nom, bien sûr, de la « solidarité nationale », leurs décisions prises par décrets. Comment vous faire payer encore un peu plus les dégâts de cette crise financière, économique et sociale dont ils sont les faiseurs et qui secoue fortement les fondements de leur système politique depuis près de dix années ? C'est simple : en recourant aux fonds publics.

Des milliards de fonds publics pour des banques « *qui se portent plutôt mieux* »

Le même procédé fut utilisé à plusieurs reprises par l'ancien président Sarkozy pour aider les banques privées. À l'issue d'un conseil des ministres extraordinaire tenu le lundi 13 octobre 2008, Nicolas Sarkozy, son Premier ministre François Fillon et leur gouvernement décidaient de faire porter par l'État les aléas de la financiarisation de l'économie : impôts allégés pour les sociétés du CAC 40 qui réalisent des milliards de chiffres d'affaires, impôts réduits et/ou supprimés sur les très grandes fortunes, dépénalisation du droit des affaires, privilèges accordés aux grandes entreprises dont les seules sociétés

143. *Épidémies de banderoles*, Initiative Communiste, mai 2020, www.initiative-communiste.fr

du CAC 40 raflent près de 90 % des 60 milliards d'euros d'aides directes et indirectes, fiscales, exonérations de cotisations sociales, etc. L'État apportera alors une garantie « payante » des prêts interbancaires jusqu'à 320 milliards d'euros à laquelle s'ajoutera *« jusqu'à 40 milliards d'euros pour recapitaliser les banques qui seraient en difficulté »*. *« Rien ne doit être épargné pour éviter que la crise s'aggrave encore »* et que *« l'argent ne circule plus »*, écrivaient alors en duo l'*AFP* et *Le Monde*, rapportant le discours du président français[144]. Cette précision présidentielle se gardait bien de dire les raisons de la crise et ses responsables comme le rôle joué par l'État avec les banques dans cette nouvelle crise du capitalisme. « Éviter que la crise s'aggrave » ? Les milliards d'euros d'argent public injectés aux banques privées n'y serviront pas. Fin 2008 *« le nombre de demandeurs d'emploi a augmenté de 11,6 % sur un an »*, indiquait l'Institut national de la statistique et des études économiques (Insee)[145]. Mais rassurez-vous, l'argent circulait vraiment bien pour certains : *« Les entreprises du CAC 40 ont versé en 2008 54,2 milliards d'euros à leurs actionnaires »*, titrait le quotidien économique et financier *Les Échos* début février 2009[146]. La crise n'est visiblement pas pour tout le monde…

Puis, le 7 janvier 2009, les mêmes politiciens annoncèrent un nouveau soutien aux banquiers avec de l'argent public à hauteur de plus de 10 milliards d'euros. Participant à une vaste opération de maquillage médiatique, le quotidien *Le Monde* affirmait à ses lecteurs que *« l'argent public ne vise pas à aider des banques qui se portent globalement plutôt mieux que leurs homologues étrangères, mais à soutenir l'économie »*. *« Le système est simple*, a déclaré le président de la République, *plus les banques ont des fonds propres, plus elles prêtent. »*[147] Belle trouvaille ! Ça, c'est de l'économie de… rentier.

---

144. *La France met 360 milliards d'euros à la disposition des banques*, Le Monde avec AFP, 13 octobre 2008.

145. Insee, *Le chômage en hausse fin 2008*, L'année économique et sociale 2008, publié en juin 2009.

146. Les Échos, 13 février 2009.

147. *L'État est décidé à injecter de nouveau de l'argent public dans les banques*, par Anne Michel, Le Monde, 8 janvier 2009.

Bon, mais il ne s'agit là que du propos d'un « compteur de petits pois », un homme qui, fût-il alors président de la République, n'a jamais été qu'un avocat-conférencier de princes qataris, sans formation économique, sans grande connaissance du monde de l'entreprise pour n'avoir jamais travaillé de sa vie à la production et n'ayant essentiellement côtoyé des producteurs que lors du salon de l'Agriculture. Ces derniers en ont gardé un souvenir ému pour l'avoir entendu, en février 2008, lâcher son mépris de classe à l'un des présents : « *Eh ben, casse-toi alors, pauv'con !* »

Il est vrai que le président était alors sous pression des banquiers qui ne cessaient de le solliciter. Des banquiers avec lesquels Nicolas Sarkozy se fit beaucoup plus courtois et avenant, poussant même son extrême sollicitude à leur égard jusqu'à faire soutenir par l'État « *des banques qui se portent globalement plutôt mieux que leurs homologues étrangères* » si l'on en croit le quotidien *Le Monde*. Ah ! Oui, c'est vrai : c'était, paraît-il, pour « *soutenir l'économie* ».

« Soutenir l'économie » ?

Courant 2009, la journaliste économique Marina Alcaraz fait le constat que « *les entreprises du CAC 40 refusent de sacrifier les dividendes pendant la crise* »[148]. Et si, début 2010, il appert que « *les groupes du CAC 40 ont versé 35,276 milliards d'euros à leurs actionnaires en 2009* »[149], accusant un repli d'environ 18 %, celui-ci ne sera que très provisoire. Ainsi qu'elle le rappelle, « *d'après la lettre Vernimmen, les dividendes versés par les entreprises du CAC 40 avaient progressé de 14 % en 2008 et de 21 % en 2007, à 37,8 milliards* ». Fin 2009, l'Insee annonce que la France compte 486 000 chômeurs de plus – sur la seule base des catégories de chômeurs retenues par l'Insee – en l'espace d'un an[150]. Même avec un petit plongeon boursier en 2009, les

---

148. *Les entreprises du CAC 40 refusent de sacrifier les dividendes pendant la crise*, par Marina Alcaraz, Les Échos, 27 avril 2009.

149. Marina Alcaraz, Les Échos, 19 février 2010.

150. *Hausse record du chômage : « C'est douze fois plus rapide que ce qu'on avait pu voir en 2008 », estime un économiste de l'OFCE* (Éric Heyer, directeur du département analyse et prévision de l'Observatoire français des conjectures économiques), France Info, 27 avril 2020.

dividendes des grands propriétaires privés de la finance et de l'économie sont visiblement beaucoup moins « sacrifiés » que les salariés. Dès 2010, les actionnaires du CAC 40 surfent de nouveau sur la dégradation de l'économie réelle : « *Les actionnaires peuvent avoir le sourire. Les entreprises du CAC 40 devraient verser un montant record de dividendes en 2011 (au titre de l'exercice 2010) : presque 40 milliards d'euros, selon le consensus des analystes FactSet, dont les données ont été retraitées par PrimeView, soit une progression de 13 %* » commente Marina Alcaraz[151].

Comme quoi si les fonds publics ont servi à quelque chose, ce n'est certainement pas à « relancer l'emploi » ou à « soutenir l'économie » réelle qui se porte, eux, de moins en moins bien. Les résultats du quinquennat Sarkozy et des gouvernements Fillon en disent long sur leur prétendu « soutien à l'économie » : augmentation de la dette publique, augmentation du chômage, augmentation de la précarité, augmentation des délocalisations, augmentation des profits des sociétés transnationales du CAC 40, augmentation des inégalités sociales avec à un pôle de la société une bande de multimilliardaires vautrés dans les richesses et à l'autre pôle des difficultés accrues pour la grande majorité de la population.

Il est amusant d'observer que tous ces grands capitalistes, dirigeants de sociétés transnationales, de banques et de leur organisation patronale, le Medef, qui ne cessent de discourir sur les vertus du libéralisme en s'opposant à toute intervention de l'État dans l'économie sont les principaux quémandeurs de son… intervention pour bénéficier de fonds publics et les sauver de leurs désastres répétés.

Le baratin et la facture des banquiers : plus de 1 541 milliards d'euros !

À écouter les représentants des établissements bancaires, ceux-ci auraient remboursé à l'État les aides publiques destinées en 2008-2009 à les sauver et payé en plus des intérêts qui ont enrichi l'État : « *La France est l'un des rares*

---

151. *Le CAC 40 devrait verser 40 milliards d'euros de dividendes cette année*, par Marina Alcaraz, Les Échos, janvier 2011.

pays de la zone dans lequel la crise bancaire n'a pas eu d'impact significatif sur le déficit et la dette publics », assure mensongèrement et avec cynisme la Fédération bancaire française[152]. Il n'en est rien, loin de là.

Lorsqu'il passe en revue les conséquences économiques et sociales des crises qui se succèdent, Romaric Godin, journaliste économique et financier, ancien rédacteur en chef adjoint du quotidien financier *La Tribune*, démonte cette communication trompeuse et « *bien rodée* ».

Ainsi qu'il l'explique[153], si « *l'État français n'a rien perdu dans le sauvetage direct de ses banques après la crise de 2008 (…) ce n'est que la partie visible de l'iceberg de la crise bancaire* » et « *c'est oublier plusieurs éléments-clés de la facture* ». Des éléments qui pèsent lourd dans les finances publiques et sur lesquels les dirigeants de banques et de sociétés financières se montrent plutôt très discrets. Par exemple, le sauvetage de Dexia (6 milliards d'euros), le coût des emprunts toxiques aux collectivités locales (1,2 milliard d'euros), le plan « d'aide » à la Grèce de mai 2010 bâti pour permettre de rembourser les banques créancières et financé par des coupes sombres dans le budget. Romaric Godin rappelle sur ce point que « *cette décision n'a pas été sans impact sur les finances publiques : d'abord, parce que l'État s'est endetté pour permettre à la Grèce de rembourser les banques et, ensuite, parce que la stratégie austéritaire qui a suivi a déclenché une spirale récessive qui a provoqué une "rechute" de l'économie européenne et la plus longue récession de l'après-guerre : six trimestres de contraction du PIB, de la fin 2011 au début 2013. Or, une récession a un coût pour les finances publiques* » ! Pourtant, à l'époque, pas de virus SRAS-CoV-2 ni de covid-19, pas de président « en guerre » ni de confinement de la population…

En revanche, ne cherchez pas à savoir qui a fait quoi dans la crise financière dite « grecque » provoquée par des établissements financiers anglo-saxons

---

152. Fédération bancaire française, *Crise bancaire : Aucun impact sur les finances publiques en France*, septembre 2015.
153. *Crise de 2008 : la vraie facture laissée par les banques à la France*, par Romaric Godin, Mediapart, 4 octobre 2018. Article également consultable sur le site Internet du Comité pour l'abolition des dettes illégitimes (CADTM), www.cadtm.org.

avec la Banque centrale européenne. Cette dernière refuse de diffuser des informations sur les agissements de Goldman Sachs sur la Grèce. L'agence Bloomberg qui souhaitait accéder aux analyses émanant d'experts de la BCE pour la période 1998-2001 s'est heurtée à « *un jugement de la Cour européenne de justice du 29 novembre 2012 (qui) a rejeté cette demande et autorisé la BCE à dissimuler ces informations au motif que "dévoiler ces documents aurait nui à la protection de l'intérêt public, en ce qui concerne la politique économique de l'Union européenne et de la Grèce"* » (sic), rapporte l'universitaire et analyste critique du monde financier Marc Chesney[154].

Malgré ces faits probants, les dirigeants des banques tentent de faire croire que leur sauvetage par l'État serait pratiquement un bienfait pour les finances publiques et qu'elles n'auraient aucune responsabilité dans l'état de ces finances.

« *Rien n'est moins vrai* », conteste Romaric Godin : « *En 2011, mais auparavant en 2008, et malgré leur "sauvetage", leurs "erreurs" ont eu des conséquences majeures sur l'économie. L'activité s'est contractée et elles ont aggravé le mouvement en réduisant le crédit.* » Les banques ont essayé de faire croire par leur communication qu'elles étaient les innocentes victimes d'une crise étasunienne dans laquelle elles n'étaient pas impliquées.

Encore une fois, la réalité est toute autre.

Rappelant qu'avant 2007, les banques européennes « *ont pleinement participé au système financier explosif qui se mettait en place aux États-Unis* », il fait référence à l'ouvrage de l'historien Adam Tooze intitulé *Crashed*[155] dans lequel l'auteur décrypte les origines, les acteurs et les conséquences de la crise née en 2007 au cœur du système financier. Les grandes banques anglo-saxonnes et de l'Union « européenne » occupent un rôle de premier plan dans la crise, tout particulièrement lorsqu'en 2008 les banques européennes

---

154. *La crise permanente, L'oligarchie financière et l'échec de la démocratie*, par Marc Chesney, éd. Quanto (Presses polytechniques et universitaires romandes, Lausanne), 2018.
155. *Crashed, Comment une décennie de crise financière a changé le monde*, par Adam Tooze, éd. Les Belles lettres.

investissent 1 000 milliards de dollars dans la dette et les billets de trésorerie aux États-Unis. Le jeu de la grande finance avec l'État est toujours le même : « *Une fois protégées par la sphère publique de la faillite, les banques se sont assainies en réduisant leurs prêts à l'économie.* »

2018 : Le Haut conseil des finances publiques alerte sur « *des risques économiques importants* »

Loin des communiqués rassurants de la Banque centrale européenne (BCE) et de la Fédération bancaire française, « *le comportement du secteur bancaire a précipité la France et de nombreux pays dans une crise qui a conduit à une perte d'activité considérable* ». Citant les travaux d'Éric Dor, directeur de la recherche économique de l'IESEG School of Management rattachée à l'Université catholique de Lille, qui a tenté de quantifier cette perte d'activité et ses conséquences, Godin met en exergue le coût de la crise bancaire dont les banques européennes et des sociétés d'investissement, principalement anglo-saxonnes, portent la responsabilité. Constat : « *Avant la crise, la croissance annuelle moyenne du PIB (produit intérieur brut) français en termes nominaux était de 3,89 %. Après la crise, cette croissance est passée à 2,07 %. C'est un recul de 47 % qui conduit à une perte cumulée de PIB de 1 541 milliards d'euros.* » Ce chiffre représente 67,3 % du PIB nominal français de 2017 ! Et toujours pas de virus SRAS-CoV-2 ni de Covid-19 en vue… « *L'explosion du déficit français en 2009 à 7,5 % du PIB s'explique par ce double effet : perte d'activité et intervention pour freiner la chute. Qui peut alors croire que les banques ne sont pour rien dans ce phénomène ? Dire que les banques n'ont rien coûté aux finances publiques est donc un mensonge qui permet au secteur financier de se racheter à fort bon compte une conduite* », fait-il observer.

1 541 milliards d'euros !

Tel est le coût *minima* de la vraie facture de la crise financière dans une économie de plus en plus virtuelle et volatile. Les banques ont donc coûté à l'État beaucoup plus cher que le simple « sauvetage » d'autant que le coût de leur sauvetage se chiffre également avec des conséquences économiques et sociales que Romaric Godin ne manque pas de souligner :

> « L'impact de leurs erreurs et de leur situation a conduit à une dégradation rapide des ratios de finances publiques. Les banques continuent de faire croire que la dégradation des finances publiques n'est que le fruit d'une "mauvaise gestion" alors que le budget et les ménages ont payé cher l'essentiel des conséquences de leur comportement. Ce sauvetage apparaît donc comme un piège : non seulement il permet de faire croire que les banques sont "quittes" de leurs responsabilités avec le remboursement de cette amende, mais il autorise aussi ces dernières à faire la leçon à l'État dans leur propre intérêt, celui de voir leurs créances sur l'État valorisées. »[156]

Mais en 2018, les conséquences de la perte d'activité résultant des crises de 2008 et 2011 n'ont pas été comblées. Et bien avant que n'apparaisse la Covid-19, la crise financière, économique et sociale est bien là, enracinée au plus profond du système et du pays. De grands mouvements sociaux éclatent et persistent, gagnant petit à petit tous les secteurs. Dès le mois de septembre 2018, le Haut Conseil des finances publiques[157] indiquait dans un avis que « *les perspectives pour 2019 sont entourées d'incertitudes accrues qui conduisent à des risques économiques importants : montée des tensions commerciales, résultats des négociations sur le Brexit, situation de l'Italie,*

---

156. *Crise de 2008 : la vraie facture laissée par les banques à la France*, par Romaric Godin, Mediapart, 4 octobre 2018. Article également consultable sur le site Internet du Comité pour l'abolition des dettes illégitimes (CADTM), www.cadtm.org.
157. Haut Conseil des finances publiques (HCFP) : Organisme indépendant du gouvernement et du Parlement, il est placé auprès de la Cour des comptes et présidé par son Premier président. Pierre Moscovici, conseiller maître, a été nommé Premier président de la Cour des comptes par le président de la République lors du conseil des ministres du 3 juin 2020. En sa qualité de Premier président de la Cour des comptes, il préside le Haut Conseil des finances publiques. Pierre Moscovici succède à Didier Migaud, devenu président de la Haute Autorité pour la transparence de la vie publique le 31 janvier 2020. Le Haut Conseil des finances publiques est chargé « *d'apprécier le réalisme des prévisions macroéconomiques du gouvernement et de vérifier la cohérence de la trajectoire de retour à l'équilibre des finances publiques avec les engagements européens de la France* ». Site Internet : www.hcfp.fr.

déséquilibres financiers en Chine, fragilité de plusieurs pays émergents (Turquie, Argentine, Afrique du Sud, Brésil...) »[158].

Un an plus tard, au mois de septembre 2019, il soulignait dans un autre avis que « *l'économie mondiale connaît depuis quelques trimestres un ralentissement marqué qui touche principalement l'Union européenne, la Chine et certains autres pays émergents. Aux États-Unis, la croissance est restée soutenue jusqu'à la mi-2019, mais la dégradation du climat des affaires laisse présager un ralentissement de l'activité.* » Il observait que « *ce ralentissement a été particulièrement important dans l'industrie* » et que « *la croissance en zone euro a fléchi* »[159].

Les États comme les États-Unis, l'Angleterre, la France, l'Italie et bien d'autres dirigés par des politiciens qui, pour privilégier cette « économie casino », ont continué de réduire l'intervention de l'État dans tous les domaines, dont la santé publique, vont, avec la pandémie du SRAS-CoV-2, connaître en plus une crise sanitaire forte qui va amplifier les dégâts de leur politique.

« Une croissance quasi ininterrompue de la dette depuis 10 ans »

Les avis émis par le Haut Conseil des finances publiques lors du premier semestre 2020 ne laissent aucun doute sur le fait que la crise sanitaire ne fait qu'amplifier la crise financière, économique et sociale déjà existante. Ainsi, en juin 2020, le HCFP indiquait que « *dans un contexte d'incertitude exceptionnellement élevé résultant de la Covid-19, toute prévision macroéconomique est affectée d'une grande fragilité. Le gouvernement prévoit désormais une récession pour 2020 (-1 %)* ». De plus, le HCFP note que « *la prévision de déficit du Gouvernement s'établit à 11,4 points de PIB, un niveau jamais atteint depuis la fin*

---

158. Haut conseil des finances publiques, Avis n° HCFP-2018-3relatif aux projets de lois de finances et de financement de la Sécurité sociale pour l'année 2019, 19 septembre 2018.
159. Haut conseil des finances publiques, Avis n° HCFP-2019-3 relatif aux projets de lois de finances et de financement de la Sécurité sociale pour l'année 2020, 23 septembre 2019.

de la Seconde Guerre mondiale ». De même, le HCFP observe que « *la prévision du ratio de la dette publique au PIB est révisée de plus de 5 points par rapport au précédent PLFR et de 22 points par rapport à la loi de finances initiale. Ce ratio dépasserait ainsi 120 points de PIB à la fin de l'année 2020. Cette hausse massive, qui s'ajoute à une croissance quasi ininterrompue depuis 10 ans, fragilise la soutenabilité à moyen terme des finances publiques de la France et appelle une vigilance particulière* »[160]. Autrement dit, la dette de la France n'a cessé de croître de manière « *quasi ininterrompue depuis 10 ans* » et va de plus connaître une « *hausse massive* » en raison de la crise sanitaire.

L'un des graphiques joints à l'analyse du HCFP illustre la régression du volume de croissance du Produit intérieur brut (PIB) bien avant la Covid-19 et de manière continue depuis 2017. Le taux de croissance du PIB mesure son évolution en pourcentage d'une année à l'autre et donne la tendance de l'activité économique hors inflation. Ce taux n'a cessé de décroître depuis 1969 passant de 7,1 % en 1969 à 2,3 % en 2017, marquant ainsi une tendance pratiquement continue au ralentissement de l'activité économique. Il a continué de régresser reculant à 1,8 % en 2018, puis à 1,5 % en 2019[161].

L'un des facteurs essentiels de ce ralentissement de l'activité économique et du désinvestissement – et donc de la désindustrialisation – a pour origine le parasitage de l'économie par un grand patronat qui détourne des milliards d'euros des résultats des entreprises au profit des actionnaires. Nous reviendrons plus en détail dans les chapitres suivants sur les auteurs de ce véritable « hold-up » et les dégâts qu'ils causent au pays. Bien évidemment, ces gigantesques détournements de fonds, parfaitement légaux dans la cadre du système capitaliste, ne peuvent s'opérer d'année en année qu'avec le soutien des dirigeants de l'État et de l'Union « européenne ». Ceux-ci vont voir dans la Covid-19 un moyen de camoufler leurs responsabilités en lui attribuant toutes les conséquences de leur politique libérale.

---

160. HCFP, Avis relatif au troisième projet de Loi de finances rectificative pour l'année 2020, 10 juin 2020.

161. Source : Insee, *Chiffres-clés, Évolution du produit intérieur brut et des ses composantes, Données annuelles de 1950 à 2019*, 29 mai 2020 et Insee Première, *Les comptes de la Nation en 2019*, 29 mai 2020.

Force est de constater que le virus surgit à point nommé en fin d'année 2019 alors que, comme nous l'avons vu, de nombreux économistes, professionnels de la finance et de la banque comme les médias prédisaient depuis 2018 une nouvelle crise économique et financière, voire un krach imminent. Les uns constataient que « *les risques d'une récession mondiale s'accumulent pour 2020* » (*Les Échos*, 20 juin 2019) et l'Autorité des marchés financiers (AMF) que « *Dette et risque de krach sont les principaux dangers pour 2019, alerte le gendarme de la Bourse* » (*Capital*, 2 juillet 2019) : « *Le gendarme de la Bourse souligne que l'année en cours est marquée par le ralentissement économique, les incertitudes géopolitiques et l'environnement de taux d'intérêt très bas. La transformation du secteur financier en Europe, synonyme d'éventuelles pressions sur les coûts et profitabilité des acteurs, constitue un troisième risque* », rapportait *Capital* en commentant les analyses de l'AMF. Quelques mois plus tard, c'est la faute à la Covid-19 vous diront ils !

Pour ne citer que cet exemple parmi de très nombreux autres, un journaliste du même média, oubliant les risques pointés par l'AMF quelques mois auparavant, écrira en avril 2020 que « *nous sommes confrontés aujourd'hui à une crise d'origine sanitaire* »[162]... Encore un peu et certains finiraient par vous faire croire que les petits paysans sont responsables de la crise pour avoir parié massivement à la hausse sur le cours du concombre en pleine période de sécheresse avant d'annuler quelques microsecondes plus tard leurs ordres passés, induisant ainsi le marché boursier en erreur.

Diantre ! Le SRAS-CoV-2 et la Covid-19 auraient-ils supplanté la crise économique et financière ? Ce message passe de moins en moins bien. Et c'est l'une des raisons pour lesquelles Bruno Le Maire et ses comparses de LREM – président en tête – vont, dès le mois de février 2020, se répandre dans les médias à longueur d'interviews et de communiqués afin de vous désigner l'adversaire, le virus et sa maladie, et vous refaire le coup de « l'union nationale » pour « relancer l'économie » qu'ils... détruisent.

---

162. *La crise de 2020 est-elle vraiment comparable à celle de 1929 ?* par Nicolas Gallant, Capital, 3 avril 2020.

Moi, Bruno, « mère Noël » des enfants gâtés

Suite à la crise sanitaire qui vient masquer la crise économique et financière, le 24 mars 2020, le ministre Bruno Le Maire demanda aux grandes entreprises de *« faire preuve de la plus grande modération sur le versement des dividendes »*[163]. « *Cool, Bruno, sympa* », écrit notre confrère Daniel Mermet sur *Là-bas si j'y suis* (*www.la-bas.org*)[164]. Puis, sous la pression du désastre social il se fit plus ferme : « *Soyez exemplaires. Si vous utilisez le chômage partiel, ne versez pas de dividendes* »[165]. L'humour, bien sûr, c'est dans le *« soyez exemplaires »* quand il s'adresse aux plus gros requins de la terre... « Soyez exemplaires, amis requins... » Et de citer une initiative dont vous avez peu de chances d'entendre parler dans les médias des milliardaires : « *Dans la crainte du scandale, le ministre se montre plus ferme, dit-on, et les milliardaires commencent à trembler de peur. Enfin, disons, juste un peu.* » *Du coup, l'avocat Christophe Lèguevaques a lancé une "action collective en justice" afin que les entreprises ne versent pas de dividendes aux actionnaires. Il a déposé un recours devant le Conseil d'État. Il s'appuie sur le préambule de la Constitution de 1946 : "La Nation proclame la solidarité et l'égalité de tous les Français devant les charges qui résultent des calamités nationales"* ».

Vrai que la solidarité a pris des allures de charité. À vot' bon cœur, m'sieurs dames, regardez le pauv' hôpital que voilà en manque de budget, de personnels, de lits, de moyens matériels. Ce n'est pas vraiment « l'humain d'abord » dans un pays où la part des dividendes des actionnaires ne cesse de grossir au point de représenter en moyenne la moitié des bénéfices au détriment de l'emploi et de l'investissement. Comme le dit justement l'ami Mermet, *« les rentiers ont toujours été des parasites, mais aujourd'hui, ils ont pris le pouvoir. Et ils ne font rien, ne produisent rien, ne pensent à rien, ne servent à rien, au moins, les cochons, quand ils sont gros, on les mange. Il ne faut pas seulement suspendre les dividendes, il ne faut pas seulement limiter les*

---

163. France Info, 24 mars 2020.

164. *Pas de dividendes en 2020, ni jamais !* par Daniel Mermet, Là-bas si j'y suis, 6 avril 2020, www.la-bas.org.

165. Bruno Le Maire, BFM TV, 27 mars 2020.

dividendes, il faut les supprimer, afin d'investir tous les bénéfices en salaires, que les entreprises investissent tout dans l'activité, mais pas dans n'importe quoi. C'est là qu'il faut faire des choix et qu'il faut un plan. Les idées ne manquent pas ».

À la mi-avril 2020, les dégâts de la Covid-19 en France deviennent tels par manque de moyens pour la santé que la situation appert choquante en regard des milliards de dividendes que s'octroient les actionnaires des sociétés transnationales, dont les groupes du secteur santé (pharmacie). Bruno se voit contraint de durcir son discours. Médiatiquement s'entend : « *Sur les dividendes, si une grosse entreprise demande le report des charges fiscales, l'État apporte son soutien en termes de trésorerie* », déclare-t-il. Mais « *il est hors de question que cette entreprise verse des dividendes. Je ne le permettrai pas* », affirme-t-il[166].

Pan-pan cul-cul aux « méchants requins » qui s'attribueraient de somptueux dividendes ? Sacré Bruno, va ! Un vrai farceur ! Soyons sérieux. Non, rien de tel. Bruno ne peut pas « *ne pas permettre* », puisque Bruno est le ministre d'un gouvernement concocté pour justement tout permettre à l'oligarchie financière. Ceux qui en doutent – mais si, il y en a encore – peuvent toujours se reporter à l'excellent ouvrage de Jean-François Gayraud, haut fonctionnaire de la police nationale spécialiste des questions économiques et financières, sur *Le nouveau capitalisme criminel*[167]. Ils y découvriront comment « *l'aristocratie financière aux commandes est servie à la fois par une classe politique aux ordres constituée de débiteurs et par un nouveau clergé non plus catholique mais médiatique, disant le bien et le mal et lui conférant sa légitimité* ».

Grimé en « père fouettard » partant « en guerre » comme son président, Bruno monte au front début avril 2020 lorsqu'il est entendu par le Sénat : « *Nous sommes donc prêts à utiliser tous les moyens à notre disposition, monter au capital, recapitalisation, voire si nécessaire et en dernier recours,*

166. Bruno Le Maire interviewé par Sonia Mabrouk sur Europe 1, 10 avril 2020, 8 h 52.
167. *Le nouveau capitalisme criminel*, par Jean-François Gayraud, éd.Odile Jacob, préface de Paul Joiron, 2014.

nationalisation, pour défendre nos entreprises stratégiques »[168]. Juste ciel ! « Recapitaliser », « nationaliser » des sociétés transnationales ? Non, ne rêvez pas. Il s'agit en fait d'utiliser une nouvelle fois les fonds publics, c'est-à-dire votre argent pour partie, afin de conforter les trésoreries de grandes banques et sociétés qui reçoivent déjà annuellement des milliards d'euros de l'État. Plus de 200 milliards annuels pour ces enfants gâtés de la République qui réalisent à la fois les plus importants chiffres d'affaires, les plus importants profits, les plus importantes distributions de dividendes et rémunérations de leurs dirigeants, le plus important évitement fiscal et les plus importantes files de chômeurs. Il ne s'agit pas de défendre l'intérêt général en restructurant l'économie comme le permettraient de véritables nationalisations – démocratiques et non énarchiques –, mais bien d'utiliser une nouvelle fois la puissance publique au profit des plus gros intérêts privés.

Par ce procédé « temporaire », une fois l'averse passée, ceux-ci pourront continuer de dépecer joyeusement l'économie et de licencier des millions de travailleurs au nom de la « liberté d'entreprise » et de « la relance » ! Les éventuelles pertes auront ainsi été socialisées et les profits pourront de nouveau être privatisés. Derrière la crise sanitaire, le Capital nourrit sa crise financière, économique et sociale en se concentrant encore plus fortement avec le soutien de l'État et en fauchant les entreprises qui ne sont plus pour lui des sources de *profits maximum immédiats*.

Le SRAS-CoV-2 et sa maladie Covid-19 ? C'est une sorte de partie de poker menteur et de bridge mêlés dans laquelle dirigeants de sociétés transnationales et de la finance virtuelle laissent la place du mort aux forces productives – investisseurs, entrepreneurs et salariés de TPE et PME – de l'économie réelle. Le ministre LREM de l'Économie laisse alors entrevoir l'objectif poursuivi par le gouvernement en précisant « *tout de suite qu'il ne s'agit pas de revenir sur notre conception de l'État dans l'économie. Ces nationalisations devront donc être temporaires et avoir pour but de protéger nos entreprises*

168. Déclaration de M. Bruno Le Maire, ministre de l'Économie et des Finances, sur les mesures économiques du plan d'urgence pour faire face aux conséquences socio-économiques de l'épidémie de la Covid-19 et la solidarité au sein de l'Union européenne, Sénat, 6 avril 2020.

stratégiques. Je veux être clair : l'État n'a pas vocation à administrer l'économie »[169]. En quelques lignes, le Bruno « père fouettard » menaçant retrouve sa vraie nature de « mère Noël » bienfaitrice de l'oligarchie financière. Sérieusement, Bruno ne va tout de même pas mettre à l'amende ceux dont il protège les affaires et qui arrosent la campagne électorale de son président. Pour ce qui est « *d'administrer l'économie* » qui pourrait douter que cet État là « *n'a pas vocation* » tant il a délibérément appauvri le système de santé publique jusqu'à vous priver du minimum de protection et de soins pour faire face à une simple pandémie provoquée par un petit virus ?!

« *Nos entreprises* » ? Encore une fois, Bruno se fout du monde.

Car à qui ces sociétés transnationales appartiennent-elles ? À la nation et au peuple travailleur qui en font les richesses ? Non ! Elles sont la propriété quasi exclusive des très gros actionnaires privés, principalement anglo-saxons, à la Bourse de Paris. Celles-ci se repaissent de milliards d'euros de soutiens de l'État avec lesquels elles désindustrialisent le pays et tuent le développement économique et social. Et, pour que cela continue, Bruno les rassure que sa « protection » ne sera que « temporaire » : une fois que les fonds publics auront permis de protéger « *temporairement* » ces grands spoliateurs des à-coups boursiers qui, dans « le monde d'après » reprendront de plus belle leurs charrettes de délocalisations et de licenciements avec la précarisation du travail, les atteintes aux droits sociaux et la surexploitation qui les accompagnent. Pour cela, il fallait vous faire peur afin que vous acceptiez sans broncher les mesures destinées à vous appauvrir un peu plus. Au programme : mesures anti-sociales et liberticides.

Après « l'union nationale » contre le terrorisme qu'ils ont armé[170], puis contre la détérioration du climat dont les sociétés transnationales sont les principales responsables, voici venu le temps d'une nouvelle « union sacrée » à la mode Giscard d'Estaing contre les virus.

---

169. Ibid. 168.

170. *56, tome 1, L'État français complice de groupes criminels* et *56, tome 2, Mensonges et crimes d'État*, par Jean-Loup Izambert, IS Édition.

Comme l'écrit Marc Chesney, « *la manipulation de l'opinion publique par la peur est tous les jours un peu plus à l'œuvre. Hier, ce sont des monstres financiers présentés comme des champions nationaux qu'il a fallu à tout prix sauver de la faillite au risque d'une catastrophe irréversible. Ceux-là mêmes à l'origine de produits financiers toxiques, qui ont profité d'une crise qu'ils ont largement contribué à créer, ont été renfloués avec des fonds publics au nom de la stabilité et de la prospérité économique (...) Aujourd'hui comme hier et avant-hier, tous les sacrifices sont permis, y compris celui de la démocratie pour couvrir les banques contre les risques qu'elles ont pris* »[171]. Et la manipulation de l'opinion publique, Bruno, ça le connaît.

La France d'avant la Covid-19 : l'un des pays européens en crise les plus désindustrialisés

Fin mai 2020, le ministre Bruno Le Maire interviewé sur Europe 1 persiste et signe : « *Il y aura des faillites et il y aura des licenciements dans les mois qui viennent* », prédit-il, désignant la crise sanitaire comme responsable des faillites et licenciements à venir.

Selon *La Tribune*, près de 3 000 dirigeants interrogés entre le 5 et le 12 mai envisagent de licencier. Un hôtel et un restaurant sur trois et une entreprise sur deux annoncent des problèmes de trésorerie.

Liste non exhaustive :

- Plan massif de licenciement chez Airbus : 1 900 salariés au chômage.
- Rolls-Royce dévisse dans la division aéronautique : 2 600 salariés dehors en Grande-Bretagne et entre 3 000 et 5 000 emplois pourraient être concernés dans les prochaines années en France.
- Alinéa – ameublement : 2 000 salariés sur le carreau.
- La Halle – Chaussures et vêtements : 5 391 salariés sur la sellette.
- André – Chaussures : 600 salariés.

171. *La crise permanente, l'oligarchie financière et l'échec de la démocratie*, par Marc Chesney, éd. Quanto (Presses polytechniques et universitaires romandes, Lausanne), 2018.

– NAF NAF : 1 170 salariés.

– Orchestra-Prémaman : 2 900 salariés.

– Camaïeu : 3 900 salariés.

– NextRadio TV, maison mère de BFM TV et RMC, prévoit de diviser par deux le recours aux intermittents, pigistes et consultants.

– RMC Sport News, arrêt définitif.

– Radio France : suppression de 250 postes ;

– Renault : suppression de 15 000 emplois dans le monde, dont 4 600 en France.

– Disneyland Paris, fin de contrat de 350 intermittents, artistes et techniciens, etc.

Au mois d'avril 2020, trois quarts des travailleurs informels, soit 1,6 milliard de personnes dans le monde, devaient faire face « *au danger immédiat de voir leurs moyens de subsistance anéantis* », alertait l'Organisation Internationale du Travail (OIT), ajoutant que la quasi-totalité travaille dans des unités de moins de 10 salariés[172].

Qu'il y ait des faillites et des licenciements, comment en douter, puisque ceux-ci étaient, pour la plupart d'entre eux, déjà en cours et/ou programmés par nombre de grands groupes bien avant la fin 2019, c'est-à-dire bien avant la crise sanitaire gouvernementale ! **Cette crise sanitaire dont le gouvernement est responsable n'est qu'un prétexte dont s'emparent le grand patronat et ses politiciens pour camoufler leurs responsabilités dans l'aggravation de la situation économique** et accroître encore plus rapidement la désindustrialisation du pays. « *La France est d'ailleurs l'un des pays européens où l'activité industrielle est la plus faible. Le secteur industriel de la France ne représente ainsi que 11 % de son activité économique, contre 15 % en Italie ou 25 % en Allemagne. En réalité, la France se place même en queue du peloton européen, puisque seuls Chypre, la Grèce et Malte font pire en matière de*

172. *Emploi : 2 milliards de personnes risquent de « voir leurs moyens de subsistance anéantis* », Capital, 29 avril 2020.

production industrielle », rappelait, début juin 2019, le journaliste Arjuna Andrade sur *France Culture*[173].

Selon une étude de la Direction générale des entreprises du ministère de l'Économie et des Finances publiée en 2017, l'industrie manufacturière ne représentait plus en 2016 que 10,2 % du PIB contre 14,1 % en 2000 ![174] Ces données sur la désindustrialisation du pays et l'augmentation du chômage sont produites par des médias et des organismes officiels bien avant la pandémie de la Covid-19. Qui désindustrialise la France ? Voilà un bon sujet d'enquête pour BFM TV...

Quitte à vous tromper un peu plus, Bruno en rajouta une couche en annonçant que le gouvernement prévoyait de réduire la prise en charge du chômage partiel « *de façon à inciter au retour de l'activité puisque c'est ça qui nous permettra au bout du compte de créer des emplois et de créer de la prospérité* »[175].

« Créer des emplois » ?

Gonflé, le Bruno ! Le chômage n'a pas cessé d'augmenter suite aux délocalisations et privatisations d'entreprises décidées par les gouvernements LREM et son inamovible ministre de l'Économie, Bruno Le Maire lui-même.

« Créer de la prospérité » ?

Bien avant la Covid-19, c'était surtout la désindustrialisation, le chômage et la pauvreté qui continuaient de se créer en prospérant gravement. « *Depuis dix ans, le nombre de personnes qui vivent sous le seuil de pauvreté en France augmente* », constatait, fin 2018, L'Observatoire des inégalités dans son rapport sur la pauvreté en France[176]. Ce sont « *près de 9 millions de personnes*

173. *L'abandon programmé de l'industrie française*, France Culture, émission Les nouvelles de l'éco, par Arjuna Andrade, 3 juin 2019.

174. Ministère de l'Économie et des Finances, Direction générale des entreprises, *Études économiques, Chiffres-clés de l'industrie manufacturière*, édition 2017.

175. *Le Maire : « des faillites et des licenciements en France dans les mois qui viennent »*, par Benjamin Bonneau, Europe 1, 22 mai 2020.

176. *Rapport sur les inégalités en France – édition 2019*, L'Observatoire des inégalités, site Internet : www.inegalites.fr.

pauvres qu'il faut compter en France », indique L'observatoire des inégalités qui précise que « *ce chiffre a augmenté de 820 000 au cours des dix dernières années* » ! Emmanuel Macron doit y voir sans doute un effet de « l'Europe qui nous protège » dont il vous a rebattu les oreilles lors de la campagne des élections européennes du mois de mai 2019. Bruno, lui, appelle cela « *créer de la prospérité* » sans toutefois, il est vrai, préciser pour qui… Mais, patience, nous allons y venir.

Un fait d'actualité rapporté par Pierre-Olivier Marie, journaliste spécialisé automobile et rédacteur en chef du site Internet Caradisiac, qui concerne au moins les 40 millions d'automobilistes français en dit long sur « la création de prospérité » à la sauce LREM avant la crise sanitaire gouvernementale : « *Sans véritable surprise, les changements de réglementation opérés cette année plombent les chiffres du commerce automobile à l'échelle européenne. Le marché automobile y a ainsi baissé de 7,4 % sur les mois de janvier et février, valeur assez catastrophique en temps normal… mais qui s'annonce finalement assez anecdotique par rapport à ce qui se profile pour les mois de mars, avril ou mai (en espérant que…), avec une industrie et des marchés automobiles complètement à l'arrêt pour faire face à la pandémie de Covid-19* », observe-t-il. Analysant les raisons de ce plombage du commerce automobile, il souligne :

> « Selon les chiffres de l'Association européenne des constructeurs automobiles (ACEA) publiés ce matin, ce sont les groupes français qui ont le plus souffert en ce début d'année (…) Les quatre principaux marchés – Allemagne (-9 %), France (-7,8 %), Italie (-7,3 %) et Espagne (-6,8 %) – ont été durement touchés. Selon l'ACEA, il s'agit d'une conséquence des nombreuses immatriculations anticipées fin 2019 avant l'entrée en vigueur de fiscalités plus sévères le 1er janvier 2020, à laquelle s'ajoutent des conditions économiques globales moins favorables et une incertitude générale des consommateurs[177] ».

Ce sont donc moins le virus SRAS-CoV-2 et la Covid-19 qui ont fait reculer l'immatriculation de véhicules automobiles et plombé l'industrie automobile

177. *-7,4 % en février pour le marché européen… sans coronavirus !* par Pierre-Olivier Marie, Caradisiac, 18 mars 2020.

que *« l'entrée en vigueur de fiscalités plus sévères le 1er janvier 2020, à laquelle s'ajoutent des conditions économiques globales moins favorables »*. Ces décisions ont été prises à Bruxelles avec l'accord du gouvernement français et aggravées par la crise sanitaire gouvernementale.

La pandémie était encore en cours que déjà les cartomanciennes médiatiques qui lisent l'avenir dans le marc de café vous préparaient à accepter les nouvelles mesures d'austérité que les dirigeants de l'Union « européenne » mettaient en place. La propagande du renoncement diffusée massivement par le pouvoir et les médias des milliardaires tentait de vous persuader que la Covid-19 était responsable de la crise économique et financière en cours.

Des milliards d'euros de fonds publics pour créer du... chômage !

Au cœur de l'activité économique humaine, l'Entreprise n'est alors pratiquement plus évoquée dans les médias que pour annoncer des dizaines de milliers de suppressions d'emplois, l'explosion du chômage, une précarisation de l'emploi, une augmentation de la durée du travail, une aggravation de la dette publique en raison des aides de l'État pour « relancer l'emploi » et « soutenir l'économie ».

Airbus Defence & Space annonce le 19 juin 2020 un renforcement de son *« plan de réduction d'effectifs »*. Le nombre de postes supprimés annoncé en février passe de 2 362 à 2 665 en Europe et de 404 à 464 en France, soit 6,4 % des effectifs hexagonaux de cette division. Or, la direction de cette entreprise *« a tenu à souligner que cette restructuration n'avait aucun lien avec la pandémie et découlait principalement du fait que la division (défense et espace) souffrait d'un marché spatial atone et de reports de contrats sur le volet défense »*[178].

Renault obtient un prêt garanti par l'État de 5 milliards d'euros et sa direction annonce dans la foulée la suppression de 15 000 emplois dans le monde, dont 4 600 en France. *« Mais, en réalité, les difficultés de Renault sont antérieures à la crise du Covid-19, et cette dernière ne fait que mettre à nu des*

178. *Le principal syndicat d'Airbus & Space dénonce des suppressions de postes supplémentaires*, Ouest-France avec AFP, 19 juin 2020.

fondamentaux extrêmement affaiblis et dont la détérioration avait commencé bien avant, sous l'ère Carlos Ghosn », rappelle le journaliste Nabil Bourassi[179]. Jérôme Delvaux, le délégué CGT chez Renault MCA Maubeuge (Nord) dénonce la supercherie et déclare que les salariés ne vont pas « *continuer à dégager des profits pour Renault, qui voudrait nous balayer d'un revers de main* »[180].

Air France, qui bénéficie également d'un prêt garanti par l'État de 7 milliards d'euros, annonce la suppression de milliers d'emplois : « *Le plan de reconstruction d'Air France, qui sera dévoilé fin juin ou début juillet, devrait compter de 8 000 à 10 000 suppressions d'emplois, soit 15 % à 20 % des effectifs de groupe. Toutes les catégories de personnels sont concernées* », annonce le syndicat CGT d'Aéroports de Paris à la mi-juin 2020. « *On considère que c'est proprement scandaleux que l'argent public donné par l'État à une entreprise comme Air France ne soit pas conditionné à du maintien de l'emploi, à du social. Ces sept milliards des contribuables et citoyens français servent finalement à alimenter les chiffres du chômage* », dénonce Vincent Salles, délégué CGT Air France[181]. Etc.

Mais qu'en est-il réellement de la situation des entreprises, principalement des plus importantes d'entre elles ?

Si la gestion des entreprises, principalement les sociétés transnationales qui réalisent les plus importants chiffres d'affaires, reste le pré carré quasi exclusif de leurs propriétaires financiers, propriété dont sont exclus ceux qui vendent leur force de travail pour en faire la richesse, sans doute est-ce le moment pour eux d'ouvrir les livres de comptes de leur entreprise.

D'autant que leur lecture réserve bien des surprises.

---

179. *Comment Renault en est-il arrivé là ?* par Nabil Bourassi, La Tribune, 20 mai 2020.

180. *Suppressions d'emplois chez Renault : un délégué CGT dénonce « une trahison totale de la part de la direction »*, Radio France, France Info, 29 mai 2020.

181. *Suppression de 8 à 10 000 postes chez Air France : « C'est proprement scandaleux »*, par Justin Morin, édité par Céline Brégand, La matinale d'Europe 1, Matthieu Belliard, 18 juin 2020, 7 h 47.

CHAPITRE 5
11 400 MILLIARDS EN SECRET

Que se passe-t-il vraiment dans les entreprises pour lesquelles, au mois d'avril 2020, le ministre de l'Économie prévoyait faillites et licenciements faussement attribués, au moins pour partie, à la Covid-19 ? Difficile de le savoir exactement, d'autant que tout est prévu pour écarter les salariés de l'information sur les données de l'entreprise.

Ils en rêvaient depuis que le traité de Maastricht leur a donné des ailes pour déplacer leurs capitaux. Se heurtant à une importante levée de boucliers de certains syndicats, d'économistes, de journalistes, de lanceurs d'alerte et d'organisations, les dirigeants de sociétés transnationales durent battre en retraite à plusieurs reprises. Des parlementaires qu'ils « travaillaient » avec leurs réseaux d'influence n'arrivaient pas à faire passer une loi au parlement pour renforcer le secret des affaires. Plus exactement des affaires financières des sociétés qu'ils dirigent. Depuis 2004, ils ont multiplié leurs interventions auprès des députés et sénateurs proches de leurs organisations patronales et professionnelles. Séminaires, rencontres au sein de « boîtes à penser », invitations dans des clubs, participation à des commissions d'experts, de sociétés-conseils, de cabinets d'avocats, repas d'affaires…

Influencer un parlementaire français n'est pas trop difficile dans la mesure où nombre d'entre eux poursuivent des activités semblables en parallèle de leur mandat. « *Plusieurs parlementaires sont eux-mêmes d'anciens lobbyistes (...) le plus grand nombre exerce leurs activités de conseil à travers le statut d'avocat* », souligne Rachel Knaebel. Journaliste et écrivaine spécialisée sur les sujets économiques, politiques et sociaux, elle est notamment l'auteur d'une série d'enquêtes très documentées et détaillées sur les parlementaires français et les réseaux d'influence réalisée et publiée par L'Observatoire des multinationales avec la rédaction du mensuel *Alternatives économiques*[182].

Au prétexte de protéger les entreprises qu'ils dirigent des dangers de l'intelligence économique de concurrents, ils cherchaient en réalité à réduire les possibilités d'intervention – syndicats de salariés, organisations professionnelles, enquêteurs de services économiques et fiscaux, journalistes, élus etc. – dans la gestion des entreprises. Comment pourrait-il en être autrement alors que les grandes sociétés, à commencer par les banques, comptent des milliers de structures implantées dans les places offshore qui leur permettent d'éviter l'impôt et de détourner une grande partie des bénéfices réalisés par les entreprises ? Quelques rares élus communistes et Les Républicains, tel Gilles Carrez (LR)[183], et même des inspecteurs de services administratifs[184] se heurtèrent au mur du silence et à des difficultés incroyables avec des directions administratives et financières de sociétés du CAC40 alors qu'ils enquêtaient sur l'impôt payé par ces sociétés, leur organisation d'entreprise ou leur place dans l'économie française. Ce grand patronat avide

---

182. *Quand les parlementaires français sont aussi consultants, lobbyistes ou hommes d'affaires...*, par Rachel Knaebel, www.multinationales.org, 14 février 2017. Série d'articles sur le lobbying réalisée en collaboration avec la rédaction du mensuel Alternatives économiques dans le cadre d'un projet commun de développement du journalisme d'investigation économique et social, soutenu par la Fondation Charles Leopold Mayer.

183. Assemblée nationale, Rapport d'information de la Commission des finances, de l'économie générale et du contrôle budgétaire n° 3631, *Sur l'application des mesures fiscales contenues dans les lois de finances, sous-partie 2 : L'évaluation du poids de l'impôt sur les sociétés et de sa répartition entre les entreprises*, présenté par le député Gilles Carrez, 6 juillet 2011.

184. *Rapport sur les aides publiques aux entreprises*, Inspection générale des Finances, Inspection des Affaires sociales et Inspection de l'Administration, janvier 2007.

de pouvoir et de profits considère que la gestion des entreprises est de son seul ressort, avec les actionnaires. Les gros de préférence. Dans certaines assemblées générales de groupes, quelques représentants syndicaux sont parfois présents, sachant qu'ils ne pourront pas remettre en cause les choix de gestion de l'entreprise décidés en amont par les directions avec les plus gros actionnaires. Du reste, comment les élus syndicaux pourraient-ils s'y retrouver alors que des équipes de cabinets-conseils spécialisés préparent des bilans propres en jouant avec des montages juridiques, financiers et comptables tellement complexes que seule une minorité de professionnels aguerris maîtrise ? Pas de soucis, puisque les livres de compte de l'entreprise ne sont pas consultables à n'importe quel moment de son activité.

Un peu comme dans les organisations mafieuses, ces dirigeants ne connaissent qu'une seule loi – la leur – et une seule règle – opacité de gestion et profit maximum immédiat. Tels des chacals, ils chassent en bande et se jouent des coudes dans les territoires – physiques ou virtuels – où la manne à saisir (devises monétaires, œuvres d'art, énergies, minerais précieux, diamant, etc.) est importante. Drapés du manteau de la liberté, de la démocratie ou de l'ingérence humanitaire, ils pressent leurs politiciens et cabinets-conseils d'écarter enquêteurs, policiers, magistrats et journalistes de leurs activités financières avec la « finance de l'ombre », de déréglementer et privatiser afin de n'avoir plus qu'à dépecer des sociétés, des régions, des pays. La guerre est leur alliée. Une seconde nature pour certains d'entre eux au point qu'ils ne s'en cachent même pas : « *La seule solution pour relancer l'économie c'est la guerre !* », affirmait en 2002 le directeur de la Deutsche Bank.

Emmanuel Macron sera l'un des principaux acteurs de la mise au secret de la gestion d'entreprise. C'est finalement grâce à une directive du Parlement européen du 8 juin 2016 – que les États membres doivent transposer dans leur législation nationale – que la loi relative à la protection du secret des affaires sera transposée et adoptée en France le 30 juillet 2018 après que le Conseil constitutionnel, saisi à deux reprises par des membres du Parlement, l'ait jugé conforme[185]. Il faut dire que parmi les neuf membres du Conseil

185. Loi n° 2018-670 du 30 juillet 2018 relative à la protection du secret des affaires. Conseil constitutionnel, JORF n° 0174 du 31 juillet 2018, texte n° 64.

constitutionnel siégeaient Laurent Fabius, Valéry Giscard d'Estaing et Lionel Jospin. Ceux-ci ont en commun d'avoir, alors qu'ils occupaient des fonctions de ministre, Premier ministre et président, protégé les intérêts des grands propriétaires privés de la finance et de l'économie et organisé la liquidation de pans entiers de secteurs industriels, métallurgie en tête.

« *Le secret des transactions est la règle* »

La loi se faisait urgente. Dans son ouvrage sur *Le nouveau capitalisme criminel*, Jean-François Gayraud expose, avec une rare clarté en la matière, comment « *la dérégulation, en transformant les marchés financiers en un vaste casino – ainsi que l'ont montré par exemple les économistes Reinhart et Rogoff – leur a donné une dimension de prédation criminelle et une instabilité évidentes* ». Passant en revue les acteurs et facteurs du développement de la financiarisation, il donne les clés pour comprendre « *ce que les économistes, et souvent les criminologues, ne veulent pas voir* ». Ainsi qu'il en fait la démonstration dans son ouvrage passionnant, « *la dérégulation au sein de laquelle vivent les marchés financiers ressemble en fait à une expérimentation à ciel ouvert ne s'arrêtant – momentanément : voir la crise des subprimes – qu'après une tragédie. Une politique du fait accompli menée par les marchés s'est substituée à une régulation par les États* »[186].

Le jeu de l'oligarchie financière avec l'État, jeu au sein duquel les grandes banques d'affaires sont, avec les fonds spéculatifs, l'outil de prédation, a fini

---

186. *Le nouveau capitalisme criminel*, par Jean-François Gayraud, préface de Paul Jorion, éd. Odile Jacob, ch.7, *Finance déchaînée, banquiers affranchis : un destin nietzschéen*, p.302. Carmen Reinhart, universitaire, économiste, ancienne directrice adjointe du service des études du Fonds monétaire international, chef économiste de la Banque mondiale, est spécialisée sur les mouvements de capitaux et les crises bancaires et financières. Kenneth Rogoff, économiste étasunien, ancien économiste en chef du FMI, professeur d'économie et de politique publique à Harvard. Leurs travaux communs sur les impacts économiques des crises bancaires au travers de l'analyse de quatorze crises seront publiés sous le titre *This Time Is Different : Eight Centuries of Financial Folly (Cette fois, c'est différent. Huit siècles de folie financière)*, éd. Princeton University Press, 2009.

par provoquer un basculement des souverainetés étatiques au profit des souverainetés financières. Le développement de la financiarisation a conduit à aggraver les inégalités sociales, mais surtout à la constitution de véritables forteresses financières. Les réseaux de ces « colosses aux pieds d'argile » travaillent en offshore tout en étant de plus en plus connectés avec le marché financier réglementé. Cette proximité leur permet de se jouer des réglementations bancaires tout en recourant à l'État pour couvrir leurs risques et pertes en cas de crise. « *Laissez-nous faire, Sire, protégez-nous beaucoup* », écrivait déjà, en 1784, Guillaume Lesage, un gros manufacturier en coton de Bourges, s'adressant à l'intendant Michaud de Montarant, du Bureau du Commerce sous Louis XVI. Dans l'ombre de directions de sociétés transnationales, principalement bancaires et financières, les partenaires de ces financiers cyniques – cabinets juridiques, d'avocats, de lobbying et de relations publiques et autres spécialistes de l'offshore – repoussent sans arrêt les frontières entre le légal et l'illégal, le licite et l'illicite, l'honnête et le criminel. Nous y reviendrons. Ce jeu de l'ombre est d'autant plus tentant et grisant que des sommes gigantesques sont en jeu. À une époque où des robots intelligents programmés peuvent exécuter une transaction en 5 microsecondes, tout doit se jouer très vite et le plus secrètement du monde.

En 2007, 3 200 milliards de dollars – soit une fois et demie la production annuelle française – s'échangeaient chaque jour sur le marché des changes – contre 18 milliards au début des années 1970 – tandis que les réserves de change des banques centrales ne leur donnaient déjà plus les moyens de se défendre face à la spéculation à haut risque ![187]

Treize années plus tard, en 2019, ce sont 6 600 milliards de dollars qui s'échangent quotidiennement sur le même marché[188] !

Celui-ci n'a pas de lieu physique, est purement virtuel, n'a pas de cotation centralisée, ne se couche jamais, ne connaît pas de frontières et moins de 5 % des opérations traitées correspondent à des opérations ayant un support

187. Source : Étude triennale de la Banque des Règlements Internationaux sur le marché des changes, avril 2007.

188. Rapport de la BRI sur le marché des changes, www.broker-forex.fr, 2 janvier 2020.

commercial (change d'une devise contre une autre, par exemple)... Tout le reste n'est constitué que d'opérations interbancaires de spéculation. Avec la libéralisation totale du marché des capitaux, des courtiers ont débordé d'imagination pour amplifier le mouvement de « l'argent pour l'argent ». ATFox, Atriax, BlackBird, Centradia, Currenex, eSpeed, FXAII, FXCM, Gain Capital, Integral, FX Solutions, TFS ICAP, etc. ont vu le jour, la plupart du temps à l'initiative des grandes banques, en se spécialisant sur des activités et des produits financiers purement spéculatifs de toutes sortes[189].

Une note d'analyse[190] du Centre d'analyse stratégique du Cabinet du Premier ministre[191], datée du mois de mai 2011, soulignait que « *la crise financière a mis en lumière le rôle décisif joué par le système bancaire "fantôme" - expression qui recouvre la plupart des acteurs financiers non régulés - dans la propagation du risque systémique. Certaines de ces institutions ont profité des contournements possibles de la régulation en se domiciliant dans les centres financiers offshore. Le concept usuel en France de "paradis fiscal" est devenu de fait trop limitatif pour qualifier des territoires qui sont aussi source d'évasion réglementaire et jurisprudentielle. Les centres financiers offshore (CFO) ou "paradis prudentiels" font ainsi figure de "lignes de faille " de la supervision macroprudentielle nécessaire à la stabilité du système financier* ».

Passant en revue la composition des Centres offshore et leur évolution comme leurs relations avec les circuits traditionnels, cette note du Centre d'analyse stratégique observe que « *l'imbrication et la dépendance fonctionnelle*

---

189. Source : cambiste. Info.

190. Cabinet du Premier ministre, Centre d'analyse stratégique, note d'analyse Économie-Finances n° 222, *Centres financiers offshore et système bancaire « fantôme »*, mai 2011, www.strategie.gouv.fr.

191. Le Centre d'analyse stratégique est une institution d'expertise et d'aide à la décision placée auprès du Premier ministre. Il a pour mission d'éclairer le gouvernement dans la définition et la mise en œuvre de ses orientations stratégiques en matière économique, sociale, environnementale et technologique. Il préfigure, à la demande du Premier ministre, les principales réformes gouvernementales. Il mène par ailleurs, de sa propre initiative, des études et analyses dans le cadre d'un programme de travail annuel.

entre places conventionnelles et non conventionnelles constituent le fait le plus marquant de ces dernières années, structurant le marché bancaire et financier en un réseau de nœuds interconnectés. Autour des artères principales se trouvent plusieurs centres qui jouent le rôle de plates-formes de correspondance (hub) à l'échelon international ou régional ».

Autre constat : « *Dans la mesure où ces juridictions continuent d'attirer des volumes importants d'activités financières, alors même qu'elles n'entrent pas dans les standards internationaux de supervision et de divulgation d'information, elles augmentent le niveau global du risque en ajoutant de la complexité et de l'opacité aux structures des montages et des transactions financières* ». Pour autant, pas question pour ces centres offshore de céder à la transparence.

Jean-François Gayraud : « *Chaque seconde, des milliards d'ordres sont exécutés* »...

Ce goût du secret sera rehaussé par le président de l'époque, Nicolas Sarkozy. Après s'être activé en 2008 à la dépénalisation du droit des affaires afin, sans doute, de laisser les mains encore un peu plus libres aux acteurs de la financiarisation, il fera semblant de s'en prendre à leurs refuges un an plus tard : « *Les paradis fiscaux, le secret bancaire, c'est terminé* », proclamera-t-il[192]. Effet d'annonce sans lendemain. Et réponse du berger à la bergère : « *Le secret des transactions financières est la règle* » vante au même moment ICD London, l'une des principales sociétés de la City de Londres spécialisée dans le conseil, la création, la domiciliation et la gestion de sociétés basées dans les places offshore[193].

Au risque de jeter une ombre sur les belles déclarations d'intention des établissements financiers et bancaires quant à leur prétendue volonté de lutter contre le blanchiment et autres délits financiers, ICD London rappelle que « *les paradis fiscaux jouent un rôle essentiel dans le fonctionnement du capitalisme aujourd'hui. Ils ont connu un boom dans les années soixante et ils*

192. Nicolas Sarkozy sur TF1 et FR2, 23 septembre 2009.
193. Source : Documentation ICD London, 2008.

ont aujourd'hui un poids considérable dans le commerce international. Toutes les grandes banques internationales ont installé des succursales dans les paradis fiscaux. Ces territoires s'insèrent dans l'économie mondiale avec un poids économique tout particulier ».

La société londonienne dresse la liste des dix critères qui permettent de définir et de reconnaître un paradis fiscal :

- une taxation faible ou nulle pour les non-résidents ;
- un secret bancaire renforcé : les acteurs de ces juridictions sont soumis à des dispositions légales strictes renforçant considérablement la confidentialité des transactions financières ;
- un secret professionnel renforcé de tous les acteurs, grâce à une réglementation stricte ;
- une procédure d'enregistrement relâchée : une grande latitude quant aux informations à fournir lors de l'enregistrement de l'entreprise ;
- une liberté totale des mouvements de capitaux internationaux ;
- une rapidité d'exécution et d'implantation ;
- le support d'un grand centre financier : une infrastructure de haut niveau en matière de technologie de l'information ;
- une stabilité économique et politique, essentielle pour ce genre d'activités ;
- une bonne image de marque ;
- un important réseau d'accords bilatéraux, afin d'éviter une double taxation des filiales d'entreprises[194].

Que de « *secret bancaire renforcé* », de « *secret professionnel renforcé* », de « *confidentialité* », de « *procédure relâchée* » à un moment où des milliards transitent d'un acteur à un autre d'un bout du monde à l'autre par des places financières échappant à tout contrôle en recourant à des stratégies de trading algorithmiques ! Car, à l'opposé de la « spéculation économique » qui permet de couvrir un aléa ou d'anticiper une évolution des prix, opérations légitimes,

194. Ibid.193.

la « spéculation financière » appartient à un tout autre univers, précise Jean-François Gayraud :

> « Des intervenants financiers n'ayant aucune intention de se faire livrer une marchandise procèdent à des paris successifs sur son destin en anticipant les comportements présumés des autres spéculateurs, déconnectant de ce fait le marché financier de toute réalité économique. Cette distinction entre spéculateurs économiques et financiers est cardinale à mesure que les seconds s'octroient des positions hégémoniques sur les marchés. »

Cette économie-casino est devenue telle qu'elle a généré un système bancaire « fantôme » qui draine une finance parallèle.

Au sein du financement non bancaire, toutes les activités d'intermédiation de crédit qui prennent place hors du système bancaire régulé sont fréquemment regroupées sous le vocable de « shadow banking » (« finance fantôme » ou « finance parallèle ») dont il est difficile d'établir clairement le périmètre.

Toutefois, deux mesures fournies par le Conseil de stabilité financière (CSF ou Financial Stability Board en anglais) permettent d'en cerner les contours.

La première mesure, axée sur les entités, évalue le montant du « shadow banking » à **99 000 milliards de dollars fin 2016**. Celle-ci inclut, hors banques centrales, banques, compagnies d'assurance, fonds de pension, institutions financières publiques ou auxiliaires financiers, toutes les institutions financières telles que les fonds d'investissement, les sociétés de financement ou les sociétés d'investissement. Ces sociétés agissent comme intermédiaires *hors du système bancaire classique* et si elles participent dans une certaine mesure au financement de l'économie elles opèrent principalement dans des places offshore dont l'opacité de gestion n'est plus à démontrer.

La seconde mesure qui *regroupe les seules activités susceptibles de présenter un risque pour la stabilité financière* en estime le montant à **45 000 milliards de dollars** (+6 % sur 2015) pour la même année, soit 13,4 % du total des actifs financiers, contre 40,1 % pour le secteur bancaire. Ce montant était de 30 000 milliards de dollars en 2010. Pour la France, celui-ci se monte à 1 740 milliards d'euros en 2016, soit 9,3 % du total des actifs financiers[195]. Selon le rapport publié par le CSF, l'intermédiation de crédit réalisée en dehors du système bancaire traditionnel a atteint 51 600 milliards de dollars à la fin 2017 (+7,6 %)[196].

Offrant très peu ou pas de réglementation, garantissant la discrétion des opérations financières et proposant des marges plus intéressantes que le système bancaire il est utilisé par ceux - particuliers, mais surtout entreprises - qui souhaitent contourner la réglementation bancaire et financière. Mais ce système *est au cœur d'une interdépendance de l'ensemble des acteurs financiers et de plus en plus connecté avec le système bancaire réglementé.*

De plus, l'activité de cette « finance de l'ombre » se développe dans un contexte de crise financière et économique où de très nombreux États, parmi les principaux, sont surendettés. Dans ce contexte de crise capitaliste, les transactions financières se déroulent dans des conditions telles que ***des entreprises comme Google peuvent voir leur capitalisation boursière chuter de 22 milliards en trois heures*** ! Mary Shapiro, la présidente de la SEC, reconnaissait elle-même, en octobre 2012, combien des marchés fragmentés et interconnectés sont particulièrement vulnérables. La chute d'une plate-forme peut ainsi se propager en « cascade » et contaminer d'autres places boursières. Et la vitesse des transactions, admet-elle, *« implique que des problèmes d'infrastructure, même petits, peuvent causer des dégâts majeurs »*[197].

---

195. *Banque de France, Entre « finance de l'ombre » et vision angélique du marché : pour un développement équilibré du financement non bancaire*, par François Villeroy de Galhau, Gouverneur, et *Lumières sur le « shadow banking »*, par Natacha Isslame-Rocher et Henri de la Guéronnière, direction de la Stabilité financière, Revue de la Stabilité financière, n° 22, avril 2018.
196. Financial Stability Board, Global Monitoring Report on Non-Bank Financial Intermediation 2018, 4 février 2019.
197. *Le nouveau capitalisme criminel*, par Jean-François Gayraud, préface de Paul Jorion, éd. Odile Jacob, ch. 5, *Le trading de haute fréquence : vers des effondrements partiels ou systémiques ?* p. 222.

Dans ces transactions, « *le cerveau humain est remplacé par des formules algorithmiques, c'est-à-dire par une suite finie et non ambiguë d'opérations ou d'instructions traitées par des ordinateurs surpuissants et des réseaux de câbles de fibre optique parcourant le monde. Chaque seconde, des milliards d'ordres sont exécutés dans des processus si rapides, si lourds et si complexes qu'ils se situent au-delà de toute capacité humaine* », explique Jean-François Gayraud[198]. Seuls des initiés peuvent comprendre ces opérations très complexes. Celles-ci sont du reste souvent conçues pour échapper aux enquêtes des limiers d'organismes dédiés à la lutte contre la criminalité financière et aux représentants syndicaux qui seraient tentés de mettre leur nez de trop près dans les comptes des entreprises.

Rien d'étonnant donc que les grandes sociétés transnationales prennent une part active à l'évitement fiscal et à la corruption financière en recourant aux acteurs de cette « finance de l'ombre ». Rien d'étonnant non plus à ce que le grand patronat déploie de très fortes relations d'influence auprès de politiciens et de parlementaires afin d'obtenir des lois et règlements protégeant leurs activités avec la « finance fantôme ». Pas de contrôles, pas de limites…

Au bout de ces transactions financières, bien souvent des entreprises rentables sont fermées avec leur cortège de centaines, voire de milliers de licenciements.

Exemple symbolique de l'abandon de la défense de l'emploi par l'Union « européenne » et les dirigeants français au profit d'instituts financiers de la « finance de l'ombre », celui de l'imprimerie ArjoWiggins Security de Jouy-sur-Morin (Seine-et-Marne). En février 2019, celle-ci sera cédée par le groupe Sequana dans un imbroglio financier opaque à une structure non moins opaque de la « finance de l'ombre ».

198. *Le nouveau capitalisme criminel*, par Jean-François Gayraud, préface de Paul Jorion, éd.Odile Jacob, ch. 3, *Le trading de haute fréquence : les financiers de Wall Street ont-ils inventé le crime parfait ?* p. 150.

ArjoWiggins Security : Quand l'État prépare le terrain à la « finance de l'ombre »

La liquidation judiciaire de l'entreprise ArjoWiggins qui intervient le 16 janvier 2019 et met au chômage 238 salariés pose de nombreuses questions. D'autant que le 29 mars suivant, le tribunal de Commerce de Nanterre placera à leur tour les usines papetières Arjowiggins de Bessé-sur-Braye et de Bourray (Sarthe) en liquidation judiciaire. Avec l'usine de Jouy-sur-Morin (Seine-et-Marne), c'est alors plus d'un millier d'emplois directs qui sont menacés au sein du groupe Sequana. L'entreprise de Jouy-sur-Morin est, comme les autres ArjoWiggins, située au sein de la branche production du groupe Sequana spécialisée dans les papiers recyclés et de spécialités. Fabriquant des bobines de planches à billets pour les banques centrales, cette entreprise performante au carnet de commandes bien rempli produisait du papier pour la réalisation de billets de banque de 120 pays. Elle imprimait également les passeports, cartes grises, chèques de banque et autres documents sur papier hautement sécurisé tels les tickets inviolables pour les billetteries et comptait 22 ambassades parmi ses clients. ArjoWiggins Security appartenait au groupe Sequana, nouveau nom depuis 2005 de la… Banque Worms, qui recentra à cette époque une partie de ses activités sur le secteur papetier. Celle-ci la revend en avril 2018 à une société suisse qui se présente comme un fonds d'investissement du nom de Blue Motion Technologies Holding AG.

ArjoWiggins Security était-elle réellement en difficulté financière ? Pas vraiment si l'on en croit le Document de référence 2017 du groupe Sequana lui-même, alors qu'il passe en revue la situation des activités du groupe. Celui-ci indique noir sur blanc que les chiffres d'affaires des entreprises ArjoWiggins *« font preuve d'une bonne tenue (…) En 2017, les ventes d'Arjowiggins avaient bénéficié de volumes exceptionnels en laminés (cartes à jouer) dans la division Graphique, ce qui explique l'essentiel de la baisse du chiffre d'affaires lors du 1er trimestre 2018. Les autres activités de spécialité ont fait preuve d'une bonne tenue, en particulier dans le segment des papiers écoresponsables, du couché 1 face, de la reliure et du Priplak* »[199]. Et si l'augmentation de matières premières a eu de légères répercussions sur la situation financière de l'entreprise, c'est surtout la stratégie des dirigeants du groupe Sequana qui est en cause, analyse Patrick Bauret, Secrétaire général de la Fédération des travailleurs des industries du livre, du papier et de la communication (Filpac-CGT), responsable de la branche papetière au sein du syndicat :

> « En réalité, cette entreprise, comme beaucoup d'autres, est performante et rentable. Elle est riche d'une classe ouvrière, d'ingénieurs et de techniciens très qualifiés et de procédés de fabrication uniques. Ce ne sont pas eux qui sont en cause, mais la gestion des dirigeants du groupe Sequana. Depuis plusieurs années, ils cherchent par tous les moyens à se débarrasser de toutes les entreprises de production pour se limiter uniquement à la distribution en devenant une sorte de super-marché de vente du papier. Les carnets de commandes d'ArjoWiggins sont bien remplis, mais le patronat n'en veut pas. L'objectif de ces patrons n'est pas d'assurer la pérennité de l'entreprise, mais de la liquider pour augmenter leurs profits. »[200]

C'est là que, amis lecteurs, vous vous interrogez tant cette situation peut vous sembler invraisemblable : pourquoi et comment liquider une entreprise performante au carnet de commandes bien rempli ?

Pourquoi faire cesser l'activité d'une entreprise au savoir-faire unique dont « *le chiffre d'affaires fait preuve d'une bonne tenue* », ainsi que l'indique le Document de référence 2017 du groupe Sequana ?

Réponse de Patrick Bauret : « *Ils ont tout fait pour la mettre en difficulté financière, y compris en la dépouillant d'une partie de son savoir-faire par la vente de brevets* », indique le dirigeant syndical. Et, une fois encore, c'est avec l'État que le patronat va manœuvrer pour dégager l'entreprise du groupe Sequana qui cherche à financiariser encore plus fortement ses activités.

---

199. Document de référence du groupe Sequana 2017, p. 20.
200. Entretien avec les auteurs le 7 mai 2019.

Après avoir mis l'entreprise en difficulté en la dépouillant de ses atouts, le dirigeant du groupe Sequana, Pascal Lebard, se tourne vers l'État pour lui arracher des larmes et des… euros. La précision a son importance, ainsi que le fait observer le dirigeant de la Filpac-CGT :

> « C'est le Comité interministériel de restructuration industrielle, le Ciri, qui a pour mission d'aider les entreprises en difficulté à mettre en œuvre des solutions leur permettant d'assurer leur pérennité et leur développement, qui va trouver un repreneur, la société Blue Motion Technologies AG. »

L'intervention du Ciri, service du ministère de l'Économie et des Finances alors dirigé par Bruno Le Maire, se réalise généralement par un processus rigoureux constitué d'une succession d'étapes : diagnostic, rapport d'audit, réunions avec les différentes parties prenantes, proposition de plan de retournement, négociations pour parvenir à un accord sur le plan de relance de l'activité avec étude des leviers de financement, suivi de la mise en œuvre du protocole d'accord et, le cas échéant, ajustement du plan et des financements. Ce processus a-t-il été respecté dans l'affaire ArjoWiggins Security ? Il est permis d'en douter lorsque l'on s'intéresse de près au repreneur présenté par le ministère de l'Économie et des Finances. Qui est vraiment Blue Motion Technologies Holding AG, que le ministère positionne pour reprendre ArjoWiggins ?

Il s'agit d'une « K »olossale société au capital-actions entièrement libéré de 100 000 francs suisses (87 690 euros)[201]… Située en Suisse, au sud-est de Zurich et sur la rive nord de son lac dans la ville de Schnidellegi (canton de Schwyz), l'une des communes les plus riches de la Confédération, Blue Motion Technologies Holding AG est étroitement liée à une autre société de *« conseil aux entreprises »* du nom de Parter Capital Group. « Étroitement », car ces deux sociétés créées la même année et le même mois, en août 2011, avec un capital identique de 100 000 francs suisses, sont situées à la même adresse, au

201. Notification FOSC 190417/2019-17.04.2019, Numéro de publication : HR02-1004612553, Registre du commerce Schwyz, (130). Blue motion technologies Holding AG est inscrite dans le canton SZ sous l'IDI CHE-115.511.445.

8 Chaltenbodenstrasse à Schnidellegi, ont le même représentant, Joachim Magin, et sont toutes deux à « *conseil d'administration à membre unique* ». « *Parter Capital Group AG avec son siège à Schindellegi est une Société anonyme* » et « *la direction de l'entreprise qui a été fondée le 10.08.2011 se compose d'une personne* », précise la Feuille officielle suisse du commerce (FOSC), qui publie au quotidien les plus récentes notifications officielles et légales sur les sociétés en Suisse[202]. Un conseil d'administration d'une personne, c'est bien pratique. Cela permet de gagner du temps pour prendre les décisions, tout particulièrement lorsque les sommes engagées dans des opérations financières portent sur des entreprises importantes et que les sommes en question se situent à hauteur de plusieurs dizaines ou centaines de millions d'euros. Pratique aussi pour assurer la discrétion requise dans certaines opérations financières de la « finance de l'ombre ». Tim O. Weber, président du « *conseil d'administration à membre unique* » de Parter Capital Group AG en convient très certainement.

Aussi, on imagine mal que l'organisation très réduite des structures de ces deux sociétés ne lui permette pas de retrouver très facilement les 20 millions d'euros que Blue Motion Technologies AG a reçus de l'État français via la Banque publique d'investissement (Bpi) pour la reprise d'ArjoWiggins Security et qui auraient disparu dans la nature…

Le 23 avril 2019, un nouveau drame s'ajoute à celui résultant des décisions de la direction de Sequana : un travailleur de 53 ans, salarié depuis une trentaine d'années à la papeterie ArjoWiggins de Bessé-sur-Braye, met fin à ses jours. Ce salarié qui venait de perdre son emploi, comme 600 de ses collègues, n'a pas trouvé la force de supporter cette injustice suite à la fermeture de son usine par le groupe Sequana pour de pitoyables raisons financières à la limite de la malversation. En offshore, bien sûr, avec un acteur de la « finance de l'ombre » en la personne morale (?) du « fonds d'investissement » Blue Motion Technologies Holding AG et avec le soutien du… ministère français de l'Économie.

---

202. Notification FOSC 156/2011-15.08.2011. Numéro de publication : 6296250, Registre du commerce Schwyz, (130).

Cette affaire met en lumière à quel point la finance, non seulement réglementée mais également offshore, est connectée avec certains services de l'État. La volonté affichée des gouvernements qui se succèdent de vouloir identifier et réguler ou interdire les activités des acteurs de cette « finance de l'ombre » reste toujours lettre morte. Le croiriez-vous ? Des proches de certains politiciens, tels les grands patrons du Medef, s'y opposent farouchement.

David Lipton (FMI) : « *Sortir certains capitaux de l'ombre* »

En 2018, le PIB mondial s'élevait à 87 000 milliards de dollars contre seulement 11 000 milliards de dollars en 1980. Mais, « *avant de s'en féliciter, il faut se pencher sur les chiffres suivants qui illustrent le côté obscur de l'économie mondiale : 7 000 milliards de dollars* », indique en septembre 2019 David Lipton, directeur général par intérim du Fonds Monétaire International (FMI)[203]. Et de préciser que « *ce chiffre, qui correspond à 8 % du PIB mondial, représente la quantité de richesses privées que l'on estime cachée dans des centres financiers offshore et dont une grande partie provient probablement d'activités illicites* ». 1 000 milliards de dollars : c'est, d'après un calcul « *le supplément de recettes publiques qui pourrait être obtenu en réduisant d'un tiers la corruption dans le monde. Ces chiffres mettent en lumière les recoins cachés de l'économie mondiale : les capitaux qui échappent aux collecteurs d'impôts, aux organismes de réglementation et aux forces de l'ordre* », souligne David Lipton. Les montants avancés par David Lipton ne représentent qu'une infime partie de la « finance de l'ombre ». À la lecture de ces chiffres qui accompagnent la déréglementation financière et économique, on comprend que la gestion démocratique des entreprises ne soit pas vraiment une revendication du patronat français.

Cette nécessaire transparence de gestion, celle-là même dont nous avons vu comment la Cour de justice européenne s'y est opposée avec la plus grande fermeté dans l'affaire d'endettement de la Grèce par des grandes banques,

---

203. *Sortir certains capitaux de l'ombre pour améliorer la gouvernance*, par David Lipton, Finances & Développement, La piste de l'argent, septembre 2019, (www.imf.org).

permettrait de commencer à placer les responsabilités là où elles se trouvent. Mais surtout, les citoyens à qui le pouvoir fait supporter les risques des grandes banques pourraient alors participer au nécessaire débat afin de remettre l'économie à l'endroit. ***Les questions essentielles de ce défi démocratique sont celles de la place de la finance dans la société et de l'intervention des citoyens dans la gestion des entreprises et des affaires publiques.*** Il n'y a d'autre issue à la crise du système capitaliste que de relever ce défi, afin que les richesses produites par les entreprises profitent d'abord à leur développement *économique* par l'investissement, à ceux qui en sont les acteurs – actionnaires et salariés – et à la collectivité. L'idée, soutenue par les communistes et différentes forces politiques, des organisations syndicales et associations, fait son chemin. « *Face aux lamentations des capitalistes qui commencent déjà,* ***il est indispensable d'exiger l'ouverture des livres de comptes, au niveau des entreprises voire de branches entières.*** *Face au chantage à la fermeture sur fond de faillites, il est indispensable de réclamer la nationalisation, sous contrôle des travailleurs, des entreprises concernées. Concernant les TPE, PME et la situation des petits artisans, commerçants et agriculteurs, le mouvement ouvrier doit, là encore, proposer un programme alternatif pour ces secteurs* », indique un syndicat CGT du groupe Unilever France HPC[204].

Ouvrir les livres de comptes des entreprises afin de savoir ce que deviennent les profits réalisés par le travail ? Voilà une très bonne idée qui donnerait un peu de glasnost – « transparence » en français – à l'économie en faisant sauter le verrou du secret des affaires et de l'opacité de gestion, tout particulièrement des grandes sociétés.

Nous n'avons pu résister à la tentation de rechercher des informations sur ces livres de comptes tenus à l'abri du regard des salariés afin de démonter la fable du « *virus responsable de la crise économique* ».

---

204. *Chômage partiel. Pénicaud veut stopper l'aide d'État, le début de licenciements de masse ?* Syndicat CGT Unilever France HPC, Le Meux, 13 mai 2020.

Pourquoi la crise et d'où vient la crise économique et financière ? Et surtout, en quoi la maladie Covid-19 et la crise sanitaire influent-elles vraiment sur la santé des entreprises ?

En ouvrant certains de ces « livres », le doute n'est pas permis : l'argent existe pour développer l'économie *réelle* – et non la finance virtuelle échappant à tout contrôle –, pour mettre un terme aux licenciements dans les entreprises viables et créer des emplois dans tous les secteurs publics.

Le doute n'est pas permis non plus sur le fait que les richesses produites par les entreprises ne retournent pas au développement économique et social, mais partent dans la poche des grands propriétaires privés de la finance et de l'économie.

Nous n'allons pas remonter trop loin dans le temps, car ce « livre de comptes » des sociétés est épais, très épais. Très instructif aussi.

Dix années, de 2009 à 2019, dont les pages les plus chargées en chiffres sont celles des dividendes versés aux actionnaires des sociétés cotées en France, en Europe et à travers le monde. Les sociétés transnationales à base capitalistique française y figurent en bonne place. Non pour le développement économique qu'elles induisent, mais pour le détournement d'une partie des résultats financiers dans les comptes de structures privées offshore échappant à toute réglementation bancaire. Les propriétaires de *BFM TV*, du *Monde* ou de *TF1*, parmi d'autres, ne démentiront pas...

Crise ou pas crise, pandémie ou pas, durant cette période de dix années, le montant du chiffre d'affaires des sociétés du CAC40, celui des dividendes distribués aux actionnaires et des rémunérations du grand patronat n'ont cessé d'augmenter d'année en année. Les analystes de Janus Henderson Investors (JHI), société spécialiste de la gestion d'actifs mondiaux, se sont intéressés à ces livres de compte sur lesquels ils ont publié une très intéressante étude.

Avec ou sans Covid-19, ils prospèrent

L'étude que publie JHI à la fin février 2020 dresse le tableau mondial de la distribution des dividendes. Le Janus Henderson Global Dividend – JHGD – est une étude à long terme qui donne un aperçu précis des tendances de la distribution des dividendes, région par région, pays par pays et pour tous secteurs.

Dans son analyse de l'année 2019, le JHGDI indique qu'au niveau mondial « *les dividendes totaux ont augmenté de 3,5 % à l'échelle internationale pour atteindre le nouveau montant historique de 1 430 milliards de dollars US* »[205]. Analysant l'évolution du versement des dividendes dans tous les pays et secteur par secteur, l'étude précise que « *les dividendes ont fortement augmenté au cours de la dernière décennie par rapport à la valeur relativement faible fixée en 2009 suite à la crise financière. Les distributions ont quasiment doublé (+95 % pour les dividendes totaux, +97 % pour les dividendes sous-jacents)*[206], *ce qui signifie que* ***les investisseurs sur le revenu ont, en 2019, perçu 694 milliards de dollars US de dividendes de plus qu'il y a dix ans. Les sociétés ont également, à travers le monde, versé à leurs actionnaires le montant impressionnant de 11 400 milliards de dollars US au cours des dix dernières années*** »[207].

11 400 milliards de dollars US de dividendes à travers le monde en dix ans !

Et encore ne s'agit-il que du recensement des sociétés cotées en Bourse des valeurs. Dans plusieurs pays importants comme l'Allemagne, la Finlande ou la Fédération de Russie, de grandes entreprises ne sont pas cotées en Bourse. 11 4000 milliards de dollars : une sacrée pandémie qui passe presque inaperçue malgré les ravages et les morts provoqués par le virus « big dividende »...

Qu'en est-il pour les sociétés françaises ? Parmi les pays du continent européen, « *la France est le principal payeur de dividendes en Europe et, grâce aux importants dividendes extraordinaires de Natixis et d'Engie, a été le seul*

205. Janus Henderson, Global Dividend Index, édition 25, février 2020. Rapport consultable sur le site www.janushenderson.com, Global Dividend Index.
206. La croissance des dividendes totaux correspond au montant payé en dollars US au cours du trimestre par rapport au trimestre correspondant de l'année précédente. La croissance sous-jacente est également calculée après ajustement des effets de change, des dividendes extraordinaires, des changements de dates de paiement et des changements effectués au sein de l'indice boursier (le CAC 40 pour la France).
207. Souligné par les auteurs.

pays à afficher des paiements record en 2019 », indiquent les analystes de Janus Henderson Investors.

Certains politiciens et journalistes prétendent que l'augmentation du montant des dividendes que s'octroient les actionnaires privés « *reflète la bonne santé des entreprises* ». C'est oublier un peu vite que ces chiffres reflètent surtout la bonne santé du portefeuille des dirigeants et actionnaires qui décident les plans de réduction d'emplois, de fermetures de filiales et, au final, de la forte dégradation des conditions de travail et du tissu économique et social. Pourtant, que serait le capital de ces propriétaires privés de la finance et de l'économie sans l'intervention des travailleurs qui le font vivre et fructifier ? Du capital mort ! « *Le peuple n'a qu'à croiser les bras pour s'apercevoir combien il est formidable* », disait Jaurès. Ces chiffres florissants et révélateurs de l'accaparement par l'oligarchie des richesses produites par les entreprises ont pour pendant une situation économique et sociale qui n'a cessé de se détériorer tout au long de cette même décennie.

Sur 100 € de bénéfices, près de 70 € pour les actionnaires !

Ainsi, pendant que les actionnaires s'enrichissent copieusement sur les bénéfices des entreprises « *sur la période 2010-2017, les effectifs en France du CAC 40 ont déjà baissé de 20 % (pour les firmes qui publient des chiffres), tandis que les effectifs mondiaux augmentaient parallèlement de 2 %. Une évolution divergente qui reflète les choix des dirigeants des grands groupes tricolores de privilégier les investissements à l'étranger plutôt qu'en France, quand ce n'est pas simplement de chercher une main-d'œuvre moins chère sur d'autres continents* », notait L'Observatoire des multinationales dans son bilan annuel 2019[208], le plus complet qui soit publié sur ces sociétés.

De son côté, le sénateur communiste Éric Bocquet rappelait que « *de 2009 à 2016, sur 100 euros de bénéfices, ces entreprises ont reversé en moyenne*

---

208. *CAC 40, Le véritable bilan annuel*, édition 2019, Observatoire des multinationales, www.multinationales.org.

67,40 euros de dividendes, 27,30 euros pour l'investissement et 5,30 euros de primes pour les salariés »[209].

Début janvier 2020, la journaliste économique Sophie Rolland indiquait que la manne distribuée aux actionnaires suit une courbe inverse de celle de l'emploi : « *À 60 milliards d'euros, les liquidités restituées aux actionnaires du CAC 40 dépassent le niveau record de 2007. Elles ont augmenté de 12 % par rapport à l'année dernière. Compte tenu des bons résultats 2019 attendus, les dividendes et les rachats d'actions devraient encore progresser cette année* »[210]. Et lorsque Janus Henderson Investors publie son étude annuelle à la fin février 2020, ses analystes prévoient que « *les dividendes devraient augmenter de 4 % en 2020, pour atteindre 1 480 milliards de dollars US, soit une hausse de 3,9 % des dividendes totaux par rapport à 2019. Les choses sont en bonne voie pour que les dividendes atteignent, en 2020, un nouveau montant historique pour la cinquième année consécutive* »[211].

Bien évidemment la pandémie de la Covid-19 a, dans tous les pays, des conséquences – minimes, très minimes – sur la progression du montant des dividendes versé aux actionnaires.

En avril 2020, Ben Lofthouse, responsable de l'équipe Global Equity Income, et Jane Shoemake, directrice des investissements chez Janus Henderson Investors, évaluaient les perspectives de dividendes dans le monde compte tenu des conséquences à grande échelle de la pandémie Covid-19.

Selon leur analyse, la Covid-19 « *a entraîné un choc de l'offre et de la demande dans l'économie mondiale, avec des conséquences dramatiques sur la croissance du produit intérieur brut, les bénéfices des entreprises et les dividendes* ». Prenant en compte une étude sur les tendances mondiales en matière de dividendes élaborée à partir de l'indice Janus Henderson Global Dividend (JHGDI), ils constataient qu'« *environ 60 % des entreprises*

---

209. Sénat, Progression des dividendes versés aux actionnaires des entreprises du CAC 40, Éric Bocquet, 24 mai 2018.

210. *CAC 40 : versements record aux actionnaires en 2019*, par Sophie Rolland, Les Échos, 9 janvier 2020.

211. Janus Henderson Investors, Global Dividend Index, édition 25, février 2020.

mondiales qui versent des dividendes sont cycliquement exposées à l'état de santé de l'économie ». Ils estimaient alors que « *les dividendes versés par ce type d'entreprises seront donc affectés* »[212].

Observant que « *ces derniers jours* (NdA : avril 2020) *un certain nombre de sociétés ont suspendu le paiement de leurs dividendes* ***alors qu'elles avaient des bilans solides et suffisamment de liquidités pour les payer*** », les deux analystes soulignaient qu'« *il pourrait être difficile pour les entreprises de certaines régions du monde et dans certains secteurs de justifier le versement de dividendes aux actionnaires tout en bénéficiant de prêts commerciaux garantis par l'État ou de programmes de rémunération des salariés. La question-clé sera de savoir dans quels délais ces entreprises pourront recommencer à verser des dividendes une fois la crise passée* ». Dur de continuer de ponctionner les résultats financiers des entreprises en réduisant drastiquement les effectifs pour augmenter les dividendes des actionnaires tout en recevant des milliards d'euros de fonds publics de l'État au prétexte de la Covid-19. Voilà qui écorne sérieusement le discours du grand patronat sur le thème « travaillez plus » et celui du gouvernement qui vous appelle également à vous serrer la ceinture au nom de « l'union nationale » pour « relancer l'économie ».

En France, de nombreuses sociétés de l'indice boursier SBF 120 vont recevoir des milliards d'aides de l'État tout en continuant des supprimer des dizaines de milliers d'emplois, déjà programmés bien avant la crise sanitaire gouvernementale. Si le profil bas « exemplaire » est de rigueur, n'ayez aucune inquiétude, amis lecteurs. Ces multimilliardaires vont juste perdre, de manière très provisoire, quelques milliards à se partager. « *Temporaire* », dirait Bruno Le Maire en les comblant du soutien des finances publiques. Car, s'il restait « *difficile de prévoir avec précision l'ampleur des réductions de dividendes à l'échelle mondiale en 2020, étant donné la situation qui reste très instable* », les analystes de JHI prévoient qu'à plus long terme « *nous pourrions voir les paiements de dividendes dans un certain nombre de secteurs reprendre en 2021 (bien qu'à partir d'un niveau de départ plus bas), à condition que la croissance*

---

212. *COVID-19 : perspectives de dividendes en 2020*, par Ben Lofthouse et Jane Shoemake, Janus Henderson Investors, 7 avril 2020.

des nouveaux cas atteigne un plateau, que le confinement actuel imposé par les gouvernements prenne fin et que l'économie mondiale recommence à fonctionner et se redresse »[213]. Certains faits montrent pourtant que le « long terme » en question ne concerne pas vraiment les gros actionnaires multimilliardaires de sociétés transnationales.

Les « profiteurs pandémiques »

« Alors que des millions d'Américains au chômage subissent les conséquences économiques de la pandémie de COVID-19, les milliardaires américains ont vu le contraire : une accumulation massive de richesses. ***Le montant total de la richesse contrôlée par les milliardaires américains a augmenté de plus de 565 milliards de dollars depuis le début de la crise des coronavirus*** », analyse la journaliste économique Kristin Toussaint dans la revue économique étasunienne *Fast Company*[214]. Se référant à une mise à jour du rapport de l'Institute for Policy Studies Program for Inequality (Programme de l'Institut d'études politiques sur l'inégalité) sur les derniers chiffres de la richesse des milliardaires, Kristin Toussaint rappelle que ce document *« a d'abord mis en évidence les "profiteurs pandémiques" qui ont vu leur valeur nette augmenter alors que des millions d'Américains ont perdu leur emploi. Juste un mois après le 18 mars, date choisie par le rapport comme le début approximatif des mesures contre la COVID-19, lorsque la plupart des restrictions économiques à l'échelle de l'État étaient en place, la richesse du milliardaire américain avait déjà rebondi après le krach boursier initial par un gain collectif de 282 milliards de dollars par rapport au début de mars »*.

Pendant que l'Administration Trump comptait « ses » morts, au mois de mars 2020, la richesse totale de l'ensemble des milliardaires étasuniens avait

---

213. *COVID-19 : perspectives de dividendes en 2020*, par Ben Lofthouse et Jane Shoemake, Janus Henderson Investors, 7 avril 2020.

214. *Since the pandemic began, American billionaires made an extra half a trillion dollars (Depuis le début de la pandémie, les milliardaires américains ont gagné un demi-billion de dollars supplémentaires)*, par Kristin Toussaint, Fast Company (www.fastcompany.com), 8 juin 2020.

augmenté de 10 %, soit une hausse de 282 milliards de dollars : « *La valeur combinée de leur fortune atteint désormais 3 229 milliards de dollars* », indiquait alors Kristin Toussaint[215]. Encore un effet de la Covid-19 qui entraîne fermetures d'entreprises et licenciements…

Puis, deux mois plus tard, les richesses des mêmes milliardaires avaient continué de grossir. La manne financière captée par ces profiteurs fut notamment amplifiée par la spéculation des actionnaires du secteur Santé (pharmacie, laboratoires privés, fabricants de matériels médicaux, etc.), d'importantes suppressions d'emplois – 22 millions d'emplois supprimés –, une dégradation de l'emploi sans précédent avec une augmentation des emplois à temps partiel et à bas salaires et une perte d'emplois dans les services publics, notamment dans les collectivités locales. Dans le même temps, « *au cours des 11 semaines qui ont suivi le début de la pandémie, cette richesse collective a atteint 565 milliards de dollars. Rien que dans la dernière semaine, les milliardaires ont vu leur richesse bondir de 79 milliards de dollars. Collectivement, pour le groupe de milliardaires américains, le rapport calcule que leur richesse du 27 mai était de 3 432 979 108 000 $. À la clôture du marché le 3 juin, leur richesse totale s'élevait à 3 512 041 310 000 $* ». Difficile de ne pas faire le rapprochement avec un autre chiffre : « *les 22 millions d'Américains obligés de s'inscrire au chômage depuis le début de la pandémie et qui, souvent, peinent à toucher leurs allocations, à cause du manque de personnels et d'investissements dans les administrations compétentes* », souligne en avril 2020 *Le Courrier International*[216]. Plus de 565 milliards de dollars d'enrichissement supplémentaire en un peu plus de trois mois et en pleine crise sanitaire ! Toujours cette foutue crise ! C'est la faute à la Covid-19, qu'ils vous disent…

Quelques images de ce « *fossé qui devient encore plus flagrant* » ?

---

215. *American billionaires have gotten $280 billion richer since the start of the COVID-19 pandemic, (Les milliardaires américains sont plus riches de 280 milliards de dollards depuis le début de la pandémie de la Covid-19)*, par Kristin Toussaint, Fast Company (www.fastcompany.com), 23 avril 2020.

216. *Pendant la crise du Covid-19 les milliardaires américains se sont encore enrichis*, Le Courrier International, 27 avril 2020.

La fortune de Jeff Bezos, PDG d'Amazon, a augmenté de 36,2 milliards de dollars entre le 18 mars et le 27 mai 2020 alors même que la direction du groupe fait face à de sévères critiques pour la façon dont elle traite ses travailleurs.

Celle de Mark Zuckerberg, le PDG de Facebook, a augmenté de 30,1 milliards de dollars lors de la même période, alors que la société est mise fortement en cause dans plusieurs pays, dont le Canada[217]. Encore une « victime » de la crise… La transnationale n'y paie pas d'impôt, « *ne subit aucune conséquence lorsqu'elle publie du contenu illégal et gagne des milliards ici en vendant des publicités placées à côté de contenus produits par d'autres, sans payer les gens qui créent ces contenus* », indiquent *Les Amis de la Radiodiffusion*[218]. « *Le fait que des milliardaires se soient enrichis de plus d'un demi-billion de dollars au cours des 11 mêmes semaines qui ont vu ces chiffres du chômage souligne que nous sommes "plus divisés sur le plan économique et racial qu'à tout autre moment depuis des décennies", déclara dans un communiqué Chuck Collins, directeur du Programme sur les Inégalités et le Bien commun à l'Institut d'Études Politiques et co-auteur du rapport. (…) La pandémie a clairement montré qu'il existe "deux Amériques"* », conclut Kristin Toussaint.

Il appert ainsi que les sociétés transnationales brassent des sommes faramineuses, que l'essentiel de leurs résultats va dans la poche de leurs dirigeants et actionnaires, que les suppressions d'emplois se poursuivent après la pandémie comme avant malgré les milliards d'euros de finances publiques injectés dans certaines de ces entreprises et, surtout, que ce n'est certainement pas la Covid-19 qui est à l'origine de la crise financière et économique.

Pendant que politiciens et médias vous traumatisent avec la crise sanitaire et les lendemains qui déchantent un peu plus fortement qu'avant, la crise

---

217. *Since the pandemic began, American billionaires made an extra half a trillion dollars (Depuis le début de la pandémie, les milliardaires américains ont gagné un demi-billion de dollars supplémentaires)*, par Kristin Toussaint, Fast Company (www.fastcompany.com), 8 juin 2020.

218. *La campagne RECHERCHÉ vise Mark Zuckerberg, PDG de Facebook*, Les Amis de la Radiodiffusion, communiqué du 2 juin 2020, www.globenewswire.com.

économique, financière et sociale passe à la trappe. Confinés, dramatisés, isolés, englués dans un quotidien difficile, vous imaginez difficilement que les responsables de votre situation continuent de s'en mettre plein les poches en continuant de rendre votre avenir encore plus incertain. Et quand le gouvernement vous appelle à « l'union nationale » pour vous faire accepter de nouvelles lois et décrets anti-sociaux et liberticides, vous pensez que c'est un mal nécessaire pour sortir de la crise. Tout faux.

Durant la décennie 2009-2019 pour laquelle les analystes de Janus Henderrson Investors ont comptabilisé que les actionnaires privés ont parasité l'économie réelle de 11 400 milliards de dollars pour les seules sociétés cotées dans les Bourses de valeur, les actionnaires des sociétés transnationales du CAC 40 ont continué de s'enrichir tout en détruisant l'économie réelle. Sur ces onze années, ils ont perçu **plus de 525 milliards d'euros de dividendes et de rachats d'actions avec une moyenne annuelle de plus ou moins 48 milliards d'euros.** Les liquidités qu'ils ont perçues sont passées de 37,5 milliards en 2009 à 60 milliards en 2019.

À l'opposé de leur enrichissement, sur la seule période 2009 à 2015, plus des « *4/5 des zones d'emploi que compte la France ont subi des destructions d'emploi dans le secteur industriel* », rappelle le journaliste Grégoire Normand en novembre 2019 : « *la Grande récession et la crise des dettes souveraines en zone euro ont accéléré la désindustrialisation du modèle économique français entamé depuis de nombreuses décennies avec des conséquences majeures sur certains territoires* »[219]. Et sans la Covid-19…

En réalité, comme l'écrit l'historien et professeur des universités Pierre Vermeren, « ***sous l'enrobage de la crise****, mais aussi de la rentabilité et de la construction d'entreprises de taille européenne, mondiale ou "critique",* ***la désindustrialisation française n'a jamais cessé****. De 2009 à l'été 2016, 1 974 sites industriels ont été fermés en France (certaines usines ont été créées entre-temps, mais en nombre inférieur) soit 601 fermetures nettes* » [220]. Et, comme il le fait observer, mettant bas les discours de politiciens et de certains médias sur

---

219. *Industrie : 80 % des zones d'emploi frappées par la crise*, par Grégoire Normand, La Tribune, 5 novembre 2019.

une prétendue « baisse du chômage » et autre « relance de l'économie », « ***ces fermetures se poursuivent début 2019 :*** *Ford à Blanquefort en Gironde, le papetier Arjowiggins près du Mans, ou bientôt deux sucreries Saint Louis en Picardie (...) Nos élites financières et gouvernementales, les yeux tournés vers l'Amérique, ont liquidé plusieurs pans de ce qui fut l'industrie nationale, dont les champions ont été vendus avant d'être démantelés (Thomson dans l'électronique, Arcelor dans l'acier, Lafarge dans le ciment, Pechiney dans l'aluminium, etc). Cette débâcle s'est poursuivie avec ténacité depuis les années 1980, sous presque tous les gouvernements (...)* ». Et, pendant cette période, toujours pas de SRAS-CoV-2 ni de Covid-19 pour justifier fermetures d'entreprises, délocalisations, suppressions d'emplois. « *Le montant des dividendes versés aux actionnaires atteint un record de 513,8 milliards de dollars* », titrait *Le Figaro* dans son édition du 19 août 2019, mettant en exergue que « *malgré le ralentissement de l'économie mondiale, les dividendes versés au deuxième trimestre enregistrent une nouvelle hausse, notamment en France* ». Et ça continue : dividendes à la hausse, emploi à la baisse.

Emploi, santé, logement, justice, paix sociale... Rayées des écrans ! Plus de place dans les colonnes de (presque tous) vos médias ! Plus de temps d'antenne dans vos radios. Exception faite de journalistes professionnels de rares médias – *Sud Radio, France Culture, Sputniknews, France Info, TV5 Monde, LCI, RT France, La Tribune, Les Échos, L'Humanité, Le Monde diplomatique, Alternatives économiques, BastaMag* et quelques autres dont des sites Internet, qui vont chercher l'info sur le terrain, ouvrent des débats, recueillent des témoignages –, la pensée officielle dominante s'acharne à vous persuader que « la crise, c'est la faute à la Covid-19 » !

« *Avec la* ***crise due au coronavirus****, la souveraineté économique ne fait plus peur au gouvernement* », titre *Le Monde* dans son édition du 15 mai 2020 dont un article présente, sans peur du ridicule, le président Macron qui organise depuis des années privatisation sur privatisation comme un défenseur de la... production française ! Battu, *Le Journal de Mickey* ! Et de le citer dans son

---

220. *La France qui déclasse, Les Gilets jaunes, une jacquerie au XXI*[e] *siècle*, par Pierre Vermeren, éd. Tallandier.

allocution du 13 avril 2020 : « *Il nous faudra rebâtir une indépendance agricole, sanitaire, industrielle et technologique française.* » Sûrement un billet humoristique sur un comique qui s'ignore.

Rebâtir ? Tiens ? Mais alors, qui a détruit ?!

« *Une indépendance agricole, sanitaire, industrielle et technologique* » ?

En passant outre les directives de la petite Europe de Maastricht dans laquelle Macron voit une « *Europe qui nous protège* » ?! L'ancien employé de Rothschild & Compagnie s'y connaît en matière « *d'indépendance industrielle et technologique* ». L'un de ses exploits de « bâtisseur » sera, rappelons-le, la *donation* de la société stratégique française Alstom à la transnationale étasunienne General Electric.

Ce ne sont pas les dirigeants atlantistes de l'Union « européenne » qui se plaindront de cette idéologie du désespoir. Le traité de Maastricht interdisant à tout État membre ou pays tiers de restreindre les mouvements de capitaux, le grand patronat a pu ainsi délocaliser les entreprises là où la force de travail est la moins chère pour optimiser la plus-value extorquée.

La farce du « virus responsable de la crise » achevée, revenons au pays réel, celui frappé de plein fouet par la crise financière et économique dont les politiciens siègent au Parlement « européen » et leurs marionnettistes à la tête des sociétés transnationales.

Au cœur du développement économique, l'emploi. Il est aujourd'hui massacré sur l'autel du profit de financiers cyniques et criminels. Avant la Covid-19, pendant la Covid-19 et après la Covid-19. Covid de sens !

CHAPITRE 6
TABLEAU DE CHASSE DES ASSASSINS FINANCIERS

Les Français qui ont voté en mai 2017 pour Emmanuel Macron auraient dû réviser l'histoire romaine. En effet, la Rome antique eut son Macron. Les prémices de l'effondrement de la Pax Romana s'annonçaient-ils déjà ? Allez savoir. En tous cas, il s'appelait Quintus Naevius Sutorius Macro, dit Macron. Il a vécu de 21 av. J-C à 38 après J-C. Haut fonctionnaire de l'Empire romain, il était préfet du prétoire, c'est-à-dire soldat de la garde prétorienne, une élite militaire au plus proche de l'empereur. C'était un grade important, détenteur d'un rôle militaire et d'un rôle d'influence auprès du souverain. L'empereur à ce moment-là s'appelle Tibère. Deuxième empereur après Auguste à avoir organisé l'empire et la garde prétorienne. Mais Tibère est âgé de 77 ans et tout le monde pense à la succession. Macron mise sur Caius. Mais pour s'approcher de ce dernier, il envoie sa femme, Ennia. Un mari cocu, quand il le sait, devient proche de l'amant. « Futé », le Macron romain. Quand à Tibère, selon Tacite, il aurait probablement fini assassiné par son fidèle Macron. À noter que Caius deviendra Caligula, un empereur redoutablement cinglé[221]. La généalogie commence mal !

Et le Macron gaulois ?

Depuis qu'il fréquenta les allées du pouvoir sous la présidence de son parrain François Hollande jusqu'à devenir ministre du gouvernement Valls, il a passé son temps, de loi en décret, à privatiser des secteurs importants de l'économie. Ces privatisations ont eu pour conséquences une augmentation du montant de la distribution des dividendes aux actionnaires privés et une régression du tissu économique et social français marqué par la désindustrialisation, le chômage, la précarité et une aggravation de la pauvreté. Parvenu au pouvoir, il fit mener par son Premier ministre Philippe une répression violente du mouvement social tout en multipliant les lois liberticides. La « minorité-majorité » LREM issue des élections présidentielles et législatives de mai 2017, qui promettait de libérer les forces vives de la nation et de protéger les plus faibles, s'est surtout empressée de favoriser les attentes de la minorité des plus riches tout en aggravant la situation de la majorité du peuple. Elle a ainsi encore creusé un peu plus le fossé des inégalités sociales.

La France n'est plus depuis longtemps un pays social. Plus du tout même ! Le vrai socialisme a disparu avec Jaurès. Depuis, les gouvernements en alternance droite/gauche se sont ingéniés à protéger les intérêts privés des maîtres de la finance et de l'économie, à tuer l'emploi, à dévaloriser le travail, augmenter les impôts, taxes et règlements répressifs pour le peuple, endetter l'État tout en diminuant le niveau de vie.

« *Pas de conspiration* ». Juste la corporatocratie…

La loi de 1973, dite « loi Rothschild », du nom de la banque dont était issu l'ancien président de la République Georges Pompidou, a ouvert les portes de cette financiarisation de l'économie. Depuis cette loi, l'État passe par le système des banques privées pour financer son endettement. Mais, surtout, il

---

221. *La Rome antique aussi a connu Macron !* Ouest France, édition du soir, 16 mai 2017.

n'est plus maître de sa monnaie. Emmanuel Macron, ne l'oubliez pas, est, lui aussi, issu du groupe bancaire Rothschild. C'est la dégringolade masquée, mais bien réelle, qui continue depuis le tout début des années soixante-dix. La mondialisation voulue par une poignée de milliardaires sordides et criminels est de plus en plus omniprésente. Leurs sous-fifres, politiciens, militaires, propagandistes, dirigeants de lobbies, propriétaires de médias, s'activent et entérinent leurs orientations et décisions dans des réunions tenues à huis clos. Les conférences et organisations patronales regroupant les décideurs des sociétés transnationales croisent l'agenda des clubs et réseaux d'influence comme le club de Bilderberg créé en 1954 par la CIA et le service secret britannique MI6, le Forum économique de Davos, le G7 ou d'autres structures moins voyantes telles les « boîtes à penser » (think-tank) dont les généreux donateurs sont souvent des sociétés transnationales étasuniennes.

Leur objectif ? Assurer la survie du capitalisme et de l'US Imperium en crise.

Leurs moyens ? Des organisations politiques régionales ou à vocation internationale et le recours à la guerre de manière systématique pour s'approprier de « nouveaux territoires économiques ». Depuis la dissolution de l'Union soviétique en décembre 1991, le monde connaît un développement de la guerre sous toutes ses formes : culturelle, diplomatique, financière, économique, médiatique, para-militaire et militaire. À l'origine et au cœur de toutes ces guerres, un État : les États-Unis.

Dans les couloirs des sociétés transnationales étasuniennes, des « assassins financiers » élaborent des années à l'avance les plans pour s'approprier ce qu'ils nomment des « nouveaux territoires économiques ».

John Perkins, ancien « assassin financier » de la Chas. T. Main, société étasunienne internationale de conseil, qui fut l'un d'entre eux, témoigne[222] en risquant sa vie : « *J'étais un assassin financier. Les "tueurs à gages économiques" sont des professionnels grassement payés qui escroquent des pays partout dans le monde de trillions de dollars.* »

---

222. *Les confessions d'un assassin financier*, par John Perkins, éd alTerre. *Trump face à l'Europe*, par Jean-Loup Izambert, IS Édition.

Économiste et écrivain, John Perkins fut recruté en 1971 par l'Agence de Sécurité Nationale (National Security Agency – NSA) et mis en contact avec Einar Greve, un colonel de l'armée de réserve des États-Unis qui était surtout vice-président de Chas. T. Main Inc. (MAIN). Cette société de consultation internationale réalise des études pour déterminer les possibilités et conditions de prêts de la Banque mondiale à des États. Son travail consistait à convaincre des décideurs de pays d'accepter d'énormes prêts pour le développement de leurs infrastructures et de garantir que la réalisation des projets serait confiée à des transnationales étasuniennes comme Halliburton, Betchel Group ou d'autres. Car, comme le dit Perkins à partir de son vécu, « *l'empire dépend de l'efficacité des grandes banques, des grandes compagnies et des gouvernements, soit la corporatocratie, mais il n'y a pas de conspiration* ».

Les « assassins financiers » que Perkins connaît bien pour les avoir tutoyés ?

> « Ils canalisent l'argent de la Banque mondiale, de l'Agence américaine pour le développement international (U.S. Agency for International Development – USAID) et autres agences d'aide internationale vers les coffres de grosses multinationales ou de quelques familles richissimes qui contrôlent les ressources naturelles de la planète. Dans des pays comme l'Équateur, le Nigeria ou l'Indonésie, les saboteurs sont vêtus comme des enseignants ou des boutiquiers. À Washington et à Paris, ils se confondent avec les bureaucrates et les banquiers. Ils semblent de simples individus normaux. Ils visitent les sites des projets et se promènent dans les villages appauvris. Ils professent l'altruisme, discourant, pour les journaux locaux, de la merveilleuse œuvre humanitaire qu'ils accomplissent. Ils couvrent de leurs bilans et de leurs projections financières les tables rondes des comités gouvernementaux et donnent des conférences sur les miracles de la macroéconomie à l'École de commerce de Harvard. Ils travaillent à découvert. Ou, tout au moins, ils savent se faire accepter tel qu'ils se présentent. C'est ainsi que le système fonctionne. Ils commettent rarement des actes illégaux, car le système repose sur le subterfuge et est légitime par définition. »

Cependant, s'ils échouent, « *une espèce plus sinistre encore entre en scène* », rapporte John Perkins : « *Ceux que l'on appelle les chacals, qui sont les héritiers directs des empires de jadis.*[223] *Ils sont toujours présents, tapis dans l'ombre. Quand ils en sortent, des chefs d'État sont renversés ou meurent dans des "accidents" violents*[224]*. Et si, par hasard, la CIA et les chacals échouent, comme en Afghanistan ou en Irak, l'armée intervient en dernier recours pour prendre la relève. De jeunes Américains sont envoyés au combat pour tuer et pour mourir* ».

Pour convaincre les décideurs de bénéficier de prêts financiers importants et de privatiser les entreprises très rentables et stratégiques au profit de sociétés transnationales étasuniennes, ils bénéficient de l'appui de réseaux d'influence de l'appareil d'État US. Ils œuvrent au sein de lobbies et campent dans les couloirs des centres de pouvoir des États et des institutions régionales. Bruxelles où sont décidées 80 % des lois des pays membres de l'Union « européenne » est devenue la deuxième capitale mondiale du lobbying après Washington. Via l'International Council for Capital Formation (ICCF), pour ne citer qu'elle, les entreprises étasuniennes peuvent agir directement non seulement sur des secteurs économiques précis (énergie, environnement, santé, transports, etc.), mais aussi sur les grands choix politiques.

Près de 12 000 groupes de pression influent sur ce que sera votre langue, votre santé, votre logement, votre emploi, votre environnement, votre nourriture. Pour entretenir l'US Imperium, les transnationales étasuniennes ont mis en place des bases politiques régionales ayant en charge de favoriser leurs conquêtes économiques et une multitude de réseaux à la fonction essentielle d'assurer la propagande sur l'entreprise modèle, bien évidemment étasunienne.

---

223. John Perkins désigne par ce terme les tueurs à gages et groupes d'intervention des Sociétés Militaires Privées (SMP) qui ont en charge de monter les opérations illégales que les services de renseignement officiels ne peuvent réaliser sans risquer d'impliquer l'État en cas d'échec.

224. *Fortune's Warriors : Private Armies and the New Worl Order*, par James R. Davis, Vancouver et Toronto : Douglas & McIntyre, 2000.

L'Union dite « européenne » est l'une de ces bases. Conçue à l'origine[225], dès les années 1941, par les dirigeants étasuniens pour diviser l'Europe en enfermant son versant occidental dans un bloc monolithique - Union « européenne » et OTAN –, elle a également pour mission de modeler le continent européen aux normes culturelles, financières, économiques et sociales étasuniennes.

Derrière le faux-nez d'un Parlement aux pouvoirs limités, ses centres de décision, le Conseil de l'Union « européenne » et la Commission « européenne », travaillent à huis clos. Dirigés par des politiciens atlantistes et des hauts fonctionnaires intouchables qui n'ont de compte a rendre à personne, ils décident des Grandes orientations de politique économique – les Gopé – qui vous sont imposées. Ainsi, quand des élus locaux ou nationaux, du maire au député, débattent d'orientations budgétaires, celles-ci ne sont pas élaborées en fonction des moyens et des besoins de la population française, mais dans le cadre et en application des orientations budgétaires et des recommandations dictées par Bruxelles et sa Commission « européenne ». Que ceux qui ont voté pour le traité de Maastricht ne viennent pas se plaindre !

---

225. Dès 1940, bien avant leur entrée en guerre en décembre 1941, Washington opère plusieurs tentatives pour se préparer à administrer la France comme un protectorat. Robert Murphy, représentant spécial du président Roosevelt en Afrique du Nord et futur Premier conseiller du gouverneur militaire de la zone d'occupation américaine en Allemagne, sera l'un des hommes qui vont tenter d'organiser cette « *pax americana* » avec des représentants du gouvernement de Vichy. Le 22 novembre 1942, le général américain Mark W. Clark et le représentant de Vichy signent « *un accord singulier* » mettant « *l'Afrique du Nord à la disposition des Américains* » et faisant de la France « *un pays vassal soumis à des "capitulations"* ». *Quand les Américains voulaient gouverner la France*, par Annie Lacroix-Riz, Le Monde diplomatique, mai 2003, *Industriels et banquiers français sous l'Occupation*, par Annie Lacroix-Riz, Éd. Armand Colin et *L'Abîme, 1939-1945*, par Jean-Baptiste Duroselle, Imprimerie nationale.

L'Union « européenne » travaille pour l'hégémonie US

Pourquoi ceux qui vous ont appelé à « voter Maastricht » ou à l'abstention se priveraient-ils de décider de votre avenir puisqu'ils ont réussi à obtenir le consentement d'une toute petite minorité d'électeurs lors du référendum de 1992 pour ce traité afin de vous imposer un droit supranational sur le droit français ? Exit la souveraineté culturelle, politique, financière, économique et militaire de la France.

Trois années après le référendum de Maastricht, en 1995, l'Organisation mondiale du commerce (OMC) a vu le jour. Inconnue du grand public, l'OMC a, elle aussi, été créée dans le but d'étendre l'hégémonie économique des États-Unis en Europe. Le TAFTA (Traité transatlantique) est toujours dans les tuyaux. Le CETA (Accord économique et commercial global) entre l'Union « européenne » et le Canada est déjà en vigueur et c'est un désastre, sauf pour les USA, bien entendu. C'est à qui sera le plus « rentable ». Les travailleurs canadiens sont directement mis en concurrence avec les travailleurs français et les entreprises s'implantent là où la main-d'œuvre est bon marché, c'est-à-dire dans les pays où les protections sociales sont les plus faibles. Il s'en suit une accélération des délocalisations. Les grandes sociétés accentuent la centralisation de leur production pour minimiser les coûts de production et ainsi augmenter leur marge de profits au bénéfice des seuls actionnaires. Un an après l'entrée en vigueur du CETA, l'Institut Veblen pour les réformes économiques et la Fondation pour la Nature et l'Homme (FNH) en dresse un « *bilan inquiétant* » dans un dossier[226]. Les titres de chapitres en disent long sur les conséquences négatives de ce traité sur les sociétés : « *La porte ouverte aux pesticides interdits en France et en Europe* », « *La porte ouverte aux OGM* », « *La coopération réglementaire a déjà des effets néfastes sur les politiques environnementales. Le futur tribunal d'arbitrage ne va rien arranger* », « *Le gouvernement français n'a tenu aucune des promesses de son plan d'action visant à limiter les impacts négatifs du CETA* », « *La politique environnementale de Justin Trudeau : une catastrophe pour le climat* »...

---

226. Institut Veblen, dossier *CETA, un an après*, septembre 2018. Contact : Institut Veblen, Mathilde Dupré, www.veblen-institute.org.

Force est de constater qu'un an plus tard, aucun des engagements-clés pris dans le plan d'action CETA annoncé par le gouvernement n'a été tenu : « *En effet, on ne trouve ni veto climatique ni chapitre développement durable contraignant dans le CETA, pas plus que dans ses clones : le JEFTA, l'accord avec le Mercosur ou celui avec l'Indonésie.* » Bien pire, soulignent les auteurs du rapport : « *Cet été* (NdA : 2018), *la Commission européenne a annoncé vouloir relancer de nouvelles négociations avec Donald Trump pour conclure une TTIP bis, en dépit de l'engagement récent de la Commissaire européenne et d'Emmanuel Macron de ne pas négocier avec un État qui déciderait de sortir de l'Accord de Paris.* »[227]

Les mondialistes ont avancé leurs pions soigneusement, d'année en année, de président en président, de traité en traité, de « recommandations » en « réglementations » de l'Union « européenne ». Sous couvert de « renouveau », la même politique de liquidation de la « maison France » continue.

Au tableau de chasse des « assassins financiers » déjà garni des trophées de la mise à sac de l'Afghanistan, du pillage des richesses de l'Irak, de la Yougoslavie, de la Libye et de la Syrie, du rançonnement de pays d'Amérique latine et d'Afrique, de l'endettement financier de la Grèce, de la captation de terres et d'entreprises en Ukraine s'ajoutent ceux des opérations menées contre la plupart des pays d'Europe. Celles-ci, préparées par les « assassins financiers » dans le cadre de projets à moyen et long termes, se caractérisent principalement par l'appropriation d'entreprises par les moyens les plus brutaux : déstabilisation financière, trucage des marchés par des opérations d'influence en amont des appels d'offres, corruption, entraves à l'activité financière et économique, sanctions financières et économiques, violations répétées du droit international, ingérences dans la vie politique et économique, chantages et menaces. Toutes ces actions décidées par Washington reçoivent le soutien des dirigeants de l'Union « européenne ».

Pour essayer d'imposer l'US Imperium plus rapidement, le Congrès US a voté en 1992 l'US Export Enhancement Act. Cette loi a été suivie de la création

227. *Un an après l'entrée en vigueur provisoire du CETA : Un bilan inquiétant*, communiqué de presse de l'Institut Veblen et de la FNH, 19 septembre 2018.

du Trade Promotion Coordinating Coommittee (TPCC), plate-forme de partage d'informations entre le secteur privé et l'administration fédérale. Cette structure est composée des principaux départements (ministères de la Défense, agences de renseignement, du commerce, de l'énergie, des finances, de l'Intérieur) et d'organismes financiers, de renseignement et d'influence de l'État US (Import Export Bank, USAID, fondations, etc.). Au sein du TPCC, l'Advocacy Center est l'un des outils précieux des « assassins financiers ». C'est lui qui coordonne les moyens de l'État pour recueillir les informations sur les entreprises ciblées et leurs concurrents, les transmet aux directions des transnationales étasuniennes, intervient auprès des parlementaires ou de la Maison-Blanche et finance même des campagnes de communication aux États-Unis et à l'étranger.

En 2004, George W. Bush fera passer l'Advocacy Center sous la coupe de l'International Trade Administration (ITA) et coordonnera ses activités avec l'US and Foreing Commercial Service (USFCS). Ce dernier, créé en 1897, a pour mission de mettre les marchés mondiaux à la disposition des États-Unis. « *Pas besoin de think-tank avec l'administration Trump, qui fait pression directement sur les chefs d'État ou de gouvernement pour favoriser les entreprises américaines* », indique Ali Laïdi, docteur en sciences politiques[228]. La financiarisation non régulée de l'économie qui accompagne cet accaparement économique et financier se traduit par des conséquences dramatiques pour les peuples.

Comment s'en étonner alors que le capitalisme anglo-saxon et sa conception de l'entreprise – le « tout actionnaire » – remettent en cause l'emploi salarié sur lequel repose en France l'essentiel du financement des systèmes de solidarité ?

Comment la France y échapperait-elle alors que ses dirigeants, président en tête, se sont affairés à remettre gracieusement l'une des principales entreprises stratégiques françaises, Alstom, à la transnationale étasunienne General

228. *Le Droit, nouvelle arme de guerre économique : Comment les États-Unis déstabilisent les entreprises européennes*, par Ali Laïdi, Actes Sud.

Electric ?![229] Jamais aucun agent de l'étranger n'a causé un tel préjudice à la souveraineté politique, militaire et économique nationale. Ces opérations sont toujours suivies de concentrations et de fermetures d'entreprises. L'emploi est malmené, détruit, tandis que le travail, déprécié, est saboté jusqu'à transformer le salarié en abruti normalisé aux standards de l'appareillage hiérarchique. Nul besoin de la Covid-19 pour tuer l'emploi. Les assassins financiers sont déjà à l'œuvre de longue date.

Plus d'un actif sur deux sans emploi ou en emploi précaire

La France est devenue l'un des pays les moins industrialisés d'Europe occidentale. Selon Pôle Emploi, 5,963 millions de demandeurs d'emploi « toutes catégories » étaient recensés en octobre 2018. Ils seront 6,50 millions de chômeurs enregistrés à la fin janvier 2020[230], puis 6,69 millions trois mois plus tard, fin avril 2020[231].

Mais attention : il s'agit là du chiffre officiel diffusé par l'Insee, Pôle Emploi et les instances du pouvoir. Un Pôle Emploi bien prompt à vous radier pour faire descendre les statistiques du chômage[232]. En réalité, la situation est bien plus dramatique.

Ces chiffres permettent aux relais du système (ministères, Chambres de commerce et d'industrie, organisations patronales, médias qui reproduisent les communiqués officiels sans les vérifier, etc.) de multiplier les communications sur les thèmes de « la baisse du chômage », de la « sortie de crise » et de la « relance économique » qui n'en finit pas d'être relancée d'année en année. L'un des objectifs de ces fausses informations gouvernementales est de vous convaincre que la situation de l'emploi s'améliore et qu'en conséquence, la

---

229. *Le piège américain*, de Frédéric Pierucci, ancien président de la filiale chaudière d'Alstom, avec Matthieu Aron, éd. JC Lattès, p. 275 à 277.

230. Dares et Pôle emploi, Demandeurs d'emploi inscrits en fin de mois à Pôle emploi – France entière – janvier 1996 à janvier 2020.

231. Pôle emploi, Demandeurs d'emploi inscrits en fin de mois à Pôle emploi – France entière – janvier 1996 à avril 2020, données brutes.

232. *70 % des radiations à Pôle emploi consécutives à une absence à une convocation*, Le Monde, 26 mars 2018.

politique du pouvoir est bonne. Vous remarquerez d'ailleurs que plus les usines ferment, plus des productions sont délocalisées, plus la France se désindustrialise, plus les luttes pour la défense de l'emploi prennent de l'ampleur et de la vigueur, plus le chômage régresserait et la situation économique s'améliorerait, selon les statisticiens officiels et médiatiques du système.

Mais alors, si ces chiffres officiels sur la situation de l'emploi sont tronqués et sont loin, très loin, de la réalité du chômage, de l'emploi précaire et du sous-emploi, qu'en est-il exactement ?

Ces chiffres la plupart du temps présentés comme étant ceux de « toutes les catégories » de chômeurs en laissent en réalité un paquet sur le pavé puisque plusieurs millions de personnes ne sont pas prises en compte :

- 1,84 million de foyers bénéficiaires du revenu de solidarité active (RSA) qui a augmenté de près de 540 000 en dix ans (1,3 million en décembre 2007)[233] ;

- 3,2 millions de foyers n'ayant plus que la prime d'activité – qui remplace le RSA activité et qui sont donc sortis des statistiques RSA (ils étaient 2,66 millions en juin 2018)[234] ;

- Plus ou moins 1,1 million de personnes sur les 2,326 millions de bénéficiaires d'allocations pour handicap (920 000 pensionnés d'invalidité, 1,13 million de bénéficiaires de l'Allocation adulte handicapé – AAH –, 252 000 de la Prestation de compensation de handicap – PCH – et 72 000 de l'Aide compensatrice pour tierce personne – ACTP –) qui sont sans emploi ou en recherche d'emploi malgré une aptitude et un désir d'accès à un emploi adapté[235] ;

---

233. CAF, Conjoncture, *Les foyers bénéficiaires du RSA*, n° 23, septembre 2018.
234. Banque des territoires, *Prime d'activité : le nombre de bénéficiaires continue d'augmenter et la réforme se précise*, par Jean-Noël Escudié, 1er octobre 2018 et CAF, Conjoncture, *Les foyers bénéficiaires de la prime d'activité*, n° 10, septembre 2018.
235. Sources : *Dix chiffres-clés sur l'emploi des personnes handicapées*, Faire Face, 8 novembre 2016 et *Programme de qualité et d'efficience, « Invalidité et dispositifs gérés par la CNSA »*, Projet de loi de financement de la Sécurité sociale (PLFSS) 2016, Commis-

– 1,4 million de personnes qui sont sans-droits (jeunes de moins de 25 ans premiers demandeurs d'emploi qui n'ont pas droit au RSA, personnes en recherche d'emploi n'ayant pas droit au RSA car dépassant les plafonds de ressources – 687 euros par mois pour un couple… –, bénéficiaires de pensions de reversions de 55 ans et plus qui dépassent les plafonds du RSA (473,50 euros pour une personne seule), sont en recherche d'emploi et n'ont pas l'âge pour prendre leur retraite ou pour percevoir le minimum vieillesse (65 ans) ; bénéficiaires de pensions alimentaires qui dépassent les plafonds du RSA – plafonds deux fois inférieurs au seuil de pauvreté ! ; étudiants, boursiers ou non, qui cherchent des petits jobs alimentaires, qui sont donc bien demandeurs d'emploi ; retraités qui cherchent un emploi car leur retraite ne couvre pas les charges fixes de leurs besoins primaires pour vivre (santé, loyer, énergie, assurances, voiture, téléphone, eau, nourriture, etc.).

Non compris les personnes exerçant une activité inférieure à leur qualification. Ces derniers vivent une sorte de chômage déguisé par le fait qu'ils ne peuvent exercer un métier correspondant à leur qualification et à leur expérience, parfois après de longues années d'études. Ils en pâtissent, mais avec eux toute la société qui se prive de cette force de travail qui pourrait et voudrait être employée à hauteur de sa qualification mais ne l'est pas. Ils sont quand même 1,64 million de personnes en situation de sous-emploi en France ![236]

Un total qui représente plus ou moins ***15,84 millions de personnes sans emploi, de travailleurs occasionnels, sous-employés ou pauvres !***

---

sion des comptes de la Sécurité sociale (CCSS), septembre 2015, Caisse nationale d'assurance maladie des travailleurs salariés (CNAMTS – traitement de la Direction de la Sécurité sociale), Direction de la recherche, des études, de l'évaluation et des statistiques (Drees, estimation Direction de la Sécurité sociale) et *AAH : le nombre des bénéficiaires a doublé depuis 1990*, par Emmanuelle Dal' Secco, 15 octobre 2018, www.handicap.fr.

236. Insee, Sous-emploi selon le sexe et l'âge en 2017, Données annuelles de 2007 à 2017, publication du 23 avril 2018.

Non compris également les personnes qui sont en chômage longue durée, mais sont découragées et ne font plus de recherche active d'emploi, celles qui seraient prêtes à mettre fin à l'activité qui les fait considérer comme non disponibles si on leur offrait un emploi réel, les auto-entrepreneurs qui ne tirent pas de réelles ressources de leur activité et sont en recherche d'emploi en parallèle à celle-ci ou les défauts d'actualisation suite à des situations très difficiles. La population active en France métropolitaine étant estimée par l'enquête emploi de l'Insee à 28,4 millions de personnes âgées de 15 ans et plus, on peut donc situer ***le véritable taux de non-emploi total et précaire à plus de 55 % !***[237]

Dans ce marasme économique où plus d'un Français sur deux de la population active n'a plus d'emploi, est en emploi précaire ou sous-employé, la qualité du travail a également pris un sacré coup de vieux. Rares sont ceux qui évoquent cet autre aspect de la destruction de l'emploi.

Le travail saccagé

Activité humaine enrichissante, la qualité du travail devrait être au centre des préoccupations de toute société civilisée. Non seulement femmes et hommes y consacrent l'essentiel de leur existence, mais cette activité leur permet – devrait permettre – de s'enrichir intellectuellement et financièrement en apportant leur compétence et expérience au développement économique et social. Malheureusement, comme le décrit avec pertinence Hervé Sérieyx dans son *Alerte sur notre contrat social, « la stratégie du boucher coupe les coûts et les cous »* et *« la flexibilité des entreprises mine la sécurité des personnes »*[238].

Entrer à reculons dans l'entreprise n'est pas signe d'une économie vivante au service de l'émancipation humaine et œuvrant à l'intérêt général. Non seulement le chômage est devenu une véritable plaie sociale, mais le travail lui-même n'a cessé de se dégrader. Le capitalisme accroît toutes les formes de violence, et l'entreprise n'y échappe pas. En une décennie, les rapports sociaux s'y sont considérablement dégradés du fait des politiques gouvernementales

237. Rapport du nombre de chômeurs sur la population active x 100.
238. *Alerte sur notre contrat social*, par Hervé Sérieyx, Éd. Eyrolles.

qui laissent de plus en plus les mains libres au patronat et de syndicats dont les propositions et formes d'actions ne sont plus, pour beaucoup, à la hauteur des enjeux.

Du coup, le travail lui-même est saccagé, ainsi que le rapportent de nombreuses études. « *Au sein des flux d'embauches en CDD et CDI, la part des CDD a nettement progressé en vingt-cinq ans, notamment à partir des années 2000, passant de 76 % en 1993 à 87 % en 2017. Cette évolution structurelle dans les mouvements de main-d'œuvre s'accompagne d'une forte hausse des contrats de très courte durée ; en 2017, 30 % des CDD ne durent qu'une seule journée* », indique Dares analyses, édité par la Direction de l'animation de la recherche, des études et des statistiques (Dares) du ministère du Travail[239].

Précisons pour ceux qui n'auraient pas percuté que CDD veut dire Contrat à Durée Déterminé. Une journée est donc une durée déterminée, une sorte d'esclavage à la carte. En d'autres termes, comment se faire piéger par la sémantique. Autre chiffre ahurissant qui donne la mesure de la dégradation des conditions de travail : « *En 2017, 40 % des salariés ont un contrat de moins d'un mois au cours d'un trimestre donné, sans avoir ce trimestre-là ni CDI ni CDD plus long et signent en moyenne 3,5 CDD de moins d'un mois dans le trimestre.* »

Il suffit de regarder les conditions de travail dans les hypermarchés et dans les « drives », ces points de retrait des courses que vous faites par Internet et que vous allez vous faire livrer en… magasin : 6 jours de travail par semaine pour un salaire de misère, pause de 30 minutes par jour de travail ![240] Le tout avalisé par les préfets, donc par l'État. Dérogation oblige pour ces exploiteurs dirigeant des supermarchés.

---

239. *CDD, CDI : comment évoluent les embauches et les ruptures depuis 25 ans ?* Dares analyses, n° 026, juin 2018.

240. Source : *Enquête Grande distribution, Dans l'enfer des drives*, CFDT, 24 octobre 2014 et « *Je n'avais plus le droit de parler avec mes collègues, ensuite ils m'ont supprimé ma pause pipi* », Basta, 22 octobre 2015.

« Chéri, les courses en Drive, c'est over top ! Regarde comme ils sont gentils. Ils mettent nos achats dans le coffre et nous astiquent les pompes. Quelques piécettes, Charles-Henri… Tenez mon brave, pour votre peine ! »

De plus, la paupérisation accélérée de la classe ouvrière des usines et des champs touche également des ingénieurs, techniciens et cadres. Ces derniers sont désormais également concernés par l'augmentation des maladies liées à la détérioration de l'emploi. Stress, violences externes (agressions verbales ou physiques, incivilités…), violences internes (conflits, harcèlement moral ou sexuel…)… *« Les conséquences des risques psychosociaux pèsent sur la santé physique et mentale des salariés »*, indique l'Institut national de recherche et de sécurité pour la prévention des accidents du travail et des maladies professionnelles (INRS). L'Institut constate que *« dans les entreprises où ils sont présents, on peut ainsi noter une augmentation de l'absentéisme et du turnover, des difficultés pour remplacer le personnel ou recruter de nouveaux employés, une augmentation des accidents du travail, une démotivation, une baisse de créativité, une dégradation de la productivité, une augmentation des rebuts ou des malfaçons, une dégradation du climat social, une mauvaise ambiance de travail, des atteintes à l'image de l'entreprise… »*[241]

Chiffres-clés : en France, 45 % des actifs occupés déclarent devoir (toujours, souvent) se dépêcher, 25 % déclarent devoir cacher leurs émotions, faire semblant d'être de bonne humeur (toujours, souvent), 25 % disent devoir faire appel à d'autres en cas d'incident, 30 % signalent avoir subi au moins un comportement hostile dans le cadre de leur travail au cours des douze derniers mois, 10 % disent devoir faire des choses dans leur travail qu'ils désapprouvent, 25 % craignent de perdre leur emploi.[242] L'édition 2019 du Rapport sur les inégalités en France de L'Observatoire des inégalités indique que *« si un tiers de l'ensemble des salariés déclarent subir au moins trois contraintes physiques, c'est le cas de près des deux tiers des ouvriers non qualifiés, contre 6 % des cadres. La part des salariés qui subissent ces pénibilités*

---

241. Institut national de recherche et de sécurité pour la prévention des accidents du travail et des maladies professionnelles, dossier Risques psychologiques, 2019, www.inrs.fr.

242. Source : enquête Dares « Conditions de travail-Risques psychosociaux », 2016.

a augmenté de près de quatre points entre 2005 et 2016 chez les ouvriers qualifiés, passant de 57,2 % à 60,8 % » ![243] Les ingénieurs, techniciens et cadres sont également fortement touchés par une gestion d'entreprise qui n'a plus pour objectif que d'enrichir ses actionnaires privés au maximum en compressant effectifs et budgets.

« Maintenant les gens, ils n'ont plus le choix »…

La docilité à la hiérarchie l'emporte sur la compétence, ainsi que l'ont mis en valeur plusieurs chercheurs en sociologie économique dans La Nouvelle Revue du Travail. L'une de ses éditions, consacrée aux interdépendances entre la financiarisation de l'économie et les transformations contemporaines du travail, donne une idée très précise du processus de formatage de l'encadrement productif aux normes exigées par la recherche du profit maximum immédiat[244].

Les acteurs techniques de l'entreprise ?

Ils « *n'ont plus la latitude pour, individuellement, inventer les réponses aux problèmes surgissant dans le cours du développement, et pour, collectivement, procéder à leur adaptation réciproque. Figés dans une division du travail indiscutable, l'incertitude du travail et le réel de l'activité sont évacués des dispositifs. Les concepteurs ne peuvent plus faire vivre ni leurs échecs et ni leurs inventions* », explique Christophe Massot, chercheur associé au Laboratoire d'économie et de sociologie du travail (LEST) d'Aix-en-Provence[245].

---

243. Contraintes physiques : connaître trois contraintes parmi les suivantes : rester longtemps debout, rester longtemps dans une posture pénible, effectuer des déplacements à pied longs ou fréquents, devoir porter ou délacer des charges lourdes, subir des secousses ou des vibrations.

244. La Nouvelle Revue du Travail n° 3, *Financiarisation et travail*, par Guilhem Anzalone, publié le 8 novembre 2013 (www.socioeco.hypotheses.org).

245. Christophe Massot, « *La mise sous silence du travail de conception par la création de valeur actionnariale* », La nouvelle revue du travail [En ligne], 3|2013, mis en ligne le 30 octobre 2013, consulté le 8 juin 2020. URL :
http://journals.openedition.org/nrt/1059 ; DOI : https://doi.org/10.4000/nrt.1059

La pression des actionnaires pour qui seul compte le montant de leurs dividendes est telle que dans des entreprises, les techniciens et ingénieurs en viennent à augmenter le coût des projets pour garder une marge de qualité qu'ils ne pourraient assurer en respectant les normes de la hiérarchie. « *Cherchant à se libérer des contraintes pour laisser une place au réel, les concepteurs développent des stratégies de dissimulation de leur activité à l'intérieur des dispositifs de gestion. Ils s'aménagent en leur sein un espace clandestin d'adaptation* », rapporte Christophe Massot. Une sorte de travail clandestin qui permet de cacher à la hiérarchie les mesures issues du travail réel de conception sous celles du projet. « *Face à ce que demande le projet,* explicite un ingénieur, *le truc finalement c'est de surdimensionner [en délais et en moyens] les projets, comme ça, quand ils vont demander d'enlever X %, on aura toujours une marge acceptable pour faire correctement notre travail.* » Les témoignages qu'il recueille lors de ses recherches donnent une idée de la normalisation des comportements imposée par les hiérarchies administratives et financières.

Certains responsables des ressources humaines ne cachent même pas les consignes qu'ils reçoivent pour mettre les salariés au pas dans les clous de la recherche du profit maximum immédiat : « *Mais maintenant, les gens, ils n'ont plus le choix [d'accepter ou non l'organisation projet],* dit un responsable des ressources humaines. *C'est fini ce temps ! Les mecs, leur comportement, il va se jouer aux robes de leurs femmes, à la largeur des pneus de leur voiture et aux mètres carrés de leur maison. C'est tout. Parce que c'est là que ça va se jouer ! Il va maintenant y avoir des sanctions physiques, négatives, c'est-à-dire que le mec va être viré, ou positive, c'est-à-dire qu'il va se faire de l'argent. C'est tout. Et on nous a bien dit quelque chose, on ne va jamais virer quelqu'un pour une histoire de compétences. Jamais. Mais pour le comportement, oui !* », nous dit crûment un responsable des ressources humaines[246].

---

246. Christophe Massot, « *La mise sous silence du travail de conception par la création de valeur actionnariale* », La nouvelle revue du travail [En ligne], 3|2013, mis en ligne le 30 octobre 2013, consulté le 8 juin 2020. URL :
http://journals.openedition.org/nrt/1059 ; DOI : https://doi.org/10.4000/nrt.1059

Mais « *malgré le vacarme des marchés, l'agressivité des discours des directions et la sophistication des dispositifs de gestion, les salariés jugent leur organisation faible, fragile et instable (Dujarier, 2006)*[247] *parce que sourde aux appels du travail* », constate Christophe Massot.

Les acteurs financiers et leurs mandants ?

« *Ayant pour eux le pouvoir de la propriété, [ils] mobilisent la force pour réduire au silence les manifestations possibles d'un réel du travail qui viendrait contester cet appareillage gestionnaire. La normativité financière cherche à s'imposer, in fine, par la force à la normativité issue du travail réel* », indique-t-il dans sa conclusion.

Toutes ces tensions qui déchirent le monde du travail ont des conséquences sur l'économie et, avant tout, sur la santé des Français. Il serait bien imprudent d'oublier que si une société violente et méprisante engendre des acteurs violents et méprisants, c'est qu'elle porte surtout en son sein des pousse-au-crime qui broient la vie des citoyens. Fermetures d'entreprises, délocalisations, « plans sociaux » – vocable hypocrite qui désigne le dégagement de millions de personnes de la production de biens et des services publics vers le chômage –, cadences infernales dans les usines et grandes surfaces, harcèlement moral au nom de la compétitivité – du dividende des actionnaires s'entend –, et parfois suicide. Là est la violence du système de production capitaliste, une violence dont l'augmentation accompagne celle du montant des dividendes des propriétaires privés de la finance et de l'économie. Ici, un paysan harcelé par une banque qui se pend dans sa grange ou se flingue avec son fusil au bout de son champ[248], là des ouvriers licenciés qui se suicident, ici un cheminot qui se jette sous un train, des ouvriers qui se suicident en série sur des chantiers toulousains du BTP, des employées victimes du stress et de harcèlement moral qui mettent fin à leurs jours dans des transnationales de la communication, des cadres de banque traumatisés par leur direction qui se flinguent ou se

---

247. *L'idéal au travail*, par Marie-Anne Dujarier, Presses Universitaires de France, 2006, DOI : 10.3917/puf.dujar.2006.01

248. *Le Crédit Agricole hors la loi ?* par Jean-Loup Izambert, éd. Carnot et *Les Démons du Crédit Agricole*, éd. L'Arganier.

jettent du haut d'un immeuble, des douaniers, gendarmes et policiers qui retournent leurs armes contre eux… Désormais, il ne s'agit plus seulement de quelques cas à part pour cause d'amour perdu ou de maladie, mais bien d'un phénomène social.

Le suicide cote à la hausse

On se flingue de plus en plus dans ce cher et vieux pays. Un suicide toutes les heures en France. La deuxième cause de décès chez les 15-44 ans. La deuxième cause de décès également, après le cancer, chez les agriculteurs. Ça vous parle ?

L'analyse des décès survenus en France entre 2000 et 2014, extraits de la base nationale du Centre d'épidémiologie sur les causes médicales de décès (CépiDc-Inserm), fait apparaître que sur cette période un nombre de « *156 910 décès par suicide chez les individus âgés d'au moins 10 ans ont été enregistrés en France, dont 74 % d'hommes* ». Ceux-ci « *représentent 1,9 % du total des décès et 10 461 cas en moyenne par an* ». Mais ce chiffre est en deçà de la réalité, puisqu'« *en France, on estime à environ 10 % la sous-estimation des décès par suicide* »[249]. 25 suicides par jour, un par heure !

Les périodes de chômage répétées, le chômage de longue durée et des conditions de travail détériorées sont à l'origine d'un véritable drame social : « *On observe une surmortalité des chercheurs d'emploi avec 10 000 à 14 000 décès "imputables" chaque année au chômage. Cette surmortalité paraît liée à des maladies, notamment à des pathologies cardiovasculaires plus fréquentes chez les chercheurs d'emploi, aux conséquences de comportements addictifs apparus après la perte d'emploi ou à des suicides* », indique l'association Solidarités nouvelles face au chômage (SNC)[250]. « *En France, plusieurs centaines de suicides par an sont en effet imputables au chômage avec un risque*

---

249. Causes associées aux suicides dans les certificats de décès. *Analyse des certificats médicaux de décès, France, 2000-2014*, par Catherine Ha et Christine Chan-Chee, Agence Santé publique France, Bulletin épidémiologique hebdomadaire, n° 3-4, février 2019.

250. Rapport Snc 2018 sur l'emploi et le chômage et ses impacts.

relatif de suicide de 2,2 fois plus fort que pour les actifs occupés », rapporte la même enquête. La détérioration des conditions d'emploi et l'aggravation du chômage détruisent hommes et femmes dans leur quotidien jusqu'à la mort. Selon différentes enquêtes, dont Solidarités nouvelles face au chômage rapporte les résultats, « *les personnes au chômage sont 38 % à dénoncer l'impact négatif du chômage sur leurs habitudes alimentaires* » et le Baromètre 2018 SNC-Comisis-Opinion-Way constate que « *la recherche d'emploi impacte négativement la pratique sportive pour 51 % des chercheurs d'emploi interrogés et les activités de loisir pour 34 % d'entre eux* ».

La santé ? « *31 % des femmes et 29,8 % des hommes à la recherche d'un emploi (...) déclarent avoir renoncé aux soins pour des raisons financières, contre respectivement 15 % et 11 % des autres volontaires* » de la cohorte Constances[251].

Goodyear, France Télécom, Apple-Foxconn, Renault, Peugeot, Arcelor-Mittal, EDF, SNCF, hôpital public, Thalès, La Poste, H&M, douanes, police... Chez France Télécom, 35 salariés de l'entreprise se sont donné la mort sur les deux seules années 2008 et 2009. Non compris les 12 qui ont tenté de le faire, et les 8 qui ont subi un épisode de dépression ou ont été en arrêt de travail.

Puis, chez Orange où, pour l'ensemble de l'année 2013, 11 suicides ont été recensés au sein du groupe. Idem chez les policiers : en février 2019, Dominique Le Dourner, secrétaire national en charge des risques psychosociaux au syndicat Unité SGP Police, annonçait que « *neuf de nos collègues se sont donné la mort depuis le début du mois. La moyenne annuelle oscille entre 30 et 50. Nous en avons eu 35 en 2018, 51 en 2017* ». Et aussi dans les douanes : « *Aux douanes comme à l'hôpital, à la SNCF ou à la Poste, les*

---

251. *Constances* est une cohorte épidémiologique « généraliste » constituée d'un échantillon représentatif de 200 000 adultes volontaires âgés de 18 à 69 ans, consultants de 21 centres d'examens de santé (CES) de la Sécurité sociale. Cette cohorte permettra de mener plusieurs enquêtes sur la santé des chercheurs d'emploi et de déterminer les associations entre le chômage et des habitudes de vie, facteurs de risque de pathologies chroniques. Les résultats de ces enquêtes seront publiés en juillet 2015. *La santé des chercheurs d'emploi, enjeu de santé publique, Rapport sur l'emploi et le chômage et ses impacts*, édition 2018, Solidarités nouvelles face au chômage, www.snc.asso.fr.

réorganisations se traduisent souvent, pour celles et ceux qui travaillent, par un effondrement progressif du sens de leur mission, des moyens dont ils disposent pour l'exercer, et de la possibilité même de travailler », constate la journaliste Nolwenn Weiler dans son enquête sur la dégradation des conditions de travail dans les services des Douanes[252].

Annie Thébaud-Mony, sociologue, constate qu'« *en quelques années, l'obligation de travail s'est transformée en obligation de résultat. Les salariés sont soumis à des contraintes de plus en plus fortes, surtout en termes d'objectifs, et sont enjoints de s'investir toujours davantage dans l'entreprise. Chaque carrière faisant l'objet d'un traitement individualisé, chacun se retrouve seul, sans beaucoup d'espace pour négocier, face à des exigences sans cesse renforcées* ».

Conséquence : la dégradation des conditions de travail de nombreux salariés, victimes de cette course effrénée au profit et à la réduction des coûts[253]. Alors que les premiers cas de suicides au sein de l'entreprise faisaient leur apparition il y a une vingtaine d'années, en 2019, les suicides et tentatives de suicide sur le lieu de travail font de plus en plus souvent l'actualité. Et les statistiques comportent de plus en plus de médecins, des infirmières, des aides-soignantes, des personnels des Ehpad, des services d'urgence et psychiatriques.

Avant le début de l'année 2020, les personnels de santé subissaient la crise sanitaire de plein fouet et, depuis plusieurs années, les blouses blanches n'ont jamais été autant mobilisées pour défendre la santé publique. Avec un incroyable mépris, Emmanuel Macron s'est permis, alors qu'il était interpellé par des infirmières sur le manque de moyens lors de sa visite à l'hôpital Rothschild de Paris, le 6 octobre 2020, de leur répondre : « *Ce n'est pas une question de moyens, mais d'organisation* ». Et l'énarque président atlantiste, « l'organisation » ça le connaît : depuis qu'il applique à la France, à la suite de ses prédécesseurs, « les critères de stabilité et de convergence » de l'Union

---

252. « *Je me suis voué corps et âme à mon métier, et je m'y suis broyé » : en France, les douaniers aussi se suicident*, par Nolwenn Weiler, Basta Mag, 5 juin 2019, www.bastamag.net.

253. *Travail : pourquoi tant de suicides*, par Margaux Rambert, Psychologies, 6 mai 2019.

« européenne » de Maastricht, le pays n'a jamais été aussi désorganisé et livré à la violence économique et sociale de sociétés transnationales et policière.

Suicides à l'hôpital

L'enquête « Suicides et professionnels de santé » menée en 2017 par l'association Soins aux Professionnels de Santé (SPS) – www.asso-sps.fr – à la suite de deux autres enquêtes menées en 2015 et 2016, confirme l'ampleur du phénomène jusqu'au sein du corps médical. Sur la moitié des 700 professionnels de santé interrogés (médecins, pharmaciens, infirmiers, aides-soignants, salariés comme libéraux), « *plus de 40 % d'entre eux disent connaître un confrère qui a fait une tentative de suicide. En moyenne, chaque professionnel de santé rapporte ainsi près de 2,5 tentatives dans son entourage, dont la moitié a abouti à un décès* »[254].

Sont en cause les maux qui touchent l'ensemble du corps médical – dégradation des conditions de travail, valeurs soignantes déconsidérées, pénibilité non reconnue, grilles salariales peu conformes au niveau de responsabilité, burn-out. Mais aussi, « *plus particulièrement l'hôpital, comme l'illustre le tout récent "appel des mille" lancé à la ministre de la Santé Agnès Buzyn. À l'initiative des professeurs André Grimaldi, Jean-Paul Vernant et du Dr Anne Gervais, plus de mille médecins et cadres de santé avaient signé en janvier (2018) un appel s'alarmant de la situation dramatique des hôpitaux français* », rappelle Mathilde Debry, journaliste santé et société[255].

La plate-forme d'appel (0805 23 23 36) dédiée et disponible 24 heures/24 lancée par SPS reçoit environ 1 800 appels annuels – 5 par jour ! – et fonctionne avec des experts et des psychologues qualifiés. Gratuite et anonyme, elle a pu être mise en place avec 110 000 euros attribués par l'Assurance maladie et développer son activité avec le soutien de différents partenaires. Mais l'association recherche toujours de nouveaux soutiens

---

254. Enquête *Suicides et professionnels de santé*, Soins aux Professionnels de Santé, décembre 2017,www.asso-sps.fr.
255. *Suicides des soignants à l'hôpital : une tendance de fond très inquiétante*, par Mathilde Debry, Pourquoi docteur ? 7 mars 2018, www.pourquoidocteur.fr.

financiers pour maintenir son activité qui, chaque jour, permet de sauver des vies. Le ministère des Solidarités et de la Santé n'est pas du nombre. Cet État destructeur n'a, bien sûr, pas de budget pour cette association nationale reconnue d'intérêt général au service des professionnels de santé en souffrance. En revanche, après s'être offert, aux frais des contribuables, la construction d'une piscine d'un coût de 34 000 euros - officiels - au fort de Brégançon[256], résidence d'été des présidents, le couple Macron change les moquettes et les rideaux de l'Élysée. « *Un chantier qui mobilise 120 personnes. Coût estimé : 500 000 euros* » rapporte, début décembre 2018, le journaliste Frédéric Sergeur[257]. La crise sanitaire, déjà là bien avant l'arrivée du petit virus, peut attendre... Et les Blouses blanches en colère noire aussi !

Ces professionnels qualifiés et dévoués qui soignent et sauvent nos vies n'en peuvent plus de travailler dans de telles conditions ? Le gouvernement ne leur octroie pas un seul centime d'euro et les relègue, à la suite de ses prédécesseurs, dans les décombres de l'un des plus petits budgets de l'État !

À une politique de soutien à la santé et à la vie, le régime Macron préfère investir dans la mort : « *la loi de programmation militaire 2019-2025 porte un effort inédit de 198 milliards d'euros au profit des armées sur les cinq premières années* », annonce fièrement le ministère de l'Europe et des Affaires étrangères dirigé, il est vrai, par Jean-Yves Le Drian, le complice du crime d'agression contre la République arabe syrienne[258].

L'enveloppe est en réalité de 295 milliards d'euros et ce programme militariste - en hausse de 100 milliards sur le plan précédent pour répondre notamment à la demande de l'OTAN - sera adoptée au Sénat le mardi 29 mai 2018 par une très large majorité avec 326 voix pour et 15 contre (PCF).

---

256. *Piscine des Macron à Brégançon : vous pouvez dépenser bien moins de 34 000 euros pour avoir la vôtre !* par Thomas Chemel, Capital, 18 juillet 2018.
257. *Pendant ce temps-là, Brigitte Macron change les moquettes et les rideaux de l'Élysée*, par Frédéric Sergeur, Capital, 3 décembre 2018.
258. Lire *56, tome 1, L'État français complice de groupes criminels* et *56, tome 2, Mensonges et crimes d'État*, par Jean-Loup Izambert, IS Édition.

« Normal » : aucun de ces élus n'a jamais connu la guerre de près ou de loin. Puis, il sera également soutenu le 27 juin suivant à l'Assemblée nationale par le vote commun à main levée des députés atlantistes LREM, MoDem, UDI et socialistes tandis que les députés LR s'abstiendront – le bal des faux-culs ! – et que le groupe Gauche démocrate et républicaine (GDR), à majorité communiste, votera contre. Pour créer des postes dans les armées, le pouvoir supprime dans les budgets ceux qui sont utiles à la société (santé, éducation, logement, emploi, justice).

Ce choix de la mort contre la vie sera amplifié lors de la préparation du budget de l'État 2020. Rappelez-vous les deux chiffres qui, à eux seuls, indiquent la priorité que donnent le président Macron et son Premier ministre à la guerre et à la mort contre la paix et la vie : 37,5 milliards d'euros pour la Défense – la plus forte hausse budgétaire avec + 1,7 milliard d'euros – et seulement 1,14 petit milliard d'euros pour la mission « Santé » du ministère des Solidarités et de la Santé.

Aussi, la jeunesse se révolte dans les banlieues, les salariés qui sont de plus en plus nombreux à descendre dans la rue et à bloquer les usines et les routes sont en état de légitime défense. Leurs agresseurs qui répandent la violence en abandonnant le pays au chômage et au sous-emploi et en condamnant son peuple à une existence précaire, ces porteurs de crise et de guerre, habitent, eux, les beaux quartiers de la capitale et des grandes villes.

Et vous connaissez la meilleure ? Ces parasites qui spolient le bien public s'estiment « écrasés » par l'État.

Afin de vous donner une idée de leur « écrasement » en période de « *grave crise économique* », sachez qu'à leurs yeux les Français qui vivent avec au moins 6 650 euros par mois après impôt, soit 1 % de la population française[259], ne sont que des « pauvres »…

Exception faite d'une légère diminution du montant des dividendes qu'ils toucheront en fin d'année 2020, la Covid-19 ne les concerne guère. La confrérie violente et apatride des cumulards des grandes fortunes, consciente

---

259. Observatoire des inégalités, *Rapport sur Les riches en France*, 1ère édition, 2020, sous la direction d'Anne Brunner et Louis Maurin, www.inegalites.fr.

qu'elle ne saurait durer et se reproduire sans la vigilance de ses membres à « pétrir » le pouvoir politique, sans les traficotages des réseaux financiers de la « finance de l'ombre », sans la valetaille de ses clubs services et ses alliances familiales, planque une partie des valeurs des grandes entreprises et l'essentiel de leurs revenus et richesses financières dans des places offshore. Et quels revenus ! Pourtant, ces « écrasés » vont vous faire pleurer. Prêts amis lecteurs ? Sortez vos mouchoirs…

CHAPITRE 7
LES « ÉCRASÉS »

Ils ne cessent de rabâcher à longueur d'année « *qu'en France, la fiscalité et les charges sont les plus élevées au monde* ». Les pauvres n'en peuvent plus. Encore un peu et les grands patrons regroupés au sein du Mouvement des entreprises de France - Medef - vont craquer. Pensez donc ! Pour eux, la situation est devenue complètement intenable. Au point, déclarait leur patronne Laurence Parisot, que « *l'état actuel de la fiscalité empêche d'augmenter les salaires* »[260]. C'était en 2007. Depuis, ils n'en peuvent toujours plus et même de moins en moins. « Écrasés » de charges qu'ils sont par le méchant État « interventionniste ». C'est l'enfer ! Encore un peu et ils délocaliseront la fabrication du camembert au Qatar. Le président du Medef cuvée 2019, Geoffroy Roux de Bézieux, ressasse la même litanie que ses prédécesseurs, assurant qu'« *il faudrait concentrer les baisses d'impôt sur les entreprises pour les rendre plus performantes* »[261]. Et, Covid-19 ou pas, la performance, ça les connaît au Medef. Pas vrai, Geoffroy ?

---

260. Laurence Parisot, alors dirigeante du Medef, 22 janvier 2007.

261. *Geoffroy Roux de Bézieux : « la France a besoin d'un choc fiscal »*, par Florian Fayolle, Challenges, 19 mars 2019.

Tous ces dirigeants de sociétés transnationales sont tellement performants, à leur seul profit et à celui des actionnaires privés bien sûr, qu'ils s'opposent à la gestion démocratique des entreprises. Les assemblées générales des actionnaires sont transformées en grandes messes autour de bilans en quadrichromie à la gloire du « Big-dividende ». Leur « performance » ? Elle appert, comme nous l'avons vu, dans les montants faramineux des dividendes chaque année plus importants versés aux actionnaires, leurs rémunérations astronomiques, l'évitement fiscal et le détournement d'une grande partie des bénéfices vers des structures offshore.

Autant de « performances » qui privent les entreprises de réelle performance en détournant la richesse produite de l'investissement et des salaires[262]. Le fait qu'une grande partie des résultats de groupe des sociétés transnationales échappe à l'impôt par l'évitement fiscal en jouant avec la comptabilité de structures diverses (filiales, International Business Corporation (IBC)[263],

262. *Lire CAC 40, Le véritable bilan annuel*, édition 2019, L'Observatoire des multinationales, www.multinationales.org.

263. Les IBC sont des entreprises qui permettent de lever des capitaux (y compris par l'émission d'actions ou d'obligations sur les grands marchés internationaux). Elles sont normalement exclues de toute forme d'imposition sur les résultats et les gains en capital. Elles n'ont souvent aucune obligation de publier des données comptables régulières. Chaque paradis fiscal offre en la matière ses propres particularités. Elles ont, en général, interdiction de faire commerce avec les entreprises résidentes du territoire sur lequel elles sont enregistrées. Les IBC sont également utilisées pour des opérations légales comme la détention de droit de propriété ou l'organisation d'activités de trading sur les marchés financiers. Leur nombre dans le monde est estimé aujourd'hui à deux millions et croît de l'ordre de 10 à 15 % par an. En 2010, les îles Vierges britanniques accueillent plus de 800 000 entreprises internationales. Source : Premier ministre, Centre d'analyse stratégique, *Centre financier offshore et système bancaire « fantôme »*, La note d'analyse, Économie-Finances, n° 222, mai 2011.

fondations[264], trusts[265], anstalt[266], actions aux porteurs[267], etc.) implantées dans des places financières offshore complique également la lisibilité des bilans.

Mais, allez-vous peut-être nous dire : comment cela est-il possible alors que les commissaires aux comptes vérifient et certifient les bilans des entreprises ?

Après plusieurs contacts auprès de grands cabinets d'audit qui se retranchent derrière le secret professionnel pour évoquer des questions de droit, l'un d'entre eux a bien voulu nous dire ce qu'il en était de l'exercice de leur métier au sein de ces sociétés aux montages financiers complexes. Expert comptable, commissaire aux comptes, ancien directeur de mission dans un cabinet

---

264. La fondation n'a ni propriétaire ni actionnaire. Elle est créée pour gérer des biens dont les revenus doivent servir un objectif précis, déclaré par les statuts de la fondation. Elles sont utilisées par des particuliers pour éviter l'imposition, mais surtout par des entreprises pour gérer la trésorerie d'opérations spécifiques (fusions-acquisitions, joint ventures, etc.) Les Antilles Néerlandaises, l'Autriche, le Danemark, le Panama, les Pays-Bas, la Suisse, par exemple, autorisent la création de fondations privées.

265. Le trust est un accord contractuel entre deux personnes privées permettant d'instaurer une barrière entre le détenteur légal d'un actif et son bénéficiaire réel. Cet instrument juridique permet de transférer la propriété de biens ou d'actifs financiers à une personne physique ou morale qui en a la garde ou la gestion pour compte de tiers. Une fois transféré dans un trust offshore, un actif est très difficilement traçable. Contrairement aux IBC, il n'y a pas de procédure d'enregistrement en tant que telle et donc de registre central des trusts. Le trust est utilisé en premier lieu comme instrument de gestion de fortune, comme instrument de réduction d'impôts et comme moyen de transmission de patrimoine.

266. L'anstalt est une structure hybride entre la fondation et le trust et elle est la spécialité du Liechtenstein. C'est une structure privilégiée pour les transmissions de patrimoine en franchise de droits de succession. Cette structure est considérée comme le must en matière de secret bancaire : aucune obligation de divulgation d'identité de détenteurs de comptes n'existe au Liechtenstein, sauf soupçons d'activités criminelles. Bien que le trust ou l'anstalt permettent un niveau élevé de dissimulation d'identité, il existe toute une série de mécanismes qui renforce le niveau de secret des transactions.

267. Les actions aux porteurs permettent aux détenteurs des actions en propre dans leur coffre d'être considérés comme les véritables propriétaires de la société, et les nominées qui sont des directeurs prête-noms qui apparaissent sur les documents légaux, mais qui en fait n'exercent aucune fonction réelle.

international d'audit à Paris, puis contrôleur financier dans un groupe étasunien à Pittsburgh, ancien responsable de la consolidation et des Normes Internationales d'Information Financière (IFRS ou International Financial Reporting Standards) dans un grand groupe d'assurance à Paris, Mohamed Lahyani connaît parfaitement les dessous des métiers de l'audit et de la vérification des comptes. Dirigeant du cabinet « Audit et Analyse » qu'il a fondé au Maroc, à Tanger, il est également connu pour ses ouvrages et articles de presse publiés en langue française et arabe.

Question : Les commissaires aux comptes qui auditent les grands groupes peuvent-ils être plus facilement trompés délibérément par des dirigeants ?

« Je serai tenté de répondre oui et non. Non parce qu'un bon système de contrôle interne, s'il ne peut totalement empêcher la collusion, peut la rendre plus difficile. Par exemple, en répartissant efficacement les tâches, il nécessite, pour passer outre les contrôles réciproques, la collusion d'un nombre trop important de personnes, ce qui est en soi un obstacle généralement suffisant. Oui, parce que la structure organisationnelle complexe des grands groupes, tout particulièrement dans le secteur bancaire, favorise l'anonymat, la dissolution des responsabilités et la dispersion d'une masse d'informations juridiques et comptables. Il est alors plus difficile de contrôler la réalité des opérations ne serait-ce que parce que ces entreprises comptent de multiples filiales et sous-filiales ou des sociétés aux statuts juridiques souvent différents. Dans ce cas, même si le commissaire aux comptes obtient tout au long de sa mission les éléments probants suffisants et appropriés pour fonder l'assurance raisonnable lui permettant de délivrer sa certification, le risque d'erreur est bien plus grand. Mais c'est au commissaire aux comptes qu'il appartient de déterminer les conditions dans lesquelles il met en œuvre ses techniques de contrôle ainsi que l'étendue de leur application[268]. »

Connaître les montants, comme l'utilisation que font les entreprises des milliards d'euros de fonds publics – aides directes et indirectes financières –

268. *Pourquoi la crise ?* par Jean-Loup Izambert, éd. Amalthée.

dont elles bénéficient sous différentes formes relève d'une exploration complexe de leurs comptes. Est-il normal que ces grandes sociétés, qui réalisent les plus importants chiffres d'affaires et disposent des moyens financiers d'investir dans leur développement en améliorant les salaires et l'emploi, reçoivent des milliards d'euros de fonds publics quand, dans le même temps, elles ponctionnent leurs propres résultats financiers de milliards d'euros au seul profit des actionnaires ?

Et que leurs dirigeants s'attribuent des rémunérations de millions d'euros annuels ? Car, dans cette France où, selon l'ancien président Hollande, « *ça va mieux, depuis que moi président...* », les rémunérations du chef de l'État comme celles des dirigeants de TPE et PME paraissent ridiculement dérisoires comparés aux 400 000 € mensuels – petite moyenne – d'un patron de société du CAC 40. Vous savez, c'est le fameux indice boursier qui recense les principaux éviteurs/fraudeurs fiscaux du pays.

Rémunération moyenne totale : 5,77 millions d'euros par an...

Le fait est que pour eux, et pour eux seuls, ça va vraiment mieux : le montant total des dividendes versés aux actionnaires en 2019 s'est élevé à 60,2 milliards d'euros, faisant de la France le plus gros payeur de la zone euro[269]. De 2009 à 2019, le montant des dividendes versés aux actionnaires des sociétés transnationales du CAC 40 a presque doublé, passant de 37,5 à 60,2 milliards d'euros. Concernant les rémunérations des dirigeants, déjà, en 2014, celles-ci plafonnaient à une moyenne de 4,2 millions d'euros annuels. « *Et ce, en cumulant fixe, variable, options et actions de performance. C'est 6 % de plus qu'en 2013* », souligne la société Proxinvest, la société de conseil aux investisseurs d'Europe occidentale qui analyse les pratiques de gouvernance d'entreprise et les résolutions proposées aux assemblées générales de sociétés cotées. Pionnière dans la définition et la diffusion des pratiques de bonne gouvernance et reconnue comme experte internationale dans ce domaine, Proxinvest indique que « *la rémunération totale moyenne des Présidents*

269. *CAC 40 : versements records aux actionnaires en 2019*, par Sophie Rolland, Les Échos, 9 janvier 2020.

exécutifs du CAC 40 repasse la barre des quatre millions d'euros pour atteindre 4 210 000 € en 2014, soit une hausse de 6 % ». Le rapport annuel de Proxinvest analyse en détail les différentes composantes de rémunération des 120 présidents exécutifs du SBF 120 (Société des Bourses Françaises)[270].

Carlos Ghosn, ex-PDG de Renault-Nissan, est « *en tête du classement pour 2014 avec 15,2 M€* » (+56 % sur 2013) ! Une augmentation « *qui apparaît très maladroite dans le contexte des efforts demandés aux salariés à travers l'accord de compétitivité* », estime Proxinvest. Vrai que Carlos s'en est mis plein les fouilles en pensant pouvoir ponctionner, dans une opacité totale et un secret échappant à tout contrôle, les comptes de Renault comme ceux de Nissan. Constat des analystes de Proxinvest lorsqu'ils étudient les rémunérations des dirigeants :

> « Carlos Ghosn bénéficie d'une double rémunération puisqu'il préside Renault et Nissan (dont Renault détient 43 %). Pour la première fois, Carlos Ghosn aura passé la barre du milliard de yens chez Nissan, soit l'équivalent de 8 M€, *sans que les actionnaires soient informés de la nature précise de cette rémunération* qui apparaît en totale déconnexion avec la culture japonaise (Ex : Akio Toyoda (Toyota) 2,7 M€, Takanobu Ito (Honda) 1,16 M€). Chez Renault, il se sera vu bénéficier d'une rémunération fixe de 1 230 000 €, supérieure à la moyenne du CAC 40, d'une variable annuelle d'1,8 M€ partiellement différée en actions et d'une attribution massive d'actions gratuites de performance valorisées 4,1 M€ dont le caractère exigeant est *non vérifiable à ce stade au regard d'une prétendue confidentialité.* »

« Écrasé » à ce point, la « performance » de l'oligarque requiert le secret le plus absolu. Suivant les méthodes de ses confrères yankees, russes ou ukrainiens, Carlos a donné à la direction financière de Renault des consignes protégeant son racket : « *Pour des raisons de confidentialité, Renault ne*

270. Le SBF est un indice boursier déterminé à partir des cours de 40 actions du CAC 40 et de 80 valeurs dont l'importance suit celles du CAC 40. L'ensemble de ces 120 sociétés est représentatif des grands secteurs d'activités de l'économie française.

communique pas l'objectif chiffré pour chacun des critères », constate Proxinvest.

Mais, pas de chance pour Carlos, les Japonais sont plus pointilleux. La droiture fait partie du code du Samouraï, et de ce côté-là, ce dernier semble en manquer. Le 19 novembre 2018, soit deux jours après la première manifestation en France des Gilets jaunes – signe du destin ? –, il est arrêté à son atterrissage à Tokyo. Il aurait omis de déclarer une partie de ses revenus aux autorités boursières entre 2010 et 2015. Oh ?! Incroyable, n'est-ce pas ? « Saké », le Carlos. Quelques soucis – prononcez « sushis » – plus tard, il sera exfiltré au Liban le 30 décembre 2019. La droiture du code des Samouraïs a dû lui coûter un bras, mais il a les moyens avec ce qu'il a ponctionné sur les résultats des entreprises dont la direction lui fut confiée par cooptation[271].

Christopher Viehbacher, l'ancien Directeur général de Sanofi, avec 12,5 millions d'euros de rémunération totale, dont 4,27 millions en indemnisation de son départ ; Bernard Charlès, de Dassault Systèmes (11,1 millions) ; Éric Denoyer, de Numericable-SFR (8,3 millions), et Jean-Paul Agon (8,1 millions), chez L'Oréal, complètent la liste des cinq patrons les mieux payés. Stéphane Richard, patron d'Orange, est 39e, avec un salaire de 1,32 million d'euros, seulement… En bas du classement, Henri Proglio, ex-PDG d'EDF, est le patron le moins payé du CAC 40 depuis que le gouvernement a décidé de plafonner les rémunérations des entreprises publiques à 450 000 euros pour une année. Une misère ![272]

Mais ces chiffres sont ceux de 2014.

Il est important de vous donner les plus récents au moment où ces lignes sont écrites, en octobre 2020, afin que vous puissiez constater que la même politique d'un Sarkozy, d'un Hollande ou d'un Macron produit les mêmes effets en faveur des mêmes privilégiés et au détriment des mêmes, c'est-à-dire l'immense majorité du peuple français. Depuis, les délocalisations et fermetures

271. *Chronologie : les principales étapes de l'affaire Carlos Ghosn*, France 24, 31 décembre 2019.
272. 17e rapport de Proxinvest, *La rémunération des dirigeants des sociétés cotées*, septembre 2015.

d'entreprises se sont accélérées, le Code du Travail a été encore appauvri, des centaines de milliers de travailleurs jetés au chômage, les impôts des milliardaires une nouvelle fois revus à la baisse et les vôtres encore révisés à la hausse, les finances publiques sévèrement réduites de législature en législature.

Trois ans plus tard, en 2017, la rémunération moyenne totale des présidents exécutifs du CAC 40 atteint 5,1 millions d'euros, soit une augmentation de 14 % par rapport à 2016 et l'équivalent de 240 SMIC. Le cap des 10 millions d'euros de rémunération moyenne annuelle est même franchi par cinq d'entre eux, parmi lesquels Bernard Charlès, PDG de Dassault Système (24,6 millions d'euros) et Gilles Robin, PDG de Rubis (21,1 millions d'euros)...

Dans son rapport publié en octobre 2018, Proxinvest conclut « *à une absence de justification de l'ampleur des hausses de 14 % en 2017 et de 22 % sur la période 2013-2017 pour le CAC 40, tant vis-à-vis de la sur-performance actionnariale créée pour les actionnaires que vis-à-vis de l'évolution de la rémunération moyenne de leurs propres salariés* »[273].

En 2018, pour la première fois, la rémunération moyenne des présidents exécutifs des groupes cotés au CAC 40 bat les records antérieurs. Le vingtième rapport de Proxinvest publié en novembre 2019 sur *La Rémunération des Dirigeants des sociétés du SBF 120* en témoigne. Les « écrasés » commencent à respirer : 5,77 millions d'euros de rémunération moyenne pour un patron du CAC 40 pour l'exercice 2018 !

Bernard Charlès, vice-président du conseil d'administration et directeur général de Dassault Systèmes ? 33,1 millions d'euros en 2018, en hausse de 307 % depuis 2008 ! François-Henri Pinault (Kerong) ? 17, 3 millions d'euros. Carlos Ghosn ? 14,3 millions d'euros, Douglas Pferdehirt (Technip FMC) ? 11,7 millions d'euros. Jean-Paul Agon (L'Oréal) ? 9,5 millions d'euros...

Notons que la « performance » chère au Medef atteint des records avec François-Henri Pinault. La rémunération de cet « écrasé » – 17, 3 millions d'euros – est en hausse de 75 % sur l'année précédente suite à une prime exceptionnelle attribuée sous la forme « *d'unités de performance, mais sans*

---

273. *La rémunération des dirigeants des sociétés du SBF 120*, Proxinvest, 24 octobre 2018, www.proxinvest.fr.

condition de performance », selon Proxinvest. Montant de la prime : 5,8 millions d'euros en cash ! Le cash, c'est pratique. François-Henri a ainsi toujours 2,50 euros en poche pour acheter le mensuel Initiative Communiste afin de s'éduquer à l'abolition des privilèges. S'y ajoute un montant de 5,07 millions d'euros, versé au titre d'un contrat facturé au groupe Kering par Artémis, une société d'investissement appartenant à... François-Henri Pinault. Magique, le contrat. « Performance » quand tu nous tiens !

Démis de ses fonctions suite à des soupçons de malversations financières, l'« écrasé » Carlos Ghosn palpe quand même 14,3 millions d'euros ! Une somme qui « *représente une augmentation de 137,5 % sur un an décidée de son propre chef par Carlos Ghosn* », précise Proxinvest. La propriété privée des grands moyens de production présente cet avantage pour leurs principaux propriétaires de pouvoir faire à peu près n'importe quoi à leur seul profit en contournant les lois et règlements de la République, et même les comités travaillant avec le Conseil d'administration et l'Assemblée générale des actionnaires. Bon, mais reconnaissons que ce grand « performant » du Medef sortait de taule – pas française, cela se saurait... – et qu'après de longues négociations et divers remous diplomatico-financiers-judiciaires, Carlos devait partir se retaper sous les cèdres du Liban. Une destination certes « brûlante », mais éloignée de la métropole où le syndicat CGT de Renault, qui s'intéresse aux rémunérations opaques de cadres dirigeants, lui demande alors des comptes.

La puissante centrale syndicale a en effet mis à jour de curieux mouvements de capitaux dans la holding hollandaise, la société Renault-Nissan-BV (RNBV). Celle-ci aurait été utilisée pour verser des « *compléments de rémunération de 80 à 130 000 euros* » plusieurs années à « *un membre du comité exécutif de Renault* ». Mais Carlos Ghosn n'est pas seul en cause.

Sur *France Info*, en décembre 2018, Fabien Gâche, délégué central CGT chez Renault, pointe « *une absence totale de transparence quant à la réalité de la rémunération des dirigeants de l'entreprise et quant à son fonctionnement* »[274]. La « performance » à la mode Medef est à son top niveau dans cette holding

274. France Info (www.francetvinfo.fr), 27 décembre 2018, 9 h 07.

hollandaise qui décide de la stratégie d'entreprise des implantations de fabrication des différents organes de mécanique : « *Les organisations syndicales n'ont aucune information particulière sur la teneur des décisions, le détail, voire les oppositions qui pourraient être, de fait, entre Renault et Nissan. Et à ma connaissance, les administrateurs salariés n'ont aucune information particulière, au moins depuis 2012, quant au fonctionnement de cette entité* », indique Fabien Gâche. Or, précise la CGT, ces opérations n'apparaissent dans aucune ligne de compte du groupe automobile…

« *Non seulement ils n'y apparaissent pas*, souligne le délégué central CGT de Renault, *mais ils n'ont jamais été évoqués au sein de l'entreprise.* » Ainsi qu'il le dit, voilà qui pose de nombreuses interrogations, « *puisqu'on connaît déjà l'indécence de la rémunération de Carlos Ghosn, mais aussi l'indécence de la rémunération des autres dirigeants de l'entreprise* ». Et les questions ne manquent pas :

> « On imagine très bien que ce type de rémunération n'est pas non plus soumis à l'impôt en France de la part des dirigeants français, et ça en rajoute sur l'incertitude du paiement de l'impôt de Carlos Ghosn en France puisque, à notre connaissance, Bruno Le Maire (ministre de l'Économie) a refusé de répondre aux sollicitations des journalistes. On lui a écrit le 11 décembre pour avoir des éléments d'informations, notamment sur le fonctionnement de cette entité. Le moins que l'on puisse dire, c'est [qu'il y a] une absence totale de transparence quant à la réalité de la rémunération des dirigeants de l'entreprise et quant à son fonctionnement. Si j'en juge par ce que la presse peut évoquer, une grande partie des accusations à l'encontre de Carlos Ghosn sont liées à un fonctionnement pour le moins opaque de la nébuleuse de ce qu'on appelle la RNBV. »[275]

Comprenez-vous, amis lecteurs, les raisons pour lesquelles le Medef s'accroche bec et ongles au secret des affaires, à la dépénalisation du droit des affaires en s'opposant à toute gestion démocratique et à la transparence de gestion… ?! D'autant que le bilan de l'« écrasé » Carlos Ghosn à la tête de

275. Ibid. 274.

Renault n'a pas le brillant que lui cirent certains médias : « *Carlos Ghosn, c'est celui qui a supprimé plus de 100 000 emplois dans le monde* », devait rappeler, début janvier 2020 au micro d'*Europe 1*, Philippe Martinez, Secrétaire général de la CGT[276].

Très « performant » lui aussi, Douglas Pferdehirt, le dirigeant de Technip FMC, société désormais anglaise, quarantième et dernier du CAC 40 par la taille de sa capitalisation, mais troisième par le niveau de rémunération de son dirigeant : 11,7 millions d'euros, soit une hausse de plus de 10 % sur un an « *alors que la société affiche des pertes nettes de 1,7 milliard d'euros et une baisse de 16 % de son chiffre d'affaires en 2018* ». Comme François-Henri Pinault, Douglas est « performant » sans condition : sa rémunération est essentiellement constituée d'une attribution d'actions d'une valeur de 8,5 millions « *sans condition de performance* »[277]...

Ces salaires sont ceux de dirigeants dont les entreprises perçoivent des milliards d'euros de subventions de l'État au titre du maintien de l'emploi et de la modernisation de l'outil de travail tout en organisant la désindustrialisation de la France. Le groupe Carrefour est l'exemple type de ces grandes sociétés capitalistes dont les dirigeants et gros actionnaires se servent copieusement dans les résultats financiers de l'entreprise au détriment de son développement.

Carrefour : plus l'entreprise régresse, plus les PDG s'engraissent

« *Les rémunérations 2018 d'Alexandre Bompard sont jugées floues quant à elles. On peut tout de même calculer qu'il touchera une rémunération plafonnée*

276. *Philippe Martinez : « Ça fait un moment que Carlos Ghosn ne me convainc pas... »*, par Rémi Duchemin, interview de Philippe Martinez sur Europe 1, 9 janvier 2020, 8 h 25.

277. Proxinvest, 20e rapport annuel, *La Rémunération des Dirigeants des sociétés du SBF 120*, novembre 2019, www.proxinvest.fr et *Rémunérations patronales et dynamique des inégalités de rémunération*, par Jérôme Cazes, Vox-Fi, 11 février 2020, www.finance-gestion.com, Association nationale des Directeurs financiers et de contrôle de gestion (DFCG)

à 7,5 millions d'euros en 2018 », estimait Marie-Jeanne Pasquette, journaliste économique et financière de *Sphère Finance Publications* à la veille de l'Assemblée générale 2018 de Carrefour. Ses prévisions seront d'ailleurs confirmées ensuite et revues à la hausse lors de l'Assemblée générale de l'année suivante[278]. Elle soulignait alors, ce que font rarement les médias, que « *chez Carrefour, il n'y a aucune publication des éléments de rémunération autre que celle qui figure dans le document de référence, ce qui ne fait pas partie des bonnes pratiques* ». Le moins que l'on puisse dire est que, côté « performance », la transparence de gestion n'est pas à l'ordre du jour. Les salariés apprennent bien souvent par hasard dans la presse des décisions de la direction.

Lors de l'Assemblée générale suivante qui s'est tenue le 14 juin 2019 aux Docks Pullman d'Aubervilliers, Alexandre Bompard, PDG de Carrefour depuis le mois de juillet 2017, a dû faire face au mécontentement d'une partie des actionnaires et de certains représentants syndicaux. On les comprend. L'ancien PDG, Georges Plassat, venait de clore son mandat en appliquant à la lettre le slogan de Carrefour, « Je positive », avec la bénédiction de la majorité des actionnaires : 13,1 millions d'euros de rémunération pour une demi-année d'exercice, non compris les 900 000 € de sa « rémunération variable » pour 2017, non compris une rente à vie de Carrefour de 517 810 € par an pour sa retraite[279], non compris les 3 millions d'euros de quelque 140 000 actions de performance ! L'un des meilleurs scores de la spoliation d'entreprise réalisé par un « écrasé » ! Application à la lettre du nouveau slogan de Carrefour depuis 2015 : « J'optimisme » et, au cas où vous n'auriez pas compris le message, c'est nouveau, ça vient de sortir : « Le positif est de retour ». Le patron du Medef n'y verra sans doute qu'une bonne « performance » de l'entreprise… sauf pour son développement.

Les ventes dégringolent de mois en mois, les magasins et les emplois sont liquidés : fermeture des 273 magasins de l'ex-enseigne Dia et suppression de leurs 2 300 emplois, cessions de magasins en location-gérance avec la

---

278. *AG Carrefour et Renault : Phitrust monte au créneau sur les rémunérations*, par Marie-Jeanna Pasquette, www.minoritaires.com, 14 juin 2018.
279. *Carrefour : Jackpot pour les PDG, la porte pour les salariés*, par Franck Bouaziz, Libération, 14 juin 2018.

suppression de 1 985 salariés en 2018, puis de 1 890 autres en 2019, suppression de 590 postes à temps plein dans les hypermarchés en Italie (2019), soit environ 4 % des effectifs, suppression de 2 400 postes des effectifs des sièges en France depuis juin 2018[280], 1 000 autres en Belgique et 1 000 autres encore en Argentine, fermeture du siège corporate en Ile-de-France et abandon du projet de construction d'un nouveau siège de 30 000 m^2 en Essonne, poursuite de la chute des résultats financiers réels – moins 20 % de résultat opérationnel en 2017 –, puis « *une trentaine de % en 2018* », selon son successeur Alexandre Bompard[281].

Et tout cela sans le SRAS-CoV-2 et la Covid-19. Vous vous rappelez ? Ceux-là mêmes que les politiciens et les médias des milliardaires n'ont eu de cesse de vous désigner quotidiennement et à longueur de mois dès le début de l'année 2020 comme responsables de la crise, des fermetures d'entreprises, des commerces, des licenciements.

Rupture des conventions collectives, licenciements, départs volontaires, transferts des contrats à des locataires-gérants, dégradation des conditions de travail (manque de personnel, non-respect de la réglementation sanitaire dans certains magasins en raison du manque de matériel, traçabilité de produits non conformes aux règles d'hygiène dans d'autres, non-remplacement du personnel absent, fermetures ponctuelles de rayons traditionnels, etc.), encadrement de Carrefour Market (« marché », connaît pas !) qui fait appel à des stagiaires mineurs non rémunérés désignés comme « alternants », sorte de migrants en esclavage[282], pour remplacer les équipes sur des postes à risque, sans formation et sans équipement de sécurité (caisse, charcuterie,

---

280. *Carrefour incite au départ 3 000 salariés de ses hypers*, par Julie Delvallée, LSA – commerce et consommation, 16 mai 2019.

281. *Assemblée générale de Carrefour : les déclarations d'Alexandre Bompard à retenir*, par Morgan Leclerc, LSA – commerce et consommation, 14 juin 2019.

282. La limitation de l'âge d'embauche des enfants en France ne sera porté à seize ans qu'en 1959 par une ordonnance entrée en vigueur le… 1er juillet 1967 ! Mais ils furent alors rémunérés, même par de très bas salaires, pour leur travail… *Histoire du travail des enfants en France*, diffusé sur le site de Jean-Charles Champagnat : www.droitsenfant.fr.

boulangerie...)[283], stress, maladies professionnelles... La situation des salariés de Carrefour ne cesse de se dégrader d'année en année. Déjà, entre 2007 et 2010, en trois ans, sous les présidences de José Luis Duran, puis de Lars Olofsson, le groupe Carrefour sera amputé de 8 755 emplois. L'hémorragie va continuer et s'aggraver sous la direction de Georges Plassat, puis surtout d'Alexandre Bompard : de 2018 à la fin 2019, ce sont près de 15 000 nouveaux postes qui seront à nouveau supprimés dans l'ensemble du groupe[284]. Sur la lancée de son prédécesseur, « la méthode Bompard » amplifie même les dégâts.

Extraordinaires « performances » ! Plus l'entreprise régresse, plus ses dirigeants s'engraissent sous les applaudissements de la majorité de ses actionnaires. Vision apocalyptique de la fin de règne annoncée du « roi des hypermarchés » ?

755 millions d'euros d'aides de l'État pour... licencier !

La situation est devenue telle qu'au mois de juin 2019, le syndicat CGT du groupe dénonce *« la volonté d'Alexandre Bompard de se débarrasser d'une grande partie du personnel tout en externalisant dangereusement le risque sanitaire en sous-traitant des produits aussi sensibles que la viande, la charcuterie, la fromagerie, etc. »* Selon la CGT, *« l'objectif clairement assumé (est) de vendre, sous-louer et sous-traiter des milliers de mètres carrés au profit de sa filiale immobilière »*[285]. La direction Carrefour se voit obligée de confirmer : *« Réduction globale des surfaces commerciales de 400 000 m² d'ici à 2022 »*, indique de manière laconique le compte-rendu du groupe sur les résultats annuels 2018. Précision : le plan stratégique 2022 prévoit *« la cession de 500 millions d'euros d'actifs immobiliers non stratégiques d'ici 2020 »*[286].

283. *Conditions de travail chez Market*, Hyper, n° 485, 21 juin 2019, p. 18 à 21.
284. *Assemblée générale des actionnaires, Plus de 100 militants Cfdt-Carrefour ont interpellé le PDG lors de l'Ag du 14 juin 2019*, Hyper n° 485, 21 juin 2019.
285. CGT Carrefour, communiqué, *La CGT Carrefour dénonce un cataclysme social*, 20 juin 2019.
286. Source : Carrefour, Résultats annuels 2018, 28 février 2019.

Afin de poursuivre ses coups bas contre l'emploi et l'entreprise, la direction bénéficie du soutien des gros actionnaires et des… syndicats Force Ouvrière et Snec (Syndicat National de l'Encadrement du groupe Carrefour). Ceux-ci se sont associés afin d'être majoritaires pour… soutenir la direction dans ses suppressions d'emplois ! En effet, la réduction du Code du Travail initiée par le trio infernal Valls-El Khomri-Macron donne aux employeurs la possibilité d'opérer des Ruptures de Conventions Collectives (RCC). Ce procédé permet de supprimer des postes via des départs volontaires, sans justification économique, mais nécessite un accord signé par des syndicats représentant au moins 50 % du personnel. Que Force Ouvrière soit « Force Patronale » et agisse dans le dos des salariés contre leurs intérêts tout en leur faisant croire les défendre n'est pas nouveau. Carrefour n'est pas dans le rouge que déjà les jaunes[287] sont à l'œuvre.

« *On a tous droit au meilleur* », proclame le nouveau slogan mondial de Carrefour. Mais « le meilleur » semble réservé aux PDG et gros actionnaires, car pour les employés… Voyez plutôt : « *Entre 2013 et 2018, Carrefour a reçu en cinq ans 755 millions d'euros d'aides de l'État au titre du Crédit d'impôt pour la compétitivité et l'emploi (Cice)*[288] ». Au seul titre du Cice… Or, le Cice a pour objet de financer les dépenses d'investissement, de recherche, d'innovation, de formation, de recrutement, de prospection de nouveaux marchés, de transition écologique ou énergétique des entreprises et de reconstruction de leur fonds de roulement.

Nous comprenons votre interrogation : comment l'État peut-il donner des fonds publics pour développer l'emploi à une entreprise dont les dirigeants qui se succèdent ne cessent de licencier depuis des années ? Qui contrôle l'utilisation de ces fonds publics ? Personne ! « *Le législateur avait prévu en 2013 que le Comité central d'entreprise puisse formuler un recours devant des comités régionaux en cas de contestation de l'utilisation des fonds publics, mais*

287. Syndicats Jaunes : antigrévistes, briseurs de grèves. D'une manière générale, ce terme désigne ceux qui négocieraient le poids des chaînes si le pouvoir politique rétablissait l'esclavage.
288. Hyper, n° 485, 21 juin 2019, p. 12

ceux-ci n'ont jamais été créés », rappelle la CFDT[289]. Les « écrasés » qui ne cessent de vanter les vertus du capitalisme et de dénoncer impôts et charges fiscales se gavent ainsi de l'argent public issu de l'impôt pour financiariser l'entreprise et sabrer l'emploi. Bompard est à l'image des dirigeants du Medef : « écrasé » de charges, « écrasé » d'impôts, « écrasé » de coûts... Rendez-lui sa « performance », dirait sans doute le « patron de patrons ».

Des centaines de millions pour des centaines de contentieux fiscaux

Implanté au Brésil depuis 1975, l'enseigne française est, avec 409 magasins, la première entreprise de distribution alimentaire dans le pays (Atacadão S.A., Grupo Carrefour Brasil). En septembre 2018, Carrefour Brésil annonçait qu'il investirait 1,8 milliard de reals (plus de 377 millions d'euros) en 2019 dans l'ouverture de nouveaux magasins. Pour bien financiariser l'entreprise, Bompard liquide la structure française petit à petit et s'en va investir au Brésil. Sauf que le terrain est miné. Redressements en matière d'impôt sur les sociétés en France, litiges permanents avec des salariés ou anciens salariés, situations de litige impliquant un nombre élevé de salariés ou anciens salariés, litiges avec des fournisseurs[290]... Les conflits ne manquent pas dans l'environnement de Carrefour. Mais c'est le rayon corruption de Carrefour qui paraît le mieux approvisionné. Et c'est surtout au Brésil que Carrefour « positive » en la matière.

Tout a commencé en 2010. Un audit interne révéla que la direction de Carrefour Brésil négociait les prix au rabais avec les fournisseurs sans passer par les centrales d'achat du groupe. La découverte d'un trou de plus d'un milliard de reals (environ 225 millions d'euros) dans les comptes a fait des dégâts : Jean-Marc Pueyo, patron de la filiale brésilienne de Carrefour depuis

289. *Crédit impôts compétitivité emploi, Malgré la suppression de milliers d'emplois, Carrefour a pourtant bénéficié du Cice !* Bilan de ce dispositif, Hyper, n° 485, 21 juin 2019, p. 12.

290. Carrefour, document de référence, Rapport financier annuel 2018, Comptes consolidés au 31 décembre 2018, notes annexes, note 11.2 Litiges, p. 277.

huit années, fut brutalement remercié en même temps que le directeur financier, le patron des hypers et le directeur de la logistique locaux ; le cabinet d'audit Deloitte, basé à Londres, fut remplacé par KPMG et le groupe comptabilisa un total de 550 millions d'euros de charges suite à ce que le PDG du groupe de l'époque, Lars Olofsson, appelait des « erreurs de management ». Et question « erreurs de management », Olofsson fut un patron très « performant ». Alors qu'il présidait Carrefour, en trois ans – de janvier 2009 à juin 2012 –, *« Olofsson aura coûté 60 à 70 millions au géant de la distribution – appartement de fonction et voiture haut de gamme avec chauffeur compris –, alors qu'il lui aura fait perdre près de 7 milliards de valeur boursière »*[291].

Ces charges exceptionnelles comptabilisées *« se composent essentiellement de dépréciations et ajustements de stocks, de provisions pour litiges, risques fiscaux et prud'homaux, de ristournes fournisseurs non récupérables et de dépréciations d'actifs corporels »*[292]. Neuf années plus tard, non seulement la situation n'est toujours pas réglée, mais celle-ci a pris une tout autre tournure. Financièrement et judiciairement.

Financièrement, Carrefour *« est exposé à des risques fiscaux, qui portent notamment sur la taxe sur la distribution des biens et services (ICMS) et les crédits d'impôt enregistrés à ce titre (détermination des montants et documentation de ceux-ci), ainsi que sur les contributions fédérales relatives au programme d'intégration sociale et au financement de la sécurité sociale (Pis-Cofins) »*[293]. Pour faire face à ces déconvenues qui feront l'objet d'une multitude de procédures judiciaires dont l'issue est complètement aléatoire pour diverses raisons, la direction de Carrefour a provisionné des centaines de millions d'euros : au 31 décembre 2018, la provision correspondante s'élève à 510 millions d'euros (contre 518 millions d'euros au 31 décembre 2017) et le montant des dépôts judiciaires versés au titre des redressements contestés par le groupe (...) à 471 millions d'euros (509 millions d'euros au 31 décembre

---

291. *Carrefour à hue et à dia !* Le Canard enchaîné, 8 février 2012.
292. *Durement pénalisé au Brésil, Carrefour dévisse en Bourse*, par Ivan Letessier, Le Figaro, 1er décembre 2010.
293. Carrefour, document de référence, Rapport financier annuel 2018, Comptes consolidés au 31 décembre 2018.

2017)[294]. Il aura fallu quelques années avant que la direction de Carrefour reconnaisse enfin dans un communiqué que sa filiale brésilienne Atacadão fait l'objet de 240 contentieux fiscaux dans différents États brésiliens et que ces procédures portent sur un montant d'environ 183 millions d'euros ![295]

Et attention, cette « performance » est réalisée sans la Covid-19 !

Une femme d'« écrasé » au carrefour de la corruption

Il est rare que les femmes de ces messieurs du CAC40 fassent la une de médias. Pourtant, elles jouent parfois un rôle important auprès d'eux. Les unes détiennent des comptes bancaires dans des places offshore aux fins de faciliter certaines transactions et rétro-commissions inavouables dans lesquelles il est préférable que leur chéri n'apparaisse pas, d'autres ouvrent des structures – également offshore – sous leur nom de jeune fille pour diverses opérations financières, d'autres encore jouent de leur influence dans des administrations. Beaucoup sont aussi surprenantes et, parfois même, aussi captivantes qu'effacées. Sur qui Alexandre Bompard espérait-il bien pouvoir vraiment compter pour déjouer le piège qui se préparait sans doute contre Carrefour depuis les bureaux d'une importante chaîne de distribution US qui cherche alors à prendre la place de l'enseigne française au Brésil ?

Non, vous ne voyez pas ? Mais sur Charlotte Caubel, bien entendu ! Car derrière son nom de jeune fille, se cache son nom marital, qui est… Bompard. Que le monde est petit. « Je positive » encore !

Charlotte a magnifiquement joué pour être nommée à la tête du Parquet national financier (PNF) afin de remplacer la procureure Éliane Houlette. Enfin presque. Elle fut recalée dans un premier temps, car pour y accéder, elle aurait dû franchir d'un coup au moins trois échelons hiérarchiques au sein de l'administration judiciaire. Un peu gros. Trop voyant. Finalement, elle sera nommée le 31 mai 2017 conseillère justice (chef de pôle) au cabinet du

294. Carrefour, Rapport financier annuel 2018.

295. *Carrefour-Atacadão passe une provision sur ses contentieux au Brésil*, par Matthieu Protard, Reuters, 13 mai 2019.

Premier ministre du moment, Édouard Philippe[296]. Deux mois plus tard, le 18 août, elle s'installe à l'Inspection générale de la Justice. N'allez pas penser que sa tentative de passage en force afin d'être nommée au PNF était destinée à assurer les arrières de son époux. Mauvaises langues nous sommes… ! Et puis Charlotte Caubel-Bompard ne peut pas être sur tous les fronts. Car, en plus des « erreurs de management » et des sales coups des « assassins financiers » de l'Oncle Sam, Carrefour est également pointé du doigt pour certaines de ses activités en Suisse qui permettraient au groupe de diminuer ses impôts.

Selon Oxfam France, « *Carrefour organiserait ainsi un système où certains de ses fournisseurs et magasins devraient verser des commissions à une filiale suisse du groupe, Carrefour World Trade (CWT), en échange de la négociation par la filiale de conditions commerciales sur la vente des produits de marques internationales et de la marque Carrefour* »[297]. Les bénéfices remonteraient ainsi en Suisse et y seraient taxés selon les normes en vigueur au sein de ce paradis fiscal. D'après les déclarations de certains salariés de Carrefour, la filiale négocierait les conditions commerciales de marchandises à hauteur de 4 milliards d'euros par an, soit près de 6 % des achats de marchandises du groupe à l'échelle mondiale… « Performance », dirait sans doute le patron du Medef. Répété dans le temps, de présidence en présidence, à un tel niveau et dans de nombreuses structures du groupe, ce qui peut paraître au premier abord comme des excès ou des « erreurs de management » s'assimile de fait à des méthodes de gestion.

Faut-il s'en étonner alors que Carrefour, « performance » oblige, se place en haut du classement des écarts de salaires au sein des entreprises du CAC 40 ?

En 2016, les patrons du CAC 40 gagnaient en moyenne 257 fois le SMIC, et 119 fois le salaire moyen au sein de leur entreprise quand en 2009, cet écart était de 97. Sur 2016, l'écart le plus important a été constaté chez Carrefour, où le PDG a perçu 553 fois le SMIC. Cette même année, les PDG du CAC 40

296. Source : Journal Officiel de la République Française, JORFTEXT000034826354
297. *Loi PACTE et Loi fraude fiscale : deux opportunités d'agir pour réduire les inégalités*, par Pauline Leclère, Oxfam France (www.oxfamfrance.org), 6 septembre 2018.

touchaient des salaires qui s'échelonnaient entre 1,5 million et 10 millions d'euros. Trois d'entre eux sont particulièrement bien payés : ceux de Carrefour, Sanofi et l'Oréal, qui gagnent plus de 9 millions d'euros par an. 9 734 576 € de rémunération annuelle pour Georges Plassat, le PDG de Carrefour de l'époque, soit 306 fois le salaire moyen des salariés de l'entreprise ![298] Depuis 2016, l'écart des salaires a, comme nous l'avons vu, été revu à la... hausse. Pour réduire le... « *coût de structure trop élevé* » (sic). Avec ou sans la rémunération et les avantages du PDG ? Côté justice, Charlotte a du boulot dans la maison Carrefour. Et même dans d'autres sociétés du SBF 120...

Une sorte de mafia en col blanc

De gouvernement en gouvernement, les aides publiques aux grandes entreprises se sont accrues en bénéficiant dans un premier temps de l'indifférence et de la gestion autoritaire, centralisée et non démocratique des entreprises. Pour les grands patrons, pas question d'ouvrir les livres de compte des entreprises. Et puis quoi encore ! Et ils entendent bien que les politiciens dont ils financent les campagnes électorales protègent leur système de gestion, assez proche de celui d'une organisation mafieuse.

L'étude de l'organisation, du fonctionnement et des objectifs des directions de groupes transnationaux amène à constater que ceux-ci sont un peu similaires à ceux des organisations mafieuses : goût immodéré pour l'économie financière capitaliste, centralisation et opacité de gestion – moyen de concentrer rapidement des richesses au profit de quelques groupes de personnes –, organisation interne comparable à une hiérarchie militaire – les « hommes du Président » veillent à ce que leurs directives soient appliquées par la hiérarchie d'entreprise et exécutées sans discussion, parfois même en passant outre des comités travaillant avec le conseil d'administration –, recours à la violence (pratiques de gestion brutales, trucages de marchés, y compris boursiers, acquisitions entachées d'irrégularités ou de criminalité financière, évitement de dispositifs législatifs et réglementaires, corruption)

298. *CAC 40 : le grand écart salarial*, Oxfam France, (www.oxfamfrance.org), 24 mai 2018.

pour la conquête de marchés et de centres de profits (une entreprise, une région, un pays présentant des intérêts en termes d'enrichissement).

Ces grands propriétaires privés de la finance et de l'économie mènent, avec le soutien des politiciens qu'ils ont portés au pouvoir, des opérations économiques et financières qui engendrent une économie virtuelle sans cesse démultipliée sans jamais avoir le moindre compte à rendre à quelque autorité que ce soit. Ce n'est pas un hasard si les montants de l'évitement fiscal, légal dans le cadre du système capitaliste, et de la fraude, illégale, de certaines de ces entreprises, se retrouvent dans les mêmes lieux que ceux du crime organisé que sont les places financières offshore. Le secret, toujours le secret ! L'État non seulement laisse faire, mais participe à la pérennisation du système en le protégeant. Un exemple, et non des moindres, illustre la complicité de l'État avec les pillards de la République : chaque année, l'État et les collectivités territoriales donnent des milliards d'euros de fonds publics et accordent d'autres milliards d'euros d'allégements fiscaux sous différentes formes à ces sociétés transnationales. Ce qui n'empêche pas ces « écrasés » de vitupérer contre « l'État interventionniste » au nom de la « libre entreprise ».

La taxe « Écrasés » : plus de 200 milliards d'euros annuels

En décembre 2006, cinq hauts fonctionnaires, représentant les ministères des Finances, des Affaires sociales et l'Inspection générale de l'Administration, rendaient compte au Premier ministre, Dominique de Villepin, des conclusions de la mission d'audit sur les aides aux entreprises que celui-ci leur avait demandé en février 2006[299].

Dans leur rapport, les enquêteurs estimaient « *à près de 65 milliards d'euros l'ensemble des aides publiques aux entreprises, dont 90 % sont financées par l'État, et à au moins 6 000 le nombre cumulé des dispositifs d'aides, dont 22 européennes, 730 aides nationales, et, par exemple, 650 pour l'ensemble des collectivités locales de la seule région Île-de-France* ».

299. Rapport sur les aides publiques aux entreprises, Inspections générales des Finances, des Affaires sociales et de l'Administration, janvier 2007.

65 milliard d'euros ? « *Un tel "budget" place les aides aux entreprises au premier rang des budgets publics. 65 milliards d'euros, c'est un peu plus que le total du budget de l'Éducation nationale, près de deux fois le budget de la Défense, le même ordre de grandeur que le total des dépenses hospitalières, plus de trois fois le budget de l'Enseignement supérieur et de la Recherche. C'est aussi un chiffre supérieur au déficit public, et c'est l'ordre de grandeur des recettes cumulées de l'impôt sur les sociétés et de la taxe professionnelle.* »

Au même moment, l'État ne budgétisait que 6 milliards d'euros pour le logement et 5 milliards pour la Justice…

Immédiatement après que ce rapport ait été rendu public, le Medef, par la voix de sa présidente de l'époque, Laurence Parisot, a d'abord tenté de dresser un contre-feu en affirmant avec un culot certain que ces aides bénéficiaient d'abord aux entreprises publiques, comme la SNCF. En réalité, cette dernière n'a reçu, pour compenser le paiement des retraites, que 3,8 % du total de ces aides… Devant ses pairs, les 6 000 patrons rassemblés fin janvier 2007, « la patronne des patrons » a revendiqué le principe de ces aides, osant affirmer qu'elles n'étaient que « *la juste contrepartie* » de ce qu'on faisait supporter aux entreprises (sic). Du coup, elle demanda la pérennisation, de façon définitive, des allégements consentis en les transformant en « abattements ». Insuffisant.

Le soleil de Saint-Barth' ayant visiblement stimulé son potentiel de vitamine D, elle demanda même « *le transfert progressif, des entreprises vers la solidarité nationale, du financement de la branche famille de la Sécurité sociale* ». Autrement dit, l'exonération totale des cotisations de Sécurité sociale pour les entreprises. Ce qui ajouterait à l'addition trente nouveaux milliards d'euros prélevés dans la poche de la population. Joli cadeau supplémentaire aux « écrasés » ! Emmanuel Macron s'emploiera à réduire encore la participation du patronat à la protection sociale des travailleurs. À la suite de la « réduction Fillon », également appelé « zéro cotisation Urssaf », le 1er janvier 2019, le Crédit d'impôt pour la compétitivité et l'emploi (CICE) sera supprimé et transformé en baisse pérenne de cotisations sociales. La réduction générale des cotisations patronales continuera : assurance maladie, invalidité-décès, vieillesse, allocations familiales, contribution au Fond national au logement (Fnal), solidarité autonomie, retraite complémentaire légalement obligatoire, contribution patronale d'assurance chômage…

Mais ce n'est pas tout. En effet, les auteurs de ce rapport de 2006 indiquaient que leur chiffrage du montant des aides aux entreprises était sous-évalué, d'autres aides comme les aides ou allégements fiscaux qui avaient un caractère général et permanent n'étant pas comptabilisés. De même pour la diminution de dix milliards d'euros annuels de la taxe professionnelle payée par les entreprises. Cet allégement d'impôt, décidé par l'ancien Premier ministre Lionel Jospin en 1998, a pris son plein effet en 2003.

Mais que deviennent réellement ces aides aux entreprises, captées pour l'essentiel par les grandes sociétés ?

Difficile de s'y retrouver.

Les enquêteurs eux-mêmes sont obligés de constater que « *le doute s'installe dès lors périodiquement sur l'impact réel de ces mécanismes d'aides publiques aux entreprises, dont le moindre risque n'est pas celui d'un pur effet d'aubaine et d'une dilution de l'intervention publique sans réel effet de retour. Sans oublier les interrogations non vérifiées sur le coût administratif des aides publiques aux entreprises* ». Une nouvelle fois, les « écrasés » se réfugient dans le secret. Un secret bien gardé au point que les enquêteurs indiquent qu'en matière d'information sur l'utilisation de ces fonds publics par les entreprises, on entre dans le domaine de l'omerta : « *Les entreprises ne souhaitent pas un affichage détaillé des aides reçues* », constatent-ils. Leurs dirigeants veulent pouvoir faire tranquillement leur marché dans la pêche aux aides et mener à bien leurs petits arrangements sans que personne ne vienne y mettre son nez. Ils peuvent ainsi recevoir plusieurs fois une aide pour un même motif, ainsi que les enquêteurs le constatent : « *La sédimentation des aides publiques aux entreprises atteint un niveau tel que, pour une décision donnée, des dizaines de dispositifs se trouvent en concurrence pour le même objet (au moins 42 dispositifs à ce jour d'allégements spécifiques de charges sociales pour les aides au recrutement)* ».

Quel est donc le contrôle effectué par le gouvernement, l'État, les élus du peuple et les dirigeants des collectivités territoriales en 2006 ? Aucun ! « *Aucune évaluation n'est aujourd'hui conduite à son terme ou suivie d'effet… le contrôle reste limité et lacunaire* », précisent les auteurs du rapport.

Du quinquennat de Nicolas Sarkozy à celui d'Emmanuel Macron, le montant des aides de l'État aux entreprises va continuer de s'accroître – d'au moins 60 à plus de 200 milliards d'euros ! – dans une opacité quasi totale.

Presque. Car entre-temps, en juillet 2014, suite aux interventions et rapports d'information de parlementaires communistes et du groupe Les Républicains, d'associations comme ATTAC et de syndicats comme la CGT, le gouvernement a dû mettre en place un « Comité de suivi des aides publiques aux entreprises ». Cette initiative allait mettre un peu de transparence et de contrôle dans les divers soutiens que les entreprises, principalement les plus grandes, reçoivent de la puissance publique.

La première séance de travail du Comité de suivi des aides publiques aux entreprises, adossé au Commissariat à la stratégie et à la prospective (CGSP), s'est déroulée le 17 décembre 2014. Celle-ci réalisa un premier bilan des huit études et rapports existants depuis dix ans sur la question du soutien de la puissance publique aux entreprises. Ces premiers travaux prennent en compte : les aides financières de l'État, des collectivités territoriales, des opérateurs publics (Banque publique d'investissement, Caisse des Dépôts, investissements d'avenir, réseaux consulaires, etc) ; de même les dépenses et les exonérations fiscales, les exonérations de cotisations sociales, l'ensemble des interventions publiques sur différents niveaux économiques bénéficiant directement aux entreprises (investissements, financements de politiques, aides à l'exportation, aides à la recherche ou à l'innovation, etc.) sont recherchés, précisés et pris en compte par le CGSP pour faire un bilan du soutien de la puissance publique aux entreprises. Selon cette base, l'état des lieux sur l'année 2013 montre alors que les entreprises ont bénéficié de 110 milliards d'euros d'aides publiques, dont 6,5 milliards en provenance des collectivités.

Cette générosité financière envers les « écrasés » est caractérisée par 764 interventions économiques différentes de l'État. 73 % de ces aides s'effectuent par des exonérations ou dépenses fiscales et sociales et 11 % par des subventions. De 2012 à 2017, le *montant annuel* des aides publiques aux entreprises se situait à hauteur de plus de 137 milliards d'euros. Et encore s'agit-il d'une hypothèse basse. En effet, ce calcul ne prend pas en compte des aides supplémentaires qui pourraient être attribuées par les collectivités ou décidées par le gouvernement et le Parlement, ni des impacts des mesures fiscales dites « de simplification ». Or, un rapport du Conseil des prélèvements obligatoires de la Cour des comptes[300] estimait **en 2010 que le montant des aides et exonérations aux entreprises se situait déjà à hauteur de 172 milliards d'euros, montant auquel il faut encore ajouter** les aides consenties par les collectivités locales (environ 6 milliards) et les subventions européennes (montant apparemment inconnu) ![301]

Il ressort des études et rapports réguliers du Comité de suivi des aides publiques aux entreprises et des engagements (COSAPE) que, si l'on prend en compte le Crédit d'impôt pour la compétitivité et l'emploi (CICE) – qui sera remplacé par une nouvelle baisse de charges patronales début 2019 – et l'ensemble des aides et exonérations sociales et fiscales de toutes sortes, de 2012 à 2017, **le montant annuel moyen du soutien de l'État central et des collectivités locales aux entreprises se situe à plus ou moins 200 milliards d'euros** selon les années ![302]

Plus de 200 milliards d'euros ! Bagatelle !

L'État apporte ainsi ***des milliards d'euros*** *pratiquement à perte dans des entreprises transnationales,* puisque non seulement celles-ci ne créent pas d'emplois en France, mais en sont les principales destructrices. Ces milliards d'euros de soutiens financiers aux entreprises restent sans aucun effet sur l'emploi en France. Bien au contraire : le chômage et le sous-emploi continuent d'augmenter, les salaires de stagner, ces grandes entreprises de licencier et de délocaliser, le tissu social et économique de se désagréger. C'est ainsi une vraie « taxe », la plus importante, que paient les Français pour des sociétés transnationales qui aggravent leur situation. Le vidage du Code du Travail et l'accélération du processus de privatisations commencés sous le ministre

---

300. Cour des comptes, Conseil et prélèvements obligatoires, *Entreprises et « niches » fiscales et sociales, Des dispositifs dérogatoires nombreux*, octobre 2010.

301. *Les aides publiques aux entreprises : probablement plus de 200 milliards par an.* Un billet invité d'Alain Gély, Jean Gadrey, Alternatives économiques, 8 octobre 2019.

302. *L'argent des contribuables dans les poches des actionnaires*, CGT, pôle économique, 25 septembre 2017 et *Les aides publiques aux entreprises privées, c'est 200 milliards d'euros !* par Daniel Roucous, L'Humanité, 5 février 2018.

« socialiste » Macron se poursuivent sous le président Macron et son parti LREM.

Seule « performance » à mettre au crédit de ces aides directes et indirectes : le montant des dividendes que s'attribuent les actionnaires ne cesse d'augmenter d'année en année. Dans le même temps, le contrat social français s'épuise de plus en plus sous ces coups de boutoir. Jusqu'à quand ? L'atomisation totale ?

Les grands patrons au cœur de l'endettement de l'État

Oui, vous lisez correctement. Pas d'erreur ! Cette manne annuelle de fonds publics accompagne les vagues de privatisations qui créent les conditions favorables à l'écroulement de nouveaux pans de l'économie et ouvrent grand les portes des entreprises privatisées à leur financiarisation. La grande finance peut désormais y assouvir sans aucune contrainte son appétit de profits maximums immédiats afin de permettre à ses clients privilégiés, à ses gros actionnaires et initiés, de s'enrichir plus et plus vite. **Les « écrasés » du grand patronat et ses politiciens qui n'arrêtent pas de discourir sur les bienfaits de la mondialisation, de la « liberté d'entreprise » et du prétendu poids des charges en France sont ainsi la plus lourde charge que le pays doive supporter dans le budget de l'État.** Ces entreprises qui reçoivent ces milliards d'euros de soutiens financiers et d'exonérations de l'État sont aussi celles dont les propriétaires en détournent la majeure partie des bénéfices au seul profit de leur rémunération.

En 2005, 30,30 milliards d'euros ont été redistribués aux actionnaires du CAC 40 au travers des dividendes et des rachats d'actions.

En 2016, les actionnaires des sociétés du CAC 40 se sont partagé 55,70 milliards d'euros en dividendes, en numéraire et en actions et en rachats d'actions, contre 43 milliards d'euros en 2015. À eux seuls, les dividendes versés aux actionnaires atteignent 46,2 milliards d'euros, en hausse de 13 % sur un an.[303]

---

303. Tableau : Rachats d'actions et dividendes en 2016, La lettre Vernimmen, n° 146 de janvier 2017 et n° 155 de janvier 2018, www.vernimmen.net.

En 2017, ces entreprises ont engrangé plus de 94 milliards d'euros de profits pour un chiffre d'affaires cumulé de 1 252 milliards d'euros.

En 2018, alors que la majorité des Français sont confrontés à des difficultés croissantes dans leur vie quotidienne, les profiteurs du CAC 40 continuent d'accroître leur richesse : « *Les géants du CAC 40 ont versé l'an dernier* (NdA : en 2018) *46,5 milliards d'euros de dividendes et ont racheté pour 10,9 milliards de leurs propres actions. Soit un total de 57,4 milliards distribués aux actionnaires. Du jamais vu depuis 2007* », rapporte le journaliste Guillaume Maujean.[304]

Et, en 2019, « *à 60 milliards d'euros, les liquidités restituées aux actionnaires du CAC 40 dépassent le niveau record de 2007. Elles ont augmenté de 12 % par rapport à l'année dernière* », souligne la journaliste Sophie Rolland début janvier 2020.

Présentant les résultats de ces entreprises sur l'année 2019, elle indique que « *les actionnaires des groupes du CAC 40 n'ont jamais été aussi bien rémunérés. En 2019, les champions de la cote parisienne leur ont redistribué plus de 60 milliards d'euros, dont 49,2 milliards sous forme de dividendes, un record, selon la dernière étude annuelle réalisée par les auteurs de la lettre Vernimmen.net. Les rachats d'actions, eux, ont atteint 11 milliards d'euros, un montant comparable à celui de 2018* »[305]. Interrogé par Sophie Rolland, Pascal Quiry, professeur à HEC et co-auteur, avec Yann Le Fur, de *la lettre Vernimmen.net*, spécialisée en finance, indique alors qu'« *il est probable que l'an prochain les chiffres que nous publierons seront encore meilleurs compte tenu de la progression des résultats 2019 que l'on entrevoit* ».

À écouter ces spécialistes de la grande finance, pour ces sociétés à vocation internationale, des marges élevées et un endettement modéré « *permettent de conjuguer dividendes et investissements dans un cercle vertueux* ». Vertueux, le cercle ? Pas vraiment si l'on en croit le rapport de l'Organisation internationale

---

304. *Les dividendes du CAC 40 retrouvent un niveau record*, par Guillaume Maujean, Les Échos, 9 janvier 2019.
305. *CAC 40 : versements records aux actionnaires en 2019*, par Sophie Rolland, Les Échos, 9 janvier 2020.

du Travail titré *Emploi et questions sociales dans le monde – Tendances 2020* et publié le même mois[306].

Extraits :

« *... le nombre de chômeurs devrait augmenter d'environ 2,5 millions en 2020 (...) En plus du nombre de chômeurs dans le monde (188 millions), 165 millions de personnes ont un emploi insuffisamment rémunéré et 120 millions d'autres ont renoncé à chercher activement du travail ou n'ont pas accès au marché du travail. Au total, plus de 470 millions de personnes sont concernées à travers le monde.* » De plus, « *la pauvreté au travail actuelle (définie comme des gains inférieurs à 3,20 dollars par jour en termes de parité de pouvoir d'achat) touche plus de 630 millions de travailleurs, soit une personne sur cinq dans la population active mondiale* ». Sûrement un effet du « cercle vertueux » ou, pourquoi pas, de la Covid-19... Du reste « *la conjugaison dividendes et investissements* » a des effets tout aussi « vertueux » dans les pays développés que sous-développés.

En effet, si la part du revenu national qui revient aux travailleurs a nettement reculé entre 2004 et 2017, de 54 à 51 %, « *cette baisse "significative sur le plan économique" est plus marquée en Europe, en Asie centrale et dans les Amériques. Elle est plus forte que ce que laissaient entendre les précédentes estimations, comme le montre le rapport* ».

Dans ces conditions, qu'en est-il de la prétendue vertu de la « théorie du ruissellement » selon laquelle l'augmentation de la richesse à un pôle de la société – les multimilliardaires et leurs copieux dividendes qu'ils s'octroient sur les résultats des entreprises – serait bénéfique à l'économie et à la société en général ? De l'esbroufe ! Du vent ! Nous avons vu ce qu'il en était du détournement de ces richesses produites dans les poches des « écrasés ». Une vraie prédation !

Quelques titres des principaux chapitres du même rapport de l'OIT suffisent à rabattre le caquet des économistes à la retraite et autres propagandistes de

306. Organisation internationale du Travail, Rapport *Emploi et questions sociales dans le monde, Tendances 2020*, résumé analytique, 20 janvier 2020. Rapport consultable en ligne sur www.ilo.org.

cette théorie fumeuse : « *Le rythme et le type de croissance économique dans les pays à faible revenu sapent les efforts visant à réduire la pauvreté et à améliorer les conditions de travail* », « *La sous-utilisation totale de la main-d'œuvre est plus de deux fois plus élevée que le chômage, touchant plus de 470 millions de personnes dans le monde...* », « *La pénurie d'emplois devrait se poursuivre dans un proche avenir* », « *Plus de 630 millions de travailleurs dans le monde vivent encore dans une pauvreté extrême ou modérée* » ou, parmi d'autres titres de chapitres de cet important rapport, « *De nouvelles données du BIT montrent que la part des revenus du travail diminue au niveau mondial* »... « Vertueux » qu'ils vous disent en tentant de vous refaire le vieux coup de l'idéologie du « *cycle infernal des salaires et des prix* »[307].

Selon le classement Forbes 2019 du top 20 des milliardaires mondiaux publié en mars 2019, les cinq premières fortunes françaises représentent à elles seules près de 193,6 milliards de dollars (environ 170,8 milliards d'euros), soit 24,5 milliards de dollars (21,6 milliards d'euros) de plus qu'en 2018. Une augmentation de 14,5 %. Un vrai « ruissellement » !

« *En France, nous avons toutes les raisons d'être fiers des sociétés du CAC 40* », estime le même Pascal Quiry[308]. Le professeur de HEC « oublie » un peu vite

---

307. Théorie des économistes bourgeois selon laquelle l'augmentation des salaires entraînerait l'augmentation des prix, conduisant ainsi à l'inflation et à la destruction de l'économie. Or, la hausse des prix est entretenue par une inflation volontaire des grands propriétaires de la finance et de l'économie pour accroître leurs profits. Cette inflation a pour conséquence de baisser le niveau réel des salaires. Cette doctrine n'a d'autre but que de culpabiliser le monde du travail afin qu'il ne revendique pas et soit écarté des améliorations sociales rendues possibles par le développement des sciences et des techniques et l'augmentation de la rentabilité des entreprises. Depuis 1960, la productivité a été multipliée par plus de 5, ce qui signifie qu'un actif de 2010 produisait déjà au moins 5 fois plus qu'un actif de 1960. Et, selon le 8e Rapport du Conseil d'Orientation des Retraites (COR), cette productivité doit encore doubler dans les 40 prochaines années. Mais les politiciens bourgeois tentent d'allonger la durée du temps de travail, d'allonger l'âge de départ en retraite et de briser la qualité du travail. 6 salariés sur 10 sont « hors emploi » au moment de prendre leur retraite.

308. Interview de Pascal Quiry par Pierrick Fay, « *Nous avons toutes les raisons d'être fiers de ces sociétés* », Les Échos, 9 janvier 2019.

dans quelles conditions ces résultats sont obtenus : soutiens de l'État par des centaines de milliards d'euros annuels de subventions et d'exonérations fiscales de toutes sortes, des milliers de licenciements, des PME rentables fermées, des productions abandonnées, des bénéfices offshorisés, des milliards d'euros détournés de l'impôt pour ne pas évoquer les cas de blanchiment, de fraude fiscale et d'escroquerie qui portent sur des milliards d'euros. Le tout avec des allégements d'impôts pour les plus riches quand ils ne cessent d'être augmentés à la hausse pour la grande majorité des Français et une baisse continue du financement des services publics en regard des besoins.

La plus lourde charge négative dans le budget de l'État français est ainsi bien celle de ces « écrasés » du grand patronat, qui s'avère être l'un des principaux responsables de l'augmentation continue de l'endettement de l'État.

Celui-là même qui geint d'être victime des « *charges les plus élevées au monde* » et dont les politiciens soutiennent que « *la France vit au-dessus de ses moyens* » ou que « *les caisses de l'État sont vides* ». En se gardant bien de dire qui les vide pour « *vivre au-dessus de ses moyens* ». Pas vraiment de quoi être « fiers »... D'autant moins fiers que cette saignée du budget de l'État a provoqué depuis les années 1970 son endettement continu et aggravé, au point que celui-ci vit à crédit pour maintenir en vie l'accumulation capitaliste.

Pendant ce demi-siècle de gauche-droite et de droite-gauche, la plupart des Français ont été un public passif-votant qui n'a fait que confier le pouvoir politique et économique aux mêmes maîtres de la finance et de l'économie. Trompés par les propos mensongers dont vous abreuvent les médias des milliardaires à longueur de journée, des millions de Français ont cautionné la même politique présentée dans un emballage différent. Ils ont ainsi continué de payer une dette – leur dette – dont vous n'êtes en rien responsable et qui leur appartient. Organisant le pillage de l'État par des grands groupes privés, ils ont laissé au fil des décennies les intérêts particuliers de gros actionnaires privés, y compris étrangers, prendre le pas sur l'intérêt général du peuple français en laissant courir une dette abyssale.

Il s'agit là d'un endettement délibéré que le pouvoir vous fait payer en aggravant vos conditions de vie et en engloutissant d'autres milliards d'euros dans des guerres de toutes sortes. Ce n'est pas écrit noir sur blanc sur vos bulletins de paie et vos feuilles d'impôts. Et pourtant…

CHAPITRE 8
« LE GUERRIER », LES ENDETTEURS ET LES PAYEURS

« *Nous sommes en guerre* ». En écoutant Emmanuel Macron prononcer ces mots à six reprises avec un ton martial lors de son allocution du 16 mars 2020, nous étions inquiets. C'est vrai. Ça fout la trouille un énarque-bancarisé en costard-cravate qui parlotte sur la guerre. Ça fout la trouille pour la simple raison qu'un tel chef des armées, constitutionnellement parlant, élevé au biberon de l'ENA et poudré-finance « *pour plaire un peu comme une prostituée* » – c'est lui qui l'a dit[309] – dans les allées de la Rothschild ne peut que nous la faire perdre. Surtout celle contre la petite pandémie du SRAS-CoV-2. Du reste, celle-ci était déjà perdue d'avance pour cause de bousillage du budget de la Santé depuis des décennies. Donc, pas de gros soucis. Il restait juste à compter les morts, dont la plupart auraient pu ne pas mourir sur ce champ de bataille du déshonneur.

Nous avons pensé qu'il allait vous parler enfin du bilan de la guerre contre l'Afghanistan de 2001 à 2014 avec l'OTAN. Pas vous ? Non, c'est vrai, vous êtes complètement désinformés sur le sujet et vous vous contentez de payer les

---

309. *France's Hollande Casts Fate With Ex-Banker Macron*, par Stacy Meichtry et William Horobin, Wall Street Journal, 8 mars 2015.

aventures militaires de l'Élysée contre les peuples. L'Afghanistan, c'est loin, et officiellement terminé depuis décembre 2014.

Interloqués nous fûmes. « *Guerre* », « *ennemi invisible* », « *première ligne* », « *combat* »... Nous nous sommes dit : « *Tiens, il va enfin nous parler des guerres françaises en Afrique* ». L'Afrique, c'est plus proche que l'Afghanistan, et la France y entretient sa vieille tradition de massacres afin de sauver régulièrement des dictateurs corrompus qui permettent à ses sociétés transnationales de piller les richesses.

Tenez, par exemple, la République démocratique du Congo (RDC), l'un des pays les moins développés du monde à force de Françafrique, détient près de la moitié des ressources globales en cobalt et assure 60 % de la production mondiale. La réglementation de cette industrie y est pratiquement inexistante, les institutions très faibles, en grande partie en raison de son histoire d'exploitation étrangère depuis la période coloniale. Le cobalt entrant dans la fabrication des batteries Lithium-ion, la décision de certains constructeurs automobiles de privilégier la voiture électrique a entraîné une augmentation considérable de la demande. Derrière les publicités en quadrichromie des villes silencieuses et propres de ces constructeurs se cache une autre réalité, beaucoup moins belle : l'extraction du cobalt se fait dans des mines artisanales congolaises dans des conditions souvent déplorables. « *Généralement, des travailleurs – y compris des enfants – creusent avec un équipement de base dans des tunnels dangereux. Alors que le risque mortel d'effondrement est permanent, ils gagnent à peine assez pour se nourrir* », indique Alexander Lefteris Papadovassilakis, chercheur au Centre de Politique de Sécurité de Genève (GCSP)[310].

Idem pour le lithium (Bolivie, Chili, Argentine), le nickel et le graphite destinés aux producteurs des mêmes batteries, dont l'extraction dans des conditions souvent inhumaines met de plus en péril l'équilibre écologique des pays d'où ils sont extraits en détruisant des sites naturels. Pratiquement pas de Code du Travail, peu ou pas de réglementation, surexploitation... Le locataire

---

310. *Le lithium et le cobalt : les producteurs doivent faire face à leurs responsabilités*, par Alexander Lefteris Papadovassilakis, Le Temps, 13 février 2017.

de l'Élysée est à son aise avec cette « liberté d'entreprise » pour s'efforcer d'en appliquer la recette à la France avec sa « loi Travail » ; une loi dont l'économiste écossais classique Adam Smith lui-même aurait sans doute jugé qu'elle *« vient d'une classe de gens dont l'intérêt ne saurait jamais être exactement le même que l'intérêt de la société, qui ont, en général, intérêt à tromper le public et même à le surcharger et qui, en conséquence, ont déjà fait l'un et l'autre en beaucoup d'occasions »*[311].

Mais non, rien sur le pillage de l'Afrique par les transnationales françaises. Pourtant, ce ne sont ni les pays, ni les destructions, ni les assassinats, ni les bains de sang qui manquent. Avec 4 500 militaires engagés en Mauritanie, au Mali, au Burkina Faso, au Niger ainsi qu'au Tchad et en Libye, « le guerrier » Macron avait le choix. D'autant que Florence Parly, l'énarque en jupon devenue ministre des Armées, avait préparé le terrain à l'énarque-guerrier assurant, en décembre 2019, que l'opération Barkhane en Afrique *« c'est la France qui combat le terrorisme à sa source »*. Mort de rire ! À se demander si Florence n'est pas nouvelle au bercail de l'Élysée-Matignon. Parce qu'en matière de terrorisme, le président français a côtoyé plus d'un expert de lutte anti-terroriste qui soutenait le... terrorisme.

Ministre, il participa au gouvernement Valls qui fut l'un des principaux responsables du développement du terrorisme sous la présidence de François Hollande. Devenu président, sans doute pour s'assurer que *« la France combat* (bien) *le terrorisme à sa source »*, il fit embaucher par son premier Premier ministre, Édouard Philippe, l'un des principaux soutiens au terrorisme en la personne de Jean-Yves le Drian. Celui-là même qui, avant de devenir ministre de l'Europe et des Affaires étrangères au sein de ce gouvernement, fut ministre de la Défense dans les gouvernements Ayrault, Valls et Cazeneuve. Voilà qui fait beaucoup, mais Le Drian est un cumulard et pas seulement de mandats. Un vrai trafiquant d'armes doublé d'un spécialiste du mensonge d'État. De son bureau, Le Drian alimentait « la source » du terrorisme – celle-là même que dame Parly dit combattre –, tantôt diplomatiquement à l'ONU, tantôt

311. *La richesse des nations (An Inquiry into the Nature and Causes of the Wealth of Nations)*, par Adam Smith, 1776.

militairement en protégeant et en armant, par DGSE interposée, les groupes terroristes qui répandaient la terreur en Libye, puis en République arabe syrienne. Après l'échec du coup d'État de Damas du 18 juillet 2012, auquel participa la DGSE, certains chefs de ces groupes criminels furent reçus plus tard à l'Assemblée nationale, à Matignon et à l'Élysée, tandis que d'autres se réfugiaient en France[312].

« Le guerrier » allait-il vous parler de la Libye, dont vos médias vous désinforment sur l'engagement de l'Élysée ? Allait-il vous dire que sans aucun vote du Parlement, il embourbe la France, avec l'Égypte, l'Arabie saoudite, les Émirats Arabes Unis, la Fédération de Russie et Israël, dans les ingérences étrangères qu'il... dénonce en soutenant le maréchal autoproclamé Khalifa Haftar, homme de la CIA en Libye ? Celui-ci, en échange du soutien militaire de ses maîtres, doit leur donner accès libre aux ressources pétrolières – celles qui du temps de Kadhafi étaient investies dans la modernisation du pays –, à la recherche de gaz off-shore dans le Golfe de Syrte et, dit-on, « *l'utilisation de la base aérienne d'Al-Koufrah pour faire le plein de kérosène des avions-cargos transportant l'uranium et l'or extraits au Mali* »[313]. Dans le cadre d'un « *plan diabolique, pensé et mis en œuvre par la Banque mondiale, au profit des multinationales* », des sociétés anglo-saxonnes et la Somadex, filiale du groupe Bouygues, pillent ces richesses du Mali, qui reste l'un des pays les plus pauvres du monde[314].

Mais non, pas d'Afrique ni même de Syrie ou de Libye au rendez-vous présidentiel télévisuel.

Pourtant plus de 1 000 militaires français sont engagés en Syrie et en Irak, où ils n'ont rien à y faire si ce n'est de soutenir l'invasion étasunienne pour en

---

312. Lire sur les relations entre dirigeants français et chefs de groupes criminels *56, tome 1, L'Etat français complice de groupes criminels* et *56, tome 2, Mensonges et crimes d'État*, par Jean-Loup Izambert, IS Édition.

313. *En intervenant en Libye, la France déstabilise le Maghreb*, par Gilles Munier, France-Irak Actualité, 1er juillet 2020, article publié en langue arabe sur le site algérien El Bahdja news le 1er juillet 2020.

314. *Main basse sur l'or du Mali*, par Oumar Babi, Mondafrique, 1er mai 2016, www.mondafrique.com.

piller les richesses. L'armée US et l'armée française y ont pris la place de l'État islamique après avoir protégé ce groupe terroriste dans son trafic de pétrole vers la Turquie. Les parents ont pris la place de leur enfant sauvage adoptif après l'avoir répudié. Du mois de juin 2014, période de lancement par Washington de sa prétendue « Coalition internationale pour combattre le terrorisme », au 30 septembre 2015, début de la coopération entre l'armée russe et l'armée arabe syrienne, en quinze mois de violation de l'espace aérien syrien, cette coalition à laquelle participe l'armée française sous commandement US n'a ni révélé l'existence de ce gigantesque trafic ni réalisé aucune frappe pour le détruire !

Comme ces faits, que les médias vous ont également dissimulés, datent de 2016, nous avons pensé que « le guerrier » allait vous présenter fièrement le bilan désastreux, le coût des activités de l'armée coloniale française en Syrie et alentour. Nous trouvions suspect le silence du « guerrier » après les bombardements de la Syrie qu'il ordonna en avril 2018 à la demande de Washington et sans consultation du Parlement ni mandat de l'ONU.

Lorsque des terroristes de l'État islamique capturés par l'armée arabe syrienne confessent qu'ils ont été entraînés par les forces d'occupation étasuniennes stationnées dans la région syrienne d'Al-Tanf, vous n'en avez rien su par les médias des milliardaires ;

Lorsque d'autres terroristes du même groupe, tel Mohammad Houssayn Saoud, indiquèrent que ce sont les renseignements britanniques qui l'ont forcé, avec d'autres terroristes travaillant pour lui, à collaborer en recueillant des informations sur les institutions et les sites militaires syriens et russes en Syrie, les mêmes médias vous ont dissimulé ces faits mettant à jour, avec d'autres, le rôle de l'Élysée et d'autres capitales occidentales dans le soutien au terrorisme ;

Lorsque les États-Unis, soutenus dans leur guerre par la France, l'Angleterre, l'Allemagne, la Belgique et la Turquie volent ouvertement 200 000 barils de pétrole par jour des champs de pétrole syriens, vous n'en savez encore rien par ces médias ;

Lorsque les mêmes volent en plus 400 000 tonnes de coton, 5 millions de têtes de bétail, vous n'en savez toujours rien par ces médias ;

Lorsqu'ils mettent le feu à des milliers d'hectares de champs de blé, se vantent de diviser la Syrie et de délibérément affaiblir la valeur de sa monnaie nationale, ces médias vous dissimulent ces faits ;

De même que ces médias vous taisent les mesures économiques coercitives des États-Unis visant à étouffer le peuple syrien, qu'ils occupent certaines parties de son pays et protègent leur partenaire turc occupant d'autres vastes parties de terres syriennes ;

Aussi lorsque la représentante des États-Unis à l'ONU parle du souci de son administration devant la détérioration des conditions de vie des citoyens syriens en l'attribuant à ce qu'elle qualifie de « régime », la question légitime devient : n'est-ce pas là une phase de maladie aiguë et ne sommes-nous pas face à des symptômes de schizophrénie politique ?

Et, vous ne serez pas informé non plus par ces médias que le 31 mai 2020, la République arabe syrienne a adressé une plainte officielle au Secrétaire général des Nations Unies et au président du Conseil de sécurité contre les gouvernements de certains États membres, au premier rang desquels les États-Unis, le Royaume-Uni, la France et la Turquie. Objet : « *Mettre un terme aux ingérences hostiles d'États étrangers dans les affaires intérieures de la République arabe syrienne et engager tous les États membres à s'abstenir de toute pratique visant à saper l'indépendance et la poursuite du processus politique.* »[315]

Tout au long de dix années de guerre meurtrière, de 2010 à 2020, les gouvernements des États-Unis, de l'Angleterre, de la France et de la Turquie ont soutenu, financé et armé des groupes et organisations de terroristes multinationaux de multiples allégeances et de diverses casquettes, ainsi que des milices séparatistes à leurs ordres. Ils ont délibérément mené des agressions militaires unilatérales et tripartites contre la République arabe syrienne, occupé certaines parties de son territoire, commis des meurtres et des destructions, procédé à des déplacements et à des changements démographiques, pillé ses richesses naturelles et historiques dont le pétrole, le gaz, les cultures agricoles et les antiquités, brûlé et détruit tout ce qu'ils n'ont

315. Intervention du Dr. Bachar Al-Jaafari, chef de la mission de la République arabe syrienne auprès des Nations unies, 29 juin 2020.

pu voler, imposé toujours plus de mesures coercitives unilatérales au peuple syrien.

Mais qu'en avez-vous réellement su par les médias des milliardaires ?

Une fois de plus, vous êtes complètement désinformés sur ces faits, bien plus graves que la petite pandémie de la Covid-19. Un peu comme si la guerre n'existait plus. Donc, pas de Syrie non plus dans le discours du président qui, il est vrai, a plutôt intérêt à faire profil bas sur le crime d'agression qu'il perpétue contre la République arabe syrienne, crime ouvert par la présidence Hollande[316].

Les Gilets jaunes, alors ? Car, vous l'avez sans doute remarqué, les mouvements sociaux sont aujourd'hui assimilés par des grands patrons et certains politiciens à des actes de violence et *« d'atteintes aux libertés par une minorité »*. En décembre 2016, en pleine manifestations contre la « loi Travail », le « patron des patrons » du moment, Pierre Gattaz, avait donné le ton en comparant les militants de la CGT à des « voyous » et des « terroristes ». Le tribunal correctionnel de Bobigny relaxa le Gattaz poursuivi pour diffamation, le juge du tribunal considérant que ses propos ne sont *« pas suffisamment précis pour constituer une diffamation »* (sic). En magistrature française, la diffamation oblige à la précision. Par exemple, dire qu'un magistrat est un con ne suffit pas. Il faut, afin d'être entendu en tribunal, donner son identité complète.

Déjà, en 1940, les magistrats, à l'exception d'un seul, Paul Didier qui refusa de faire allégeance au régime collaborationniste de Vichy, condamnaient et faisaient emprisonner les résistants que le patronat désignait comme « terroristes ». À l'époque, cette « précision » était « suffisante » pour les robes noires en dictature. Cette proximité de la magistrature française avec les cercles de pouvoir n'est pas nouvelle. Depuis des siècles, les familles des grands possédants de la finance et de l'économie ont veillé à ce que la magistrature française soit protectrice de leurs intérêts. La docilité recherchée ne présentait pas grande difficulté dans la mesure où les magistrats étaient

316. *56, tome 1, L'État français complice de groupes criminels* et *56, tome 2, Mensonges et crimes d'État*, par Jean-Loup Izambert, IS Édition.

issus des ces familles riches. Après la chute de l'Ancien régime, la bourgeoisie a reproduit partiellement le système des familles de la noblesse selon lequel leurs enfants devaient occuper des fonctions dans le gouvernement, le clergé catholique, l'armée, la banque ou la magistrature. L'étude de grandes affaires économiques et financières contemporaines portées devant la justice permet de constater que ces pratiques de connivences subsistent toujours. Comme a pu le dire Gilbert Thiel, ancien Premier juge d'instruction au Tribunal de grande instance de Paris, puis juge de la Section antiterroriste du Parquet de Paris, auteur de plusieurs ouvrages sur le monde judiciaire, « *un certain nombre d'affaires jettent désormais une lumière crue sur les pratiques de plusieurs magistrats* »[317].

Depuis les attentats de 2015, 7 000 à 10 000 soldats ont été déployés en plus des forces de police et de gendarmerie. Leur rôle est surtout de réprimer les mouvements sociaux, comme celui des Gilets jaunes en 2019. Là, ça sent la guerre. « Le guerrier » allait-il monter au front, vous lançant un clairvoyant et tonnant « *Français, je vous ai compris !* »[318] et répondre aux revendications qui montent du cher et vieux pays en pleine ébullition ?

Rien de tout cela !

Pourtant, « *partout éclosent de nouvelles revendications qui, doucement, se muent en convergence des luttes. Ici, les soignants exposent une banderole contre le racisme et les violences policières, là, syndicalistes et écologistes proposent 34 mesures "pour un plan de sortie de crise", ailleurs des collectifs et territoires en lutte veulent agir "contre la réintoxication du monde", ici encore un collage de féministes interpelle sur les contrôles de police* », rapportent les journalistes Elsa Gambin et Nicols Mayart dans *Bastamag*[319].

---

317. *Derniers jugements avant liquidation, 35 ans dans la magistrature*, Par Gilbert Thiel avec Daniel Carton éd. Albin Michel, 2012.

318. Expression lancée par le général Charles de Gaulle lors de son discours historique au Forum d'Alger le 4 juin 1958.

319. « *Quelque chose gronde* » *: comment les mouvements sociaux réinventent leurs modes d'action*, par Elsa Gambin et Nicolas Mayart, Bastamag, 15 juin 2020. www.bastamag.net.

La police matraque l'infirmière Farida et protège des criminels

Farida, cadre infirmière du Val-de-Marne de l'hôpital public d'une cinquantaine d'années, est le symbole des luttes qui se développent en début de l'année 2020, confinement ou pas. Alors qu'elle manifeste place des Invalides, le 16 juin 2020, avec les personnels soignants pour l'amélioration des conditions de travail et un service public moderne de santé publique, les CRS chargent brutalement sur les blouses blanches. Jetée à terre, matraquée, plaquée au sol, menottée, rouée de coups, tirée par les cheveux alors qu'elle réclame sa Ventoline car elle est asthmatique, Farida est interpellée violemment par les forces de l'ordre alors qu'elle ne présente aucune menace. Bien que traumatisée physiquement et moralement par son arrestation, présentant plusieurs plaies à la tête, des bosses et des bleus, sa blouse blanche tachée de sang, la police du régime l'enchaîna pendant huit heures à un banc du commissariat du 7e arrondissement comme une terroriste... Ah ! non, pardon ami lecteur : « terroriste » n'est pas le qualificatif qui convient.

Car, comme vous ne le savez sans doute pas en raison du fait que les médias des milliardaires ne vous en ont pas informés, cette même police qui tabasse les travailleuses comme Farida protégeait, hier, sur ordre de leur hiérarchie, de celle des ministres de la Justice, de la Défense et de l'Élysée, des terroristes recherchés par l'Organisation internationale de la police criminelle[320].

Oui, vous avez bien lu : les poseurs de bombes et autres comploteurs de coups d'État bénéficiaient hier de la protection de politiciens – au plus haut niveau de l'État –, de services de la magistrature, de la police et de la DGSE. Ce qui n'empêche pas le secrétaire national du Syndicat indépendant des commissaires de police (SICP), Matthieu Valet, d'accuser ridiculement l'infirmière Farida d'avoir « *jeté des cailloux* »[321] sur les « gentils » CRS.

Des « *cailloux* » ! Même pas un pavé, un bon, du grand cru cuvée 68 qui fleure bon le printemps inachevé ?! L'accusation est vraiment mal venue de la

---

320. Lire *56, tome 1, L'État français complice de groupes criminels* et *56, tome 2, Mensonges et crimes d'État*, par Jean-Loup Izambert, IS Édition.
321. Interview de Matthieu Valet, secrétaire national du SICP, CNews *(Violences policières : comment maintenir l'ordre)*, 23 juin 2020, 21 h 27.

part de ces commissaires qui font matraquer le peuple qui se révolte alors que certains d'entre eux ont fait preuve dans un passé récent d'une très grande bienveillance dans la protection de membres d'une organisation qualifiée par Interpol comme « *extrémiste de terroristes* ».

En effet, commissaires de police, ils ne pouvaient ignorer ces faits : la présence d'individus recherchés par Interpol sur le territoire dont ils ont en charge d'assurer la sécurité. Leur hiérarchie et celle des services français de renseignement intérieur avec lesquels les commissaires entretiennent des contacts réguliers en avaient parfaitement connaissance. Il en résulte que soit leur hiérarchie leur a dissimulé ces faits, soit qu'ils en ont été informés et se sont, pour certains d'entre eux, rendus complices dans la protection de criminels recherchés.

Après avoir consulté certaines notices rouges d'Interpol strictement réservées « *À l'usage de la police et de l'autorité judiciaire* » – bon, mais ce n'est quand même pas de notre faute si des fonctionnaires de l'appareil judiciaire, ne supportant plus de voir des présidents, ministres et magistrats couvrir de tels individus, nous ont fait partager quelques secrets des « amitiés franco-terroristes »... – et découvert les crimes qui s'abritent derrière ces protections, en voyant la petite infirmière traitée de la sorte, tout naturellement des questions nous sont venues à l'esprit.

Lequel de ces commissaires, si audacieux pour faire rouer de coups une citoyenne sans défense qui manifeste pour défendre la santé publique, avait en charge l'individu portant le numéro de dossier d'Interpol 28901/91 et numéro de contrôle A-198/5-1992 ? D'accord, il est vrai que celui-ci était luxueusement planqué dans un quartier de Londres. Toutefois, cela ne l'empêchait pas de passer la frontière le plus tranquillement du monde pour rencontrer ses frères en France afin de préparer « le printemps arabe » avec eux et leurs sponsors de la Maison-Blanche, du 10 Downing Street et de l'Élysée.

Un autre, presque complètement « français », bien intégré pour avoir été logé en France pendant une bonne vingtaine d'années ?

Lequel de ces commissaires, qui a fait charger la manifestation des Gilets jaunes sur les Champs-Élysées, a laissé l'individu dont le dossier portait le numéro 28885/91 et numéro de contrôle A-186/5-1992 mener des activités politiques le plus tranquillement du monde alors que l'Organisation internationale de la police criminelle le recherchait et demandait *« son extradition en tous pays »* ?

Un autre encore, l'un des dirigeants de l'organisation criminelle en question par exemple ?

Lequel de ces commissaires, qui a donné l'ordre aux CRS de charger médecins et infirmières, a protégé l'individu fiché par Interpol dans le dossier 28889/91 au numéro de contrôle A-189/5-1992 recherché pour « *association à une organisation de terroristes* » ? Logé tranquillement en région parisienne depuis plusieurs années, il gérait plusieurs sociétés dont l'une d'entre elles était située sur les Champs-Élysées. Sa fiche d'Interpol – que n'ignorait ni la hiérarchie policière ni surtout celle de la magistrature auxquelles Interpol transmet régulièrement ses notices – indiquait : « *En cas de découverte, procéder à sa détention provisoire et aviser immédiatement Interpol Tunis (...) ainsi que le Secrétariat général de l'O.I.P.C.-Interpol* ».

L'infirmière Farida n'a pas eu droit à tant d'égards.

Meurtrie, souffrant de plusieurs blessures à la tête, aux bras et aux côtes ayant entraîné quatre jours d'ITT (incapacité temporaire de travail), elle passera la nuit en garde à vue. Farida déposera plainte auprès de l'inspection générale de la Police nationale pour « *violences volontaires par personnes dépositaires de l'autorité publique* ». Mais elle sera poursuivie en justice pour « *outrage, rébellion et violences sur personnes dépositaires de l'autorité publique* »[322].

La farce est à son comble alors que le matraqueur se pose en victime. Mais de cela, vous vous doutiez déjà pour avoir sans doute constaté l'extrême rapidité de la justice française à condamner les manifestants pacifiques des Gilets jaunes et l'extrême lenteur de la même justice à sanctionner les policiers coupables d'actes de violence. Et, lorsque la « redoutable » section anti-terroriste du Parquet de Paris protège, du début des années 1990 à 2011 – plus

---

322. *Pétition : Violence de la police, soutien à Farida C., infirmière en lutte*, par Taha Bouhafs, Là-bas s'y j'y suis, www.la-bas.org, 19 juin 2020.

de vingt années quand même ! –, des criminels recherchés par Interpol, nous ne sommes plus dans le domaine de la lenteur, mais de la haute protection d'acteurs du crime organisé par les plus hautes instances de l'État français.

Le pire étant sans doute que ces policiers ont laissé faire ces protections sur ordre de leur hiérarchie, elle-même dépendante de celle d'une magistrature courbée devant plusieurs ministres de la Justice et des Affaires étrangères. Écrire que les ministères de la Justice et de l'Intérieur ont fait protéger des criminels constituerait un outrage si ces faits n'étaient pas fondés et prouvés[323]. Face à tant de violence, d'injustice et de dissolution de « l'autorité publique », une idée s'impose : vive la rébellion !

Un endetteur de talent

« Le guerrier » qui fait matraquer la France du travail prend l'air grave dans ses opérations de communication pour discourir sur la crise sanitaire. C'est sa « guerre » à lui, dont il pense pouvoir se tirer en se planquant derrière des opérations de communication. Son discours sur « le monde d'après » et « l'union nationale » n'est que la copie de celui des « écrasés » du Medef qui vous exhorte de *« travailler un peu plus »*. C'est assez comique venant de la part d'individus qui, du « monde d'avant » au « monde d'après », passent leur temps à ne plus vous faire travailler du tout en jetant des millions de Français au chômage. Mais qu'importent vos déboires et vos vies massacrées ! Cette nouvelle tromperie du locataire de l'Élysée lui permet de détourner ses responsabilités et celles du gouvernement de l'état catastrophique du pays, des causes de son endettement, de l'accumulation de richesses de la minorité de milliardaires qui bloque le développement économique et social du pays, de cette voyoucratie grand-patronale qui pille et détourne partie des résultats financiers des entreprises.

1970 : la dette des administrations publiques est de 25 milliards d'euros.

Fin 2019 : elle s'élève à 2 380,1 milliards d'euros.

---

323. *56, tome 1, L'État français complice de groupes criminels* et *56, tome 2, Mensonges et crimes d'État*, par Jean-Loup Izambert, IS Édition.

Ah... Quand même ! Monumentale différence ! Trou vertigineux ! Qu'en dites-vous, braves gens, vous qui pouvez vous retrouver fiché en Banque de France pour 100 euros de découvert ?

Après avoir augmenté de 70,2 milliards en 2017, la dette publique s'alourdit de 56,6 nouveaux milliards d'euros en 2018. Alors qu'elle s'élevait à 20 % du PIB en 1980, elle atteint 98,4 % du PIB fin 2018. Allez, encore un petit effort et le cap fatidique des 100 % du PIB sera franchi à la fin 2019 : « *Au troisième trimestre, elle a ainsi atteint 2 415,1 milliards d'euros, en hausse de 36 milliards par rapport au trimestre précédent, indique l'Insee. Elle pèse désormais pour 100,4 % du PIB de l'Hexagone. C'est presque un point de pourcentage de plus qu'il y a un an, et c'est aussi le troisième pire niveau jamais atteint* », observe Claude Fouquet dans *Les Échos*[324]. En augmentant, la dette creuse le déficit, puisqu'il faut rembourser plus d'intérêts, remboursement qui, à son tour, crée de la dette. Si le montant d'argent servant à payer des intérêts au secteur bancaire avait été employé pour rembourser la dette publique, celle-ci aurait été amortie en 1987. Et, depuis lors, les gouvernements auraient connu un excédent permettant de réduire les impôts et d'investir dans les budgets civils pour le développement économique et social. Mais les dirigeants ne peuvent le faire, car en amont des élections, ils sont choisis par les tenants de la grande finance en fonction de leur allégeance.

Pour ne prendre que le cas d'Emmanuel Macron, ceux-ci connaissaient déjà sa capacité à plaire alors qu'il travaillait chez Rothschild & Cie. Il a « *tout à fait le talent pour être un présidentiable* », dira de lui Jacques Attali en 2014[325].

Macron lui-même ne cachait pas sa prédisposition de serviteur du système, déclarant sur son activité au sein du système financier que « *d'une certaine manière, on est comme une prostituée. Le boulot, c'est de séduire* »[326]. Le métier de banquier comparé à celui d'un « travailleur du sexe »... Dur labeur que celui du « hardeur ». Curieux éloge... Une fois élus, les politiciens liés à la

324. *La dette publique de la France passe la barre des 100 % du PIB*, par Claude Fouquet, Les Échos, 20 décembre 2019.
325. Jacques Attali sur BFM TV, 27 août 2014.
326. *France's Hollande Casts Fate With Ex-Banker Macron*, par Stacy Meichtry et William Horobin, Wall Street Journal, 8 mars 2015.

grande finance n'ont d'autre choix que de vous faire appliquer les mesures législatives et réglementaires qui garantiront les privilèges de leurs sélectionneurs ; peu d'imposition pour les plus fortunés d'entre eux, fonds publics aux sociétés transnationales financières, bancaires et industrielles qu'ils dirigent, exonérations fiscales, évitement fiscal légal, lois et règlements favorisant leur enrichissement, etc.

Remettez le système politique et la finance au service de l'intérêt général et tout changera. Comment s'est fabriquée cette « dette sociale », qui est le résultat de la politique menée depuis les années soixante-dix par les mêmes forces politiques rétrogrades et réformistes, parti « socialiste » compris ? D'où vient-elle ?

Qui derrière la dette ?

Elle est essentiellement constituée par l'ensemble des engagements financiers pris sous forme d'emprunts par l'État, les collectivités publiques et les organismes qui en dépendent directement, comme les entreprises et organismes du secteur public (Caisses de retraite, Sécurité sociale, etc.). Le déficit public appert lorsque les produits - essentiellement composés par les recettes fiscales - sont inférieurs aux charges - les dépenses budgétaires - des administrations publiques.

Bien entendu, la dette publique augmente à chaque fois qu'un déficit public est financé par l'emprunt. Elle correspond à l'accumulation des besoins de financement de ces administrations au cours de périodes annuelles. Mais la dette publique qui résulte d'une accumulation de déficits sur plusieurs années est surtout alourdie par les mesures fiscales qui favorisent les sociétés transnationales et les grandes fortunes. Chaque année, le déficit public (collectivités territoriales, Sécurité sociale et État) augmente. Pourquoi ? Essentiellement en raison des milliards d'euros qui sont consacrés au remboursement des intérêts de la dette au secteur bancaire. S'y ajoutent les milliards d'euros qui échappent à l'administration fiscale par l'évitement fiscal et la fraude et les charges que les dirigeants transfèrent du secteur privé à l'État : conséquences des privatisations, diminution de l'impôt des riches sociétés transnationales, exonérations de paiement des cotisations sociales, allégements fiscaux pour les plus fortunés, augmentation importante du budget de l'armée, baisse de charges pour les entreprises, etc.

Le Projet de Loi de Finances 2018 prévoyait un déficit de 82,9 milliards d'euros. Celui de 2019 se creuse de 13,40 milliards d'euros supplémentaires pour atteindre 96,3 milliards d'euros. Pour 2020, le solde budgétaire prévu en Loi de Finances rectificative (numéro 1) de moins 109 milliards d'euros – soit un déficit supplémentaire de 12,70 milliards d'euros sur 2019 – atteindra en réalité un minima de 183,5 milliards d'euros, soit plus de 100 milliards de plus qu'en 2018 ![327] Dans la meilleure des hypothèses…

Mais s'il peut être normal que l'État emprunte de manière épisodique en conservant toujours sa capacité de remboursement, il est parfaitement anormal que l'État ne survive plus que surendetté. C'est pourtant le cas des pays capitalistes, notamment des États-Unis, d'Europe occidentale et du Japon. L'explosion des dettes publiques dans ces pays comme en France ne vient pas du fait que vous auriez trop de médecins, d'enseignants, de chercheurs ou de l'allongement de la durée de vie, comme des bonimenteurs tentent de vous le faire croire. Celle-ci trouve sa source dans le système de gestion capitaliste. Que veut dire « système de gestion capitaliste » ?

Pour faire court, disons que les dirigeants de l'État privilégient les intérêts des propriétaires privés des groupes de la haute finance et de l'économie – la grande bourgeoisie propriétaire des moyens de financement, de production et d'échange – sur l'intérêt général de la société.

Par exemple, rappelez-vous les plus ou moins 200 milliards d'euros dont bénéficient annuellement les sociétés transnationales – soit plus que les 183,5 milliards d'euros de déficit prévu pour 2020 –, l'évitement et la fraude fiscale avec le concours de structures implantées dans des places financières et juridiques offshore, le sauvetage des banques – réalisé avec des fonds publics –, les allégements de l'impôt pour les ultra-riches que les politiciens organisent et/ou couvrent au profit de cette même grande bourgeoisie.

---

327. Source : Ministère de l'Action et des comptes publics, Présentation en conseil des ministres d'un second projet de loi de finances rectificative 2020, 15 avril 2020, www.performance-publique.budget.gouv.fr.

Une précision sur ce sujet : contrairement à une idée propagée par certains politiciens et médias afin de vous culpabiliser, l'essentiel de la fraude et de l'évitement fiscaux n'est pas le fait des particuliers ou des TPE et PME, mais des grandes entreprises. La Commission des affaires économiques et monétaires du Parlement « européen » indiquait en 2013 que « *la fraude fiscale, l'évasion fiscale, l'évitement fiscal et la planification fiscale agressive engendrent, chaque année dans l'Union européenne – et pour cette seule région du monde –, une perte scandaleuse de recettes fiscales potentielles estimée à 1 000 milliards d'euros* » ! Selon un rapport du Conseil économique et social publié en décembre 2016 dans le Journal Officiel, pour la seule France, ce chiffre est estimé à près de 80 milliards d'euros[328].

En 2019, les montants de « *l'ampleur des pertes de revenus causées dans l'Union par la planification fiscale agressive des entreprises, établie en 2015 (...) sont évalués à entre 50 à 70 milliards d'euros (somme représentant uniquement le manque à gagner dû aux transferts de bénéfices, qui correspond à au moins 17 % de l'impôt sur les sociétés perçu en 2013 et 0,4 % du PIB) et 160 à 190 milliards d'euros (y compris les arrangements fiscaux individuels avec les grandes entreprises multinationales et le manque d'efficacité de la perception de l'impôt)* »[329].

Par ailleurs, un document de travail du Fonds monétaire international (FMI) « *estime qu'à l'échelle mondiale, le manque à gagner dû à l'érosion de la base d'imposition et au transfert de bénéfices et lié aux paradis fiscaux s'élève à environ 600 milliards de dollars chaque année, relève que les estimations approximatives à long terme du FMI font état d'un montant de 400 milliards de*

---

328. Source : Parlement européen, Rapport sur la lutte contre la fraude fiscale, l'évasion fiscale et les paradis fiscaux, 3 mai 2013 (2013/2060-INI) et *Les mécanismes d'évitement fiscal, leurs impacts sur le consentement à l'impôt et la cohésion sociale*, Antoine Dulin, Journal Officiel de la République Française, 16 décembre 2016, séance du 13 décembre 2016.
329. Rapport sur la criminalité financière, la fraude fiscale et l'évasion fiscale, Commission spéciale sur la criminalité financière, la fraude fiscale et l'évasion fiscale, Corapporteurs : Jeppe Kofod, Luděk Niedermayer, 8 mars 2019. Document de séance A8-0170/2019.

dollars pour les pays de l'OCDE (1 % de leur PIB) et de 200 milliards de dollars pour les pays en développement (1,3 % de leur PIB) »[330]. Voilà qui donne une idée des milliards d'euros détournés du développement des entreprises, de l'investissement et de l'emploi par les « écrasés » du grand patronat.

Vincent Vicard, économiste du Centre d'études propectives et d'informations internationales (CEPII), en charge du programme scientifique « Analyse du commerce international », démontre comment *« 36 milliards d'euros de profits sont soustraits à l'impôt en France »* pour la seule année 2015. *« En 2015*, explique-t-il, *25 milliards d'euros de revenus d'IDE (investissements directs étrangers) seraient le fait de l'évitement fiscal des multinationales dont les deux tiers proviennent de profits de maisons-mères françaises, transférés dans leurs filiales étrangères, et l'autre tiers de la sous-déclaration des profits des filiales françaises d'entreprises étrangères. »*[331] Depuis, le montant des profits détournés est à la hausse. Encore des milliards d'euros détournés du budget de l'État par les « écrasés » du Medef, qui le privent ainsi de ressources financières et le contraignent à s'endetter encore plus afin d'assurer, de moins en moins, ses missions.

Mais attention : l'endettement d'un État n'est pas constitué que de sa *seule dette publique*.

Si vous lisez régulièrement des journaux, regardez le journal télévisé ou les très rares émissions radiophoniques ou télévisuelles françaises consacrées aux questions économiques, vous aurez peut-être remarqué que ces médias « oublient » la plupart du temps d'ajouter à la dette publique des administrations celle des entreprises et des ménages. Et cela change bien des choses. La dette publique n'est pas la dette du pays, entreprises et ménages compris, mais seulement celle de l'ensemble des administrations publiques.

---

330. Crivelli E., De Mooij R. A. et Keen M., *Base Erosion, Profit Shifting and Developing Countries (Érosion de la base d'imposition, transfert de bénéfices et pays en développement)*, 2015.
331. *L'évitement fiscal des multinationales en France : combien et où ?* par Vincent Vicard, La Lettre du CEPII, n° 400, juin 2019.

La dette privée doit également être prise en compte si l'on veut connaître la situation économique et financière exacte d'un État, d'autant que celle-ci est particulièrement impressionnante.

L'endettement des ménages et des entreprises français rapporté au PIB était le plus élevé des grands pays d'Europe : à 133,3 % du PIB en France à fin septembre 2018 (dont 59,2 % pour les ménages et 74,1 % pour les sociétés non financières). Il dépasse le niveau de l'Espagne et excède largement la moyenne de la zone euro (118,6 %) tout en restant en deçà du Royaume-Uni (153,1 %) ou des États-Unis (149 %), indiquait *Stat Info*, la lettre d'information de la Banque de France[332]. Un an plus tard, fin 2019, « *le taux d'endettement du secteur privé non financier (SPNF) de la zone euro s'établit à 118,8 % du PIB, soit une légère hausse de 0,2 point par rapport à fin 2018* ». La Banque de France indique qu'« *il augmente à nouveau en France (+ 3,5 points en 2019 après + 4,2 points en 2018) avec une dette des agents non financiers privés qui représente* ***135,1 % du PIB*** ». *Stat Info* analyse que « *l'endettement demeure ainsi plus élevé en France que chez ses grands voisins de la zone euro, pour les sociétés non financières comme pour les ménages.* »[333]

Les politiques successives depuis les années 1970 ont provoqué un endettement tel que celui-ci menace aujourd'hui tout le système. Pour prolonger sa survie, les tenants du capitalisme compressent les dépenses publiques et sociales au nom de la réduction de la dette et des déficits publics qu'ils ont eux-mêmes provoqués. Cette compression est d'autant plus forte que dans le même temps, il réduit l'impôt des privilégiés et les recettes publiques en laissant faire le pillage des fonds publics et des entreprises par les agents de la grande finance privée. Fermant les yeux sur ces détournements de centaines de milliards d'euros et minimisant sa lutte contre les réseaux financiers qui s'activent à détrousser la République en flux tendu 24h/24, les dirigeants de l'État laissent s'aggraver son endettement en le privant d'une grande partie de ses ressources.

---

332. *Nouvelle hausse du taux d'endettement du secteur privé en France et en Allemagne*, Banque de France, Stat Info, 8 février 2019.

333. Banque de France, Taux d'endettement des agents non financiers – Comparaisons internationales, 26 mai 2020.

Les coupables ? C'est vous ! disent-ils. Depuis 50 ans…

Toute une idéologie est développée par les tenants du système pour vous faire avaler que la réduction des dépenses publiques, l'austérité et la rigueur seraient les moyens de sauver le pays du désastre dans lequel… ils l'ont conduit ! À longueur d'interventions médiatiques, ils vous assurent, tel le ministre du Budget du gouvernement Fillon en 2008, que « *les caisses de l'État sont plus que vides, elles sont en déficit de 38 milliards d'euros* »[334].

Lors du quinquennat de Nicolas Sarkozy, le gouvernement Fillon plongera la France un peu plus dans le chaos économique et l'endettement en procédant à une accélération des privatisations. De nouvelles suppressions d'emplois dans des secteurs vitaux pour la collectivité s'ajouteront à celles des précédents gouvernements et à celles de centaines de milliers d'autres qui se profileront également à l'horizon début 2008 dans le secteur privé : SNCF, Défense, Airbus, Alcatel, France Télécom, Michelin, Gemalto, EADS, PSA, Boursin, Mars, Fortis, groupe Crédit Agricole, etc.

Pourtant, que n'avait promis le candidat de l'UMP lors des élections présidentielles de mai 2007 : « *une démocratie irréprochable* », « *mettre fin à l'impuissance publique* », « *vaincre le chômage* », « *réhabiliter le travail* », « *répondre à l'urgence du développement durable* », « *engager de grandes politiques de solidarité fraternelles et responsables* »[335] figuraient au nombre des quinze propositions de son programme politique. Nobles intentions. Beaux discours. Excellente maîtrise du violon et du pipeau, les deux instruments favoris des politiciens.

Et si tout ne peut changer de cap du jour au lendemain, force est de constater que la tendance générale fut à la continuité et même à l'aggravation de la situation. Aucune mesure fondamentale ne sera prise pour tenter de « briser la glace » de la stagnation conservatrice, bien au contraire. Est-ce à dire que, soudain, entre le début et la fin de la campagne électorale des

---

334. Éric Woerth, ministre du Budget, devant les députés de la commission des Finances de l'Assemblée Nationale, 29 janvier 2008.

335. Source : *Mon projet. Ensemble tout devient possible*, Nicolas Sarkozy. Campagne des élections présidentielles des 22 avril et 6 mai 2007.

élections présidentielles de mai 2007, la France aurait perdu les moyens financiers du programme politique de l'UMP Sarkozy pour lequel les Français l'ont élu président de la République ?

Est-ce à dire que la République n'aurait plus les moyens de ses valeurs alors qu'elle continue d'être spoliée par les « écrasés » et des meutes de banksters qui spéculent contre sa liberté, son égalité et sa fraternité ? Allons donc ! À se demander où passent les impôts des Français, et tout particulièrement ceux que devraient normalement verser les entreprises transnationales... Est-ce à dire que l'UMP Sarkozy, son Premier ministre et son gouvernement trompaient ouvertement les Français ?

Car enfin, comment les cinq gouvernements qui se sont succédé en quatorze années avant sa venue au pouvoir (Édouard Balladur - UMP -, du 29 mars 1993 au 11 mai 1995, Alain Juppé - UMP -, du 17 mai 1995 au 2 juin 1997, Lionel Jospin - PS - du 2 juin 1997 au 6 mai 2002, Jean-Pierre Raffarin - UMP -, du 6 mai 2002 au 31 mai 2005, Dominique Galouzeau de Villepin - UMP - du 31 mai 2005 au 15 mai 2007) et qui, à peu de chose près, ont tous conduit la même politique intérieure, auraient-ils pu laisser piller les caisses de l'État sans que Nicolas Sarkozy s'en aperçoive plus tôt, ne le dénonce et s'y oppose ?

Du reste, Nicolas Sarkozy lui-même n'était-il pas aux premières loges, occupant successivement plusieurs postes de ministre ?

Comment faire croire aux Français qu'il découvre subitement que *« les caisses de l'État sont plus que vides »* après avoir été lui-même pas moins de quatre fois ministre en six années dans rien moins que quatre gouvernements UMP : ministre du Budget dans le gouvernement Balladur, ministre de l'Intérieur puis ministre d'État, de l'Économie, des Finances et de l'Industrie dans deux gouvernements Raffarin et encore ministre d'État, ministre de l'Intérieur et de l'Aménagement du territoire dans le gouvernement de Dominique Galouzeau de Villepin ?

On sent planer dans ce propos présidentiel et gouvernemental l'influence d'un comique troupier grotesque sur le thème : *« J'ai été plusieurs fois ministre avec un tas de potes de l'UMP qui ont tous plus que vidé les caisses de l'État, mais je n'ai rien vu ! »*... Il semble que dans la logique de Nicolas Sarkozy, la frontière entre la tromperie – car on ne peut en pareil cas parler d'ignorance –

et la loyauté aux engagements pris soit à peu près aussi claire que celle séparant en pleine jungle équatoriale le territoire des Pygmées Babinga de celui de la République Centrafricaine.

François Hollande, le « monsieur bricolage », tint à peu près le même discours lorsqu'il déclara en juillet 2012 que « *réduire la dette est le choix, non pas de l'austérité, mais de la souveraineté* »[336]. Si le principe politique est juste, chacun pourra constater quelques années plus tard que sa politique provoqua délibérément les effets inverses : aggravation de l'endettement et de la situation économique, enrichissement des actionnaires des sociétés du CAC 40 dont la distribution des liquidités passa de 37,3 à 57,1 milliards d'euros de 2012 à la fin 2016, désindustrialisation, augmentation continue du chômage et de la pauvreté, développement des guerres.

François a juste « oublié » de vous dire ce qu'il ne pouvait pas vous dire : dans le cadre de l'Union « européenne » de Maastricht, la souveraineté des États ne peut exister pour la simple raison que le cadre de leur politique budgétaire est fixé par les organes dirigeants de l'Union, principalement la Commission « européenne ». Jean-Claude Junker, le président de la Commission « européenne » du moment, avait du reste été très clair sur cet aspect de la dictature de Maastricht, déclarant le 28 janvier 2015 qu'« *il ne peut y avoir de choix démocratique contre les traités européens* ». Ce spécialiste de l'apéro avait tranché.

Ce discours martelé à longueur de temps par de prétendus « experts » et les médias d'information politique et générale des milliardaires n'a d'autre objectif que de vous culpabiliser tout en tentant de décrédibiliser toute critique de la politique libérale. Par ailleurs, celui-ci évacue tout débat de fond sur d'autres choix politiques.

Leur trouille ? Que la nation prenne ce qui lui appartient

Contre les nationalisations, ils privatisent et déréglementent tant la seule idée d'une gestion démocratique des entreprises entrave les visées des grands propriétaires privés de la finance et de l'économie. La nationalisation des sec-

336. François Hollande, AFP, 9 juillet 2012.

teurs-clés de l'économie ne consiste pas à remplacer des énarques de droite par des énarques de gauche à la tête des grandes entreprises. De même, les conseils d'administration des entreprises nationalisées doivent être vidés des représentants du capital monopoliste. Ceux-ci s'emploient à financiariser l'économie pour leurs seuls intérêts égoïstes en délocalisant, en liquidant des entreprises et filiales d'entreprises rentables et ne les dirigent et/ou en sont actionnaires que pour le seul profit financier ce qu'elles peuvent leur rapporter. Dans cette « économie casino » l'investisseur – petit ou institutionnel –, place son capital dans l'entreprise non pas pour participer au développement économique *et* social, mais en fonction du seul profit maximum immédiat qu'il peut en tirer, un peu comme les joueurs à la roulette d'un casino.

L'expérience l'a montré : les nationalisations que craignent par-dessus tout les tenants du capitalisme ne peuvent devenir réellement efficaces que si les travailleurs participent pleinement à la gestion démocratique des entreprises nationalisées.

Autre condition : le développement de la coopération entre ces entreprises dotées d'une large autonomie de gestion dans le cadre d'objectifs nationaux. À l'opposé de la politique des transnationales capitalistes dans laquelle « l'entreprise est faite pour ses actionnaires », celle de la société nationalisée est orientée vers la satisfaction des besoins sociaux et doit mettre en œuvre une coopération inter-entreprises publiques tout en assurant un rôle moteur dans le développement des PME. Du fait de son importance, l'ensemble du secteur bancaire et financier devrait être nationalisé, exception faite des banques coopératives, afin de dégager l'État de l'emprise de la grande finance. Les ressources financières des grandes entreprises qui sont aujourd'hui détournées de l'investissement, de l'amélioration de la situation des travailleurs et des ressources fiscales de l'État par le grand patronat pourraient alors être injectées dans le développement économique et social.

Anicet Le Pors, ingénieur et économiste, docteur d'État en sciences économiques[337], diplômé du Centre d'étude des programmes économiques,

337. Anicet Le Pors sera successivement ministre puis Secrétaire d'État chargé de la Fonction publique et des Réformes administratives auprès du Premier ministre Pierre

ancien ministre de la Fonction publique (1981-1984) et Conseiller d'État honoraire, auteur de nombreuses interventions et ouvrages[338], soulignait déjà dans les années quatre-vingt, alors qu'il participait à la préparation du Programme commun de gouvernement des forces de gauche[339], cette sape continue de la démocratie, cette tradition du refus de l'intervention des salariés dans la gestion des entreprises par les « maîtres de la finance » :

> « Ils tentent de discréditer le champ des nationalisations qui ont été retenues en indiquant que ce champ aurait été choisi par hasard... Ils s'attaquent aux entreprises publiques existantes, alors qu'ils sont responsables des difficultés qu'elles rencontrent, pour essayer de caractériser l'inefficacité des nationalisations... Ils s'efforcent, mais avec beaucoup de mal, de montrer que les nationalisations seraient contraires aux intérêts des travailleurs et aux libertés (...) Il faut encore expliquer, expliquer beaucoup, montrer que dans les conditions monopolistes, les entreprises publiques rencontrent des limites, qu'elles ont même été utilisées comme un moyen de défense et de survie du système, qu'elles excluent actuellement les travailleurs de la gestion, que les déficits sont organisés et mis à la charge du

---

Mauroy, chargé de mission à la direction de la prévision du ministère des Finances, Conseiller d'État. Élu à plusieurs reprises à différentes fonctions, il fut également responsable du département « Nationalisations et politique industrielle » de la section économique du Parti Communiste Français. Il sera également l'auteur d'une proposition de réforme administrative mettant fin au clientélisme dans la fonction publique, démocratisant l'ENA et destinée à moderniser l'administration, y compris dans ses relations avec les administrations d'autres pays. Celle-ci sera enterrée par Laurent Fabius lorsqu'il sera nommé Premier ministre par François Mitterrand.

338. Parmi ceux-ci, citons *La Fonction publique du XXIe siècle* (avec Gérard Aschieri), éd. L'Atelier, *La citoyenneté*, éd. Presses Universitaires de France, *Quelle VIe République*, éd. Le Temps des cerises, *Éloge de l'échec*, éd. Le Temps des cerises, *L'État efficace*, éd. Robert Laffont ou encore *L'évolution des fonctions publiques (colloque international des 25-26-27 octobre 2000)*, éd. Émile Bruylant.

339. Le Programme commun de gouvernement engageant les principaux partis de gauche sera, sur pression des dirigeants étasuniens, abandonné par le Parti Socialiste peu après son arrivée au pouvoir en 1981.

contribuable… Mais il est facile aussi de démontrer qu'en dépit de ces conditions, tout à fait défectueuses, les entreprises publiques ont été à l'origine des succès techniques très importants de notre appareil de production, qu'elles ont puissamment contribué à la défense de l'indépendance nationale et qu'elles ont apporté aux travailleurs de ces entreprises des améliorations sociales limitées, mais réelles. »

La poursuite de la politique libérale ouverte par Mitterrand au printemps 1983 amènera des vagues successives de privatisation du bien public au détriment de l'intérêt général et au profit des grands groupes capitalistes. L'arrivée au pouvoir d'Emmanuel Macron est la suite logique de l'appropriation de l'appareil d'État par la grande finance :

> « Emmanuel Macron a été mandaté par les dominants de ce pays et au-delà : la finance internationale dont il émane, les cercles dirigeants de l'Union européenne, le Medef, la technocratie administrative, les flagorneurs du show-business, la quasi-totalité des médias. Instruit et talentueux, dès avant son élection, il a pu dessiner une démarche confirmée depuis et que l'on a pu ainsi résumer : vénération de l'élite et mépris des travailleurs, mise au pas des collectivités territoriales, abaissement du Parlement, gouvernement aux ordres, exécutif opaque et autoritaire[340]. À tous niveaux l'administration, à la disposition du gouvernement selon la constitution, est concernée et la tentation de modeler la fonction publique selon les vœux du président est particulièrement forte. Emmanuel Macron a su tirer les enseignements des tentatives passées. La priorité donnée à la réforme du Code du Travail lui a permis de donner satisfaction au patronat, mais aussi de faire du contrat, et spécialement du contrat individuel privé d'entreprise, la référence sociale majeure susceptible d'être généralisée à l'ensemble des salariés des secteurs privé et public. Pour autant, il n'a pas cessé de marquer son intention de s'attaquer directement aux statuts des personnels du secteur public. Durant la campagne de l'élection présidentielle, il a notamment jugé le statut des

---

340. *Emmanuel Macron : cet homme est dangereux*, par Anicet Le Pors, Médiapart, 5 mai 2017.

fonctionnaires "inapproprié" et prévu la suppression de 120 000 emplois. Il a stigmatisé ceux qu'il a appelés les *insiders*[341], selon lui des nantis. »[342]

Passant en revue l'aggravation de cette politique libérale par Macron dans une étude passionnante publiée par le mensuel *Économie et politique*[343], Anicet Le Pors souligne que si « *les dominants ont, malgré tout, cru pouvoir annoncer la victoire définitive du libéralisme, la fin de l'histoire, et consacrer l'horizon indépassable d'un capitalisme hégémonique sur la planète (...) en ce début de XXI*e *siècle, le monde tel qu'il est ne dit pas cela* ». L'économiste et fin connaisseur de la Fonction publique met en exergue les évolutions de la société auxquelles se heurte de plus en plus brutalement le pouvoir politique de l'oligarchie financière :

> « Comme sous l'effet d'une loi de nécessité, une socialisation objective se développe, quand bien même elle s'exprime dans des contextes capitalistes. Dans une crise qu'Edgard Morin analyse comme une "métamorphose"[344], des valeurs universelles émergent et s'affirment : les droits humains, la protection de l'écosystème mondial, l'accès aux ressources naturelles indispensables, le droit au développement, la mobilité des personnes, le devoir d'hospitalité, la sécurité ; d'autres sont en gestation, qui exacerbent les contradictions entre le vieux monde et ce qui advient. La mondialisation n'est pas seulement celle du capital, elle touche toutes les formes d'échange et d'hominisation : révolution informationnelle, coopérations administratives et scientifiques, conclusion de conventions internationales, foisonnement de créations culturelles. Bref, ce siècle promet d'être celui des interdépendances, des interconnections, des coopérations, des solidarités, toutes formules qui

341. Le Point, 31 août 2017.
342. *Fonction publique, l'histoire d'une longue marche*, par Anicet Le Pors, Économie et politique, mars-avril 2018, 766/767, p. 32 à 37.
343. Économie et politique, www.economie-et-politique.org.
344. Edgard-Morin, « *L'idée de métamorphose, dit qu'au fond tout doit changer* », L'Humanité, 19 juillet 2013. Dans le même esprit, *Pendant la mue le serpent est aveugle*, par Anicet Le Pors, éd. Albin Michel, 1993.

> se condensent en France dans le concept de service public. Contrairement aux espoirs et aux proclamations des propagandistes du libéralisme, le XXIe siècle pourrait bien, in fine, s'affirmer comme l'"âge d'or" du service public. »[345]

La trouille de l'oligarchie financière et de son pouvoir politique ?

Que la nation, dans un élan de souveraineté retrouvée, prenne conscience que son avenir démocratique et progressiste exige qu'elle s'empare de ce qui lui appartient, fruit de son travail et celui de générations, dont elle est spoliée par les accapareurs de la grande finance.

Aussi, une seule voie vous est présentée comme possible par les politiciens et médias des milliardaires : réduire les salaires et les effectifs de fonctionnaires, réformer une énième fois le système des retraites, diminuer les allocations familiales et les dépenses de santé, augmenter la TVA et les taxes sur les produits de première nécessité… Et aussi réformer toujours et encore le « marché » du travail dans le sens de la flexibilité, de la baisse des coûts, de la sécurisation des licenciements pour vous faire croire dans le retour d'une éventuelle la croissance. Les uns à la suite des autres, les politiciens du système vous appellent tantôt à « l'union sacrée », tantôt à « l'union nationale ». Une « union nationale » qui rapporte gros aux bailleurs de fonds des partis bourgeois : près de 525 milliards d'euros de dividendes et de rachats d'actions, avec une moyenne de plus ou moins 48 milliards d'euros annuels pour les seuls actionnaires du CAC 40 entre 2009 et 2019 !

Par contre, avez-vous remarqué ? La relance et la reprise pour laquelle vous devez vous unir et « travailler encore plus » n'est toujours pas au rendez-vous promis.

Cinquante années de politique cynique et inégalitaire au service des mêmes détenteurs de la grande finance vous ont été « vendues » par des arguments mensongers destinés *à vous culpabiliser, à vous rendre coupables des déficits organisés* résultant de leur politique et, au final, de l'endettement du pays ; cinquante années de cadeaux fiscaux aux rentiers et aux grandes entreprises ;

345. *La Fonction publique du XXIe siècle*, par Gérard Aschieri et Anicet Le Pors, éd. de l'Atelier, 2015.

cinquante années de taux d'intérêt excessifs dus à l'interdiction faite aux banques d'emprunter aux banques centrales. Dans le même temps, de 1982 à 2010, les recettes de l'État exprimées en pourcentage du PIB sont passées de 23 à 15 %, des allégements de cotisations sociales au grand patronat décidés en 1994 ont aggravé cette tendance et l'ensemble des impôts des milliardaires et des grandes entreprises ont été réduits. En vingt ans, le taux d'imposition sur la tranche la plus élevée a chuté de 65 à 41 %, et si l'impôt sur le revenu était calculé sur le barème de 1990, l'État percevrait plus de 20 milliards d'euros de plus chaque année. Autant d'argent qui s'en est allé dans les poches des plus aisés en creusant les déficits et en endettant toujours plus l'État au lieu de moderniser l'économie et de financer les services publics[346].

Le nec plus ultra est de vous faire rembourser une partie de la dette qu'ils ont eux-mêmes provoquée. Vous contribuez ainsi, en vous serrant chaque année un peu plus la ceinture, au remboursement d'une dette qui ne cesse de s'alourdir, ne vous appartient pas, dont vous n'êtes pas responsables et qui vous rend la vie impossible tout en finançant leurs guerres, également décidées sans l'accord de vos élus au Parlement. Ils ont trouvé de quoi vous spolier un peu plus en vous rendant responsables de la faillite de leur système.

Vous en avez la trace sur vos bulletins de paie et le relevé mensuel de votre pension de retraite. Ils vous ont ponctionné – et continuent de le faire – à coups de Contribution sociale généralisée (CSG) – créée par le gouvernement du « socialiste » Michel Rocard en 1990 – et de Contribution pour le remboursement de la dette sociale (CRDS) – créée par le gouvernement du « libéral » Alain Juppé en 1996.

Rien de neuf sous… la pluie, le propre d'un énarque n'étant pas d'innover, de rechercher des solutions pour changer l'état des choses et de remettre en cause le système, mais d'appliquer les règles enseignées à l'École nationale d'administration pour assurer sa pérennité. L'énarque s'inscrit généralement dans une carrière dont il attend promotions et honneurs en s'appliquant à bien servir l'Administration en place, c'est-à-dire en gérant bien les affaires de la

346. *Leur dette, notre démocratie*, par Geneviève Azam, Thomas Coutrot, Yohan Dubigeon et Nicolas Haeringer, Attac, Éd. Les Liens qui Libèrent.

bourgeoisie au pouvoir. La création de taxes est l'un des temps forts de sa vie professionnelle au point qu'il peut même espérer en tirer honneur et considération s'il trouve « le truc » qui permettra de ponctionner un peu plus les contribuables.

Une taxe contre les taxes

Voyons d'abord les faits sans recul. D'un point de vue économique, que s'est-il passé depuis le passage à l'euro ?

L'inflation et la spéculation sont devenues galopantes. 1,20 € une baguette de pain, 1 € (6,56 francs) le croissant, 1,50 € un café, 3,50 € un kilo de pommes, 1,59 € le litre d'essence (Centre Leclerc), 9,99 € le kilo de cerises (juin 2020, Carrefour Contact)… 40 000 € minimum pour une ruine à retaper. À une époque pas si lointaine du franc, pour 1 million de cette monnaie, vous pouviez acheter un château. Aujourd'hui, pour la même somme, soit 145 000 €, vous achetez une petite maison. Cherchez l'erreur. Vous vous êtes fait berner ! Et s'il paraît qu'il est ringard de continuer de compter en francs, livrez-vous à ce petit exercice au quotidien. Et posez-vous la question : auriez-vous acheté hier, du temps du franc, un kilo de cerises pour plus de 65 francs ? Les ouvriers agricoles auraient-ils connu une considérable augmentation de leurs salaires ?

Pour pallier cette inflation galopante, les États d'Europe occidentale membres de l'Union « européenne » sont devenus de plus en plus boulimiques. Comment faire rentrer encore et encore plus d'argent dans les caisses de l'État ? C'est là qu'intervient l'énarque. Le système fiscal français comporte 214 taxes et impôts différents pour un total de 992,7 milliards d'euros en 2018[347].

Vertigineux. Après avoir été le deuxième pays le plus taxé au monde derrière le Danemark, le gouvernement LREM lui a permis d'accéder à la première marche du podium[348]. Pôle-position, maillot jaune… La couleur préférée du président Macron.

---

347. Rapport économique, social et financier, en annexe du Projet de loi de finances pour 2016, sur www.performance-publique.budget.gouv.fr, 2015.

Il y a des taxes étranges. Mais tant que ça rentre, c'est bon. Par exemple, il y a une taxe sur le rhum. Pourquoi le rhum et pas le gin ou la vodka ? Grand mystère. L'explication réside peut-être dans la parution de l'album de Tintin, *Le Trésor de Rackam le Rouge*. Trop de rhum exhumé des épaves sous-marines... Ça a dû faire tilt dans le cerveau d'un haut fonctionnaire hyper zélé de Bercy. Un « penseur de Sainte-Marguerite » a dû se dire qu'il allait ainsi entrer dans l'Histoire de la taxe et renflouer les caisses de l'État en surfant sur la vague tintinophile. Allez savoir !

Une autre : versement pour sous-densité. Nous avons jeté un œil, et après quelques bâillements, nous avons compris que c'est une taxe pour éviter d'avoir des zones urbaines en sous-densité. Les promoteurs seraient tentés de faire le contraire, mais les mystères de Bercy sont impénétrables. Sûrement un avatar de la métamorphose des bidonvilles en villes bidon.

Bientôt, après les péages sur les autoroutes et les ponts, vous devrez vous acquitter d'une taxe pour emprunter les routes nationales et entrer dans les grandes villes de France. Le droit de péage comme au Moyen-Âge. Un éternel recommencement. On en vient à rêver d'une mégataxe pour pouvoir écouter les discours présidentiels ou des ministres.

Pour en finir avec ce « bordel fiscal » – encore que le mot « bordel » ne soit pas vraiment approprié si l'on en juge par la rumeur publique qui veut que celui-ci désigne plutôt un lieu de plaisir –, voici une solution d'un ancien inspecteur des finances, Henri Janès, reprise par Marc Chesney[349], professeur franco-suisse de finance, analyste du secteur financier, enseignant de l'Université de Zurich et ancien de HEC de Paris que nous avons déjà cité.

---

348. *La France devient le pays le plus taxé au monde selon l'OCDE*, Les Échos, 5 décembre 2018.

349. Marc Chesney est auteur de *La crise permanente, l'oligarchie financière et l'échec de la démocratie – Le scandale de la finance casino, Les pistes pour en sortir*, Éd. Presses polytechniques et universitaires romandes. www.marchesnay.com.

Rapide, simple et efficace.[350] En deux actes :

- Suppression de toutes les taxes. Oui, vous avez bien lu. Non, on ne fume pas la moquette.
- Mise en place d'une taxe sur les débits : 0,2 % sur tous les débits. Vous achetez une baguette de pain ? Débit sur votre compte de 0,2 % ; vous retirez du cash à un distributeur ? 0,2 % ; vous achetez une voiture ? 0,2 % ; vous achetez une œuvre d'art ? 0,2 % ; vous effectuez un virement d'un compte sur un autre compte ? 0,2 %, etc. Facile à comprendre. Vous pouvez consommer autant que vous pouvez et voulez, mais c'est vous qui contrôlez. La taxe est prélevée sur chaque débit. Indolore. Plus de problèmes d'argent qui s'en va ailleurs, plus de problèmes de défiscalisation. Plus de problèmes avec les différents taux de TVA. Exit la fraude. Cet impôt semble juste. Pas de discrimination.

Votre salaire est versé par votre employeur par virement : 0,2 % débité sur le compte de votre employeur. Cet impôt rapporterait selon lui plus de 200 milliards d'euros à l'État et permettrait de supprimer la TVA en ne lésant personne : *« Le volume des transactions électroniques est énorme et représente au moins 100 fois le PIB. En restant prudent, on peut estimer qu'une taxe à 0,1 % rapporterait suffisamment pour faire disparaître la TVA. Avec 0,2 %, on pourrait même diminuer voire supprimer d'autres impôts »*, assure Marc Chesney.[351] Travaillant avec d'autres spécialistes sur cette idée, Marc Chesnay estime que l'on pourrait même envisager la suppression pure et simple de plusieurs impôts avec une micro-taxe portée à 0,3 % ou 0,4 %.

Ce système d'imposition pourrait également permettre de réduire l'évasion des capitaux à l'étranger. Pourquoi mettre votre argent à Singapour ou aux îles Caïmans, si l'imposition en France se résumait à 0,2 % sur les débits ? Aucun intérêt. Terminée la spéculation à haut risque. Terminée la paupérisation. Une

---

350. https://bfmbusiness.bfmtv.com/monde/un-economiste-veut-remplacer-tous-les-impots-par-une-seule-taxe-1052525.html

351. *Un chercheur franco-suisse a trouvé comment supprimer la TVA*, par Éric Berger, La Dépêche du Midi, 11 décembre 2018.

fois cet impôt en place, il ne resterait plus qu'à instaurer un salaire décent pour tout le monde (minimum 1 800 € net par personne par exemple), juguler l'inflation, s'occuper des plus démunis, et modérer ce système libéral hyper débridé.

Le système peut paraître un peu idéaliste, car cette proposition fait abstraction d'un fait essentiel : les grands propriétaires privés de la finance et de l'économie ne cherchent pas à contribuer, même très modestement et par une simple taxe, à l'intérêt général, mais à s'enrichir toujours plus et le plus rapidement possible en dérégulant toute l'économie pour en accaparer les principales richesses. Nous vous avons fait découvrir comment ils spolient l'Entreprise de formidables richesses. Ces milliers de milliards investis dans son développement et celui de son environnement permettraient de créer des emplois, de modifier l'organisation d'entreprise, de créer de meilleures conditions de production, de développer les services à la population, de lutter contre la pollution, de favoriser un développement harmonieux du tissu économique et social.

D'autre part, il ne peut y avoir de justice sociale sans contrôle de l'économie et de la finance par ceux qui les font prospérer, à savoir l'ensemble des intervenants. Hervé Sérieyx, universitaire, ancien haut fonctionnaire, dirigeant de groupe industriel et agitateur d'idées en organisation d'entreprise, a résumé avec pertinence, en une simple phrase, dans son *Alerte sur notre contrat social*, le défi démocratique que les peuples doivent relever : « *Par simple souci d'efficacité économique, il s'agit de passer du "personnel-instrument" au service de l'organisation à "l'organisation-instrument" au service des personnes* »[352]. Reste à mettre en œuvre les propositions politique permettant cette évolution de la société. Dans son ouvrage déjà cité sur *La Crise permanente*,[353] Marc Chesnay n'évacue pas ces questions et montre comment les réseaux d'influence du secteur financier s'activent pour bloquer tout type d'avancées dans ce domaine. Autre bémol, il faudrait recycler une bonne partie du

352. *Alerte sur notre contrat social*, par Hervé Sérieyx, Éd. Eyrolles.

353. *La crise permanente, l'oligarchie financière et l'échec de la démocratie – Le scandale de la finance casino, Les pistes pour en sortir*, Éd. Presses polytechniques et universitaires romandes. www.marchesnay.com.

personnel de Bercy et des impôts. Mais comme il manque plein de fonctionnaires et que les gouvernements de la présidence Macron poursuivent les plans de suppressions d'emplois dans les services publics en les aggravant…

À quoi sert (vraiment) la taxe sur les carburants ?

Savez-vous que les taxes que vous payez aujourd'hui servent surtout à assurer un minimum vital à l'État que ses dirigeants dépouillent de l'essentiel de ses moyens financiers et à préparer un nouveau conflit majeur ?

Dans une intervention publiée au mois de décembre 2018, le professeur Michel Chossudovsky[354], célèbre économiste et universitaire, soulignait les raisons des augmentations successives et des nouvelles taxes programmées par le gouvernement français :

« *La taxe sur les carburants sert aussi à financer les dépenses militaires croissantes (plus de 30 milliards d'euros par année en 2017), afin de soutenir la participation de la France aux diverses "initiatives de paix" de l'OTAN en Europe de l'Est et au Moyen-Orient. La répression du mouvement de protestation des Gilets jaunes est intimement liée à l'économie de guerre, qui est soutenue par des mesures d'austérité néolibérales. Le 13 juillet, ironiquement la veille même de la Fête nationale française, le président Emmanuel Macron a ratifié la* Loi de programmation militaire 2019-2025, *"qui ouvre la voie à une augmentation du financement pour l'approvisionnement de l'aviation, de l'armée et de la marine"*[355].

Cette poussée des dépenses militaires était en grande partie due aux pressions exercées par Washington : il s'agit d'une "loi de programmation militaire axée sur la croissance", a-t-il souligné lors d'un discours devant les officiers et

---

354. Économiste canadien, ancien professeur à la faculté des sciences sociales de l'Université d'Ottawa, chercheur et fondateur et directeur du Centre de recherche sur la mondialisation (www.mondialisation.ca) à Montréal, le Professeur Chossudovsky est également l'auteur de nombreux ouvrages dont *La mondialisation de la pauvreté* (Éd. Écosociété), *Mondialisation de la pauvreté et nouvel ordre mondial (Éd. Ecosociété) ou* Amarica's « War on terrorism » (Global Research Publishers).
355. Source : Defense News, 15 juillet 2018.

membres du personnel qui devaient prendre part à la parade le lendemain. Les dépenses seraient d'une ampleur inégalée depuis des décennies (...), et elles se font à un moment où le budget national est très serré.

Selon les dispositions de la Loi de programmation militaire, le gouvernement Macron a confirmé que les dépenses militaires augmenteraient de plus de 40 %. Les sommes d'argent tirées des recettes fiscales (dont la taxe sur les carburants) pour financer l'économie de guerre de la France sont colossales. L'augmentation des dépenses militaires doit à son tour être compensée par des mesures d'austérité draconiennes au détriment de toutes les autres catégories de dépenses (civiles). »

À commencer par le budget de la Santé. Car, avec l'objectif d'amplifier les guerres déjà ouvertes contre la Fédération de Russie, la République populaire de Chine, l'Ukraine, les Balkans, la République islamique d'Iran et plusieurs pays du monde arabe, d'Afrique et d'Amérique centrale et du Sud (instrumentalisation de groupes terroristes, sanctions financières et économiques, blocus, attaques répétées contre les conventions diplomatiques et commerciales, provocations militaires répétées aux frontières de ces pays, tentatives de coups d'État, endettement d'États et pillage des richesses des peuples), *« le ministère de la Défense compte augmenter ses dépenses de 1,7 milliard d'euros par an (2019-2022), puis de 3 milliards d'euros par an (2023-2025) »*[356].

Tiens, au fait : qui vous parle de cette explosion des dépenses militaires au détriment de toutes les dépenses civiles ?

Qui vous montre le lien existant entre les réductions des dépenses civiles et la gravité de la crise sanitaire gouvernementale du début de l'année 2020 avec la pandémie du SRAS-CoV-2 ?

Qui vous dit ce que coûtent à la France les opérations militaires décidées par l'Élysée avec l'état-major militaire sans consultation du Parlement et, pour la plupart d'entre elles, au seul profit de sociétés transnationales ?

356. France 24, 2 août 2018.

Le « guerrier » de l'Élysée reste bien silencieux sur ces milliards d'euros dépensés au détriment de la nation et nullement pour assurer la défense des Français.

De même, toutes ces nouvelles augmentations, les nouvelles taxes sur les carburants, les péages qui se développent, le racket des automobilistes sur les routes par le déploiement de milliers de nouveaux radars ont pour objet essentiel de vous faire payer la dette que les politiciens au pouvoir fabriquent. Dans une intervention sur le mouvement des Gilets jaunes[357], le professeur Chossudovsky analyse : « *La taxe sur les carburants sert les intérêts des puissantes institutions créancières. Les produits de la taxe seront affectés au service de la dette publique de la France, qui monte en flèche et qui est estimée à 2,2 mille milliards d'euros, soit l'équivalent de 96,8 % du PIB. Les charges annuelles du service de la dette de la République française sont ahurissantes. C'est toute la structure fiscale qui est en crise.* »

La dette publique ?

Le président Macron, le gouvernement et les parlementaires LREM sont les principaux responsables de son aggravation, au même titre que tous les parlementaires qui ont voté le budget de l'État.

L'une des principales causes de cet endettement n'est pas le fait que « *la France vive au-dessus de ses moyens* », comme n'hésitent pas à le prétendre les politiciens qui se succèdent à la direction des affaires de l'État et certains médias peu soucieux de la réalité des faits. Les millions deFfrançais en recherche d'emploi depuis plusieurs années, les millions d'autres en attente d'un logement décent ou ne pouvant se faire soigner faute de moyens financiers ou de structure de soins, les étudiants qui ne trouvent plus de place en faculté et préfèrent partir poursuivre leurs études à l'étranger ne nous démentiront pas.

---

357. *Gilets jaunes en France : La hausse de la taxe sur les carburants mène à la pauvreté en finançant la guerre et le remboursement de la dette publique*, par le Professeur Michel Chossudovsky,www.mondialisation.ca, 11 décembre 2018.

Les joyeux fossoyeurs

L'aggravation de la dette publique, que Macron avait déjà contribué à alourdir alors qu'il était ministre de l'Économie du gouvernement Valls, se poursuit et ne profite qu'à une toute petite minorité de la population déjà privilégiée. Pour autant, cette politique, même conduite par des dirigeants élus par des minorités de votants, perdure. « *Le fait que des électeurs abreuvés d'arguments mensongers aient occasionnellement cautionné ces politiques leur confère-t-elle une quelconque légitimité démocratique ?* », interrogent les auteurs de *Leur dette, notre démocratie*[358] dans ce précieux condensé d'informations, d'explications, de réflexions et de propositions édité par Attac.

La question doit être posée.

Quand les présidents élus en promettant de « *réduire la fracture sociale* » (Chirac), de « *ramener le plein-emploi* » (Sarkozy), de « *relancer la croissance* » (Hollande) ou de « *permettre à chacun de vivre de son travail* » (Macron) mènent des politiques qui, à l'opposé de leurs discours, provoquent aggravation des inégalités, du chômage, de la précarisation et de la pauvreté et récession en... alourdissant encore le poids de la dette publique, où est le pouvoir du peuple ?

La dette publique n'a pas résulté du consentement éclairé des citoyens, mais de leur manipulation par « l'expertise » officielle et par la plupart des médias, propriété des milliardaires faiseurs de... dette ! « *Au-delà du contexte de la crise et du problème de la dette, ce problème renvoie plus profondément à la structure d'un pouvoir politique qui se dit "démocratique", alors même qu'il est celui d'une oligarchie politique et économique largement déliée du contrôle populaire. Elle* (NdA : la dette publique) *remplit donc pleinement les deux premiers critères d'illégitimité, l'absence de consentement et l'absence de bénéfice* », analysent-ils.[359]

---

358. *Leur dette, notre démocratie*, par Geneviève Azam, Thomas Coutrot, Yohan Dubigeon et Nicolas Haeringer, Attac, Éd. Les Liens qui Libèrent.
359. *Leur dette, notre démocratie*, par Geneviève Azam, Thomas Coutrot, Yohan Dubigeon et Nicolas Haeringer, Attac, Éd. Les Liens qui Libèrent, ch. 2 *Cette dette publique : un déni de démocratie,§ La culpabilisation par la dette.*

Alors ?

Quand les Françaises et les Français votent ainsi pour des hommes à la fois différents sur la forme, mais tous semblables sur le fond, issus des mêmes vieux partis qui, sous des appellations différentes, font depuis cinquante ans la même vieille politique au service des mêmes tenants du pouvoir financier et économique, avec les mêmes conséquences qui s'aggravent, faut-il en déduire que ces Français qui ne pensent pas, ne réfléchissent pas et gobent les annonces médiatiques sans se poser de questions creusent leur propre tombe ?

Sont-ils les joyeux fossoyeurs de leur avenir que les oligarques de « *la France d'en haut* » de l'ancien Premier ministre Raffarin regardent peiner avec amusement sans se douter de ce qu'ils risquent ? Les exterminateurs inconscients de « *la France d'en bas* » qui ne sait même plus ce quelle perd ?

« *Jésus-Marie Quelle décadence, Quelque chose est pourri Dans mon royaume de France* », chantait Jean Ferrat en 1965. Malheureusement, avec ou sans la Covid-19, les paroles du poète chantant sont plus que jamais d'actualité.

Un petit tour dans le cimetière de *leur* politique d'endettement, cela vous tente ? N'hésitez pas ! Vous y êtes un peu pour quelque chose si vous votez pour l'un de ces représentants du système. Santé, libertés, emploi, logement, éducation, justice... Regardez le beau dégât national. Régalez-vous, car, quelque part, celui-ci est un peu l'œuvre de ceux qui ne cessent de voter un coup à droite, un coup à gauche, puis un coup LREM ou écolo comme pour être bien sûr de changer les dirigeants qui, sur l'essentiel, ne changeront... rien ! Un demi-siècle de vie politique française en fait la démonstration.

Que vous faut-il de plus à l'heure où les États-Unis, par l'entremise de vos dirigeants, aussi soumis et lâches que stupides, prétentieux et arrogants, vous impliquent dans une succession de conflits qui conduisent le monde vers un nouveau conflit majeur ? Celui à l'issue duquel les survivants pourraient bien envier les morts.

Faites que quelque chose change !

Dans l'hommage droit au cœur qu'il rend à Yann Augras, militant CGT porte-parole de la lutte des GM&S contre la fermeture de leur usine de La Souterraine (Creuse), tué à 47 ans, le 11 juin 2020 dans un accident, le journaliste, écrivain, homme de radio et de l'image Daniel Mermet s'interroge et nous interpelle : face à la crise économique et financière doublée d'une crise sanitaire, une majorité de Français va-t-elle enfin capter que ce système ne marche plus ?

> « Ahuris, les Français ont découvert qu'ils dépendent de la Chine pour leurs médicaments, pour les masques, pour les respirateurs et pour un tas de choses. Ils s'en doutaient, mais cette fois, ils ont compris qu'ils ont été dépossédés de leur souveraineté, ils se sont laissés déposséder d'eux-mêmes. Ils mesurent la faillite tragique de la mondialisation heureuse. Un pays qui ne produit plus rien n'est pas un pays. Ils comprennent qu'ils habitent un pays réduit à deux choses, le tourisme et le luxe. Finis de Gaulle, Sartre et Picasso, aujourd'hui, c'est Bernard Arnault et les dix millions de touristes qui viennent chaque année faire un selfie devant la Joconde. La France n'est plus qu'un joli décor pour spot publicitaire. Les bistrots parisiens sont refaits à l'ancienne pour ressembler au cliché des tour-operators. Tout le reste, tout ce qui pollue, qui pue et qui tue, on le fait faire ailleurs par les pauvres. Nous, on est écolos, on fait du vélo et on leur permet de se développer. C'est gagnant-gagnant, c'est win-win. »

Oui, mais ça, ça ne marche plus[360].

Cette France debout, la belle, la rebelle, qui, au péril de sa vie, s'engagea à pousser les portes d'un monde meilleur délivré des chaînes de la grande finance apatride, exploiteuse et spoliatrice, où est-elle ?

Ce peuple qui fit trembler les puissants et imagina une société plus juste et fraternelle, s'est-il perdu ? Se serait-il endormi ?

Serait-il devenu amorphe, conformiste, soumis et incapable d'imaginer l'avenir contre ces puissances d'argent qui n'ont de cesse d'intriguer contre la République souveraine depuis son avènement ?

Serait-il cantonné à pousser des coups de gueule épisodiques sans lendemains des Bonnets rouges (octobre 2013), Nuit debout (mars 2016),

---

360. *Mort accidentelle d'un résistant, Agir contre le dédain*, par Daniel Mermet, Là-bas si j'y suis, www.la-bas.org, 22 juin 2020.

marins-pêcheurs en colère (mai 2008, mars 2014, juin 2016, octobre 2017, novembre 2018), « Mobilisation des policiers en colère » (octobre 2016), agriculteurs en colère (très souvent, mais surtout en septembre 2015 et en novembre 2018), mouvement des Gilets jaunes (depuis octobre 2018), Avocats en colère (dès janvier 2020), « Blouses blanches, colère noire » (mouvement qui se développe depuis plusieurs années et gagne en ampleur en 2020) ?

Ces mouvements sociaux s'enchaînent comme de grandes répétitions dans lesquelles le peuple semble se chercher pour écrire d'une main le texte d'une grande première à venir. Ces mobilisations portent en elles les contradictions d'une société en crise profonde où le malheur côtoie un enthousiasme débridé pour « renverser la table ». De partout, des idées et des propositions fusent. Malgré la censure et les lois liberticides du pouvoir, le débat s'improvise et s'installe dans les usines, les universités, les rues, les grèves. Des étudiants aux retraités, des cheminots aux personnels de santé, des paysans aux avocats, les citoyens qui veulent mettre un terme à l'injustice s'emparent de l'avenir. Signe précurseur de l'audace en gestation ?

Ce mouvement traverse les partis, organisations, syndicats, associations. La France populaire s'interroge sur son avenir que le Paris des banquiers et des bourgeois voudrait cantonner, confiner, contrôler et figer dans leur système exterministe. Aux côtés des médias tenus en laisse par un aréopage de multimilliardaires, une multitude de publications s'organisent pour durer, des sites Internet se créent, de petites maisons d'édition éclosent et diffusent des analyses et propositions à l'image de la presse montant à l'assaut de la monarchie de 1848 à 1870.

La parole se libère et toutes les polices du système n'y pourront rien changer.

Comme toujours lorsque l'oligarchie financière est menacée, une multitude de groupuscules animés par des petits bourgeois fleurissent sur le terreau de la révolte. Dans cette grande quincaillerie de faussaires idéologiques, le rienologue narcissique Lévy et l'atlantiste eurodépité Glucksmann s'y côtoient avec d'autres égarés opportunistes et apparatchiks à l'image de la verte Duflot et du tandem rose bonbon Laurent-Brossat. Ils papotent sur le monde, s'inventent tantôt une « boîte à penser » (think-tank) telle « La gauche libre » et, pourquoi pas, un « Conseil national de la nouvelle résistance ». Les fesses au chaud dans leur salon, avec leur fan club ils refont et défont l'Histoire en barbouillant l'espoir de jours heureux d'une effroyable mixtion philosophico-littéraire heureusement prédestinée à l'oubli. Par leurs pages Internet, ils s'efforcent vainement de gagner des adeptes en y distillant leur vide et ennuyeux discours qu'ils rabaissent encore de leur photo – important, la photo – où ils posent l'air grave et préoccupé. Doctes et prétentieux professeurs en changement, ces « messieurs-je-sais-tout » veillent surtout à ne rien changer du système. Contre-révolutionnaires, anticommunistes, atlantistes, européistes, souteneurs de guerres, ils avancent masqués. Sapés du costard de l'observateur insolent et philosophico-moraliste, ces brochuriers en recherche de réputation écorchent ici et là le paysage politique, gauche et droite mêlées. Ne vous y trompez pas. Derrière leurs discours de « résistants », ils esquivent l'essentiel et bordent le lit de l'occupant : la grande finance, l'Union « européenne » et l'OTAN. Le bruit des dollars et celui des bottes leur siéent à merveille.

Mais les exigences du peuple ne s'arrêtent plus seulement à l'emploi, aux salaires, à travailler et vivre au pays. Les oppositions aux fermetures d'usines, les luttes pour le maintien et le développement de l'emploi, contre la pauvreté, pour la santé, pour le logement, pour la défense de l'environnement ciblent le pouvoir et le grand patronat. Dans les réunions publiques, les manifestations, les grèves, les questions de la démocratie – nouvelle constitution démocratique, participation à la gestion des entreprises, contrôle du travail des élus et des fonctionnaires, abolition des privilèges –, de la souveraineté nationale et populaire, de la paix contre la guerre montent en puissance.

La tâche est immense.

Il s'agit aujourd'hui, sur les traces des révolutionnaires de 1789 et des communards de la Commune de Paris de 1870, de Robespierre et de Louise Michel, d'imaginer et de jeter les bases d'une démocratie avancée.

Celle-ci, débarrassée des oripeaux de l'Union « européenne » factice, si chère aux Glucksmann, BHL, Cohn-Bendit, Duflot et autres Brossat, devra s'atteler à construire l'Europe réelle des peuples, de la Russie à la mer d'Irlande.

Libérée de la machine de guerre OTAN, applaudie par les atlantistes parisiens à la Glucksmann-BHL lorsqu'elle massacre des peuples à coups de bombes ou s'affaire à renverser des gouvernements, elle s'engagera à promouvoir une politique de paix tous azimuts.

Et, surtout, elle balaiera les vieilles institutions et les idées d'hier afin de mettre, sans compromis, les cœurs de la grande finance et de l'économie au service de l'intérêt général.

Révolution cherche mouvement révolutionnaire pour stopper les drames d'aujourd'hui et affronter les réalités de demain.

Vous en êtes ?

À PROPOS DES AUTEURS

Jean-Loup Izambert est journaliste d'investigation indépendant (économie, finance et politique), collaborateur de médias français et étrangers et écrivain. Plusieurs de ses ouvrages ont défrayé la chronique : « *Le krach des 40 banques* », « *Le Crédit Agricole hors la loi ?* », « *Crédit Lyonnais, la mascarade* », « *Faut-il brûler l'ONU ?* », « *56 – Tome 1 : L'État français complice de groupes criminels* », « *56 – Tome 2 : Mensonges et crimes d'État* » et enfin « *Trump face à l'Europe* ».

Claude Janvier est écrivain polémiste. Un rien provocateur, doté d'un humour noir et disciple de Pierre Desproges, il est l'auteur de trois livres « coups de gueule ». Depuis quinze ans, il fouille, déterre, décortique et analyse l'actualité afin de mettre à jour les véritables informations. Il intervient notamment sur *Sud Radio, Agoravox, Les Moutons Enragés, Le blog à Lupus, Réseau International, Stratégika, Mondialisation.ca, Planetes360* et bien d'autres. Un beau parcours dans l'hôtellerie et la restauration lui a permis de développer son sens de l'observation. Il reste fidèle à sa devise : « *Je râle donc je suis* ».

DES MÊMES AUTEURS

Jean-Loup IZAMBERT

Le krach des 40 banques (Éd. Le Félin, 1998)

Le Crédit Agricole hors la loi ? (Éd. Carnot, 2001. Traduit en russe : Éd. RiaNovosti, 2002)

Crédit Lyonnais, la mascarade (Éd. Carnot, 2003)

ONU, violations humaines (Éd. Carnot, 2003. Trad. anglaise: Éd. Carnot USA Books, 2003)

Faut-il brûler l'ONU ? (Éd. du Rocher, 2004)

Les Démons du Crédit Agricole (Éd. L'Arganier, 2005)

Pourquoi la crise ? (Éd. Amalthée, 2009)

Crimes sans châtiment (Éd. 20cœurs, 2013)

56 - Tome 1 : L'État français complice de groupes criminels (Éd. IS Édition, 2015)

56 - Tome 2 : Mensonges et crimes d'État (Éd. IS Édition, 2017)

Trump face à l'Europe (Éd. IS Édition, 2017)

Claude JANVIER

Un coup de gueule vaut mieux que faire la gueule (Éd. du Net, 2014)

Coup de gueule d'un jour, coup de gueule toujours ! (Éd. du Vers luisant, 2015)

Coronavirus, confinement, bobards et bourrage de crâne ! (Imprimé par Papeterie Mousseau, 2020)

CE LIVRE VOUS A PLU ?

Aidez-nous à le faire connaître en prenant deux minutes pour laisser un commentaire sur le site Internet de la librairie où vous avez acheté le livre.

Grâce à ces quelques mots qui font toujours plaisir, vous encouragez les éditeurs indépendants et favorisez la diversité littéraire. Vous contribuez aussi à convaincre d'autres lecteurs de découvrir le livre et l'auteur.

D'avance merci pour votre aide !

Si vous le souhaitez, vous pouvez également nous rejoindre sur notre page Facebook pour suivre nos actualités !

Facebook.com/isedition

Dépôt légal : décembre 2020

ISBN (Livre) : 978-2-36845-289-9
ISBN (Ebooks) : 978-2-36845-290-5

Lightning Source UK Ltd.
Milton Keynes UK
UKHW010224140121
3843UKFR00001B/3

9 782368 452899